es 1245
edition suhrkamp
Neue Folge Band 245

*Neue Historische Bibliothek ·
Herausgegeben von Hans-Ulrich Wehler*

Seit nunmehr sechzig Jahren gibt es in Europa Bewegungen und Regime, die »faschistisch« genannt werden und die man als »neofaschistisch« bezeichnet, sofern sie nach 1945 entstanden sind. In diesem Band werden in knapper und allgemeinverständlicher Form Aufstieg und Fall des *Partito Nazionale Fascista* Mussolinis und der *NSDAP* sowie die Geschichte derjenigen Parteien beschrieben, die in der Zwischenkriegszeit in Österreich, Ungarn, Rumänien, Jugoslawien, Frankreich und Spanien entstanden und die sich mehr oder minder deutlich am faschistischen und nationalsozialistischen Vorbild orientierten. Neben den kleineren faschistischen Bewegungen und Sekten in England, Finnland, Dänemark, Schweden, der Schweiz und in Norwegen werden auch die »neofaschistischen« Gruppierungen in der Bundesrepublik, in Italien, Frankreich und England behandelt. Ein Überblick über die Ideologien und Erscheinungsformen der faschistischen Parteien und ein systematischer Vergleich ihrer sozialen Strukturen und historischen Voraussetzungen verdeutlichen die bestehenden Gemeinsamkeiten und Unterschiede. Das Buch gibt somit auch eine Antwort auf die Frage, inwieweit man heute noch an einem allgemeinen Faschismusbegriff festhalten kann – eine Frage, deren schlüssige Beantwortung für die Beurteilung der gegenwärtigen »neofaschistischen« Strömungen von größter Bedeutung ist.

Wolfgang Wippermann, geb. 1945, ist Privatdozent für Neuere Geschichte an der FU Berlin.

Wolfgang Wippermann
Europäischer Faschismus
im Vergleich
(1922-1982)

Suhrkamp

edition suhrkamp 1245
Neue Folge Band 245
Erste Auflage 1983
© Suhrkamp Verlag Frankfurt am Main 1983
Erstausgabe
Alle Rechte vorbehalten, insbesondere das der Übersetzung,
des öffentlichen Vortrags
sowie der Übertragung durch Rundfunk und Fernsehen,
auch einzelner Teile.
Satz: Georg Wagner, Nördlingen
Druck: Nomos Verlagsgesellschaft, Baden-Baden
Umschlagentwurf: Willy Fleckhaus
Printed in Germany

1 2 3 4 5 6 – 88 87 86 85 84 83

Inhalt

Einleitung 7

1. Was ist Faschismus? Zur Bedeutung, Geschichte und
   Problematik eines Begriffs 12

2. Der italienische Faschismus 22
2.1 Entstehung und Aufstieg 22
2.2 Der Faschismus an der Macht 30
2.3 Die Resistenza und der Untergang des Faschismus . 38

3. Der Nationalsozialismus 44
3.1 Entstehung und Aufstieg 44
3.2 Das »Dritte Reich« 55
3.3 Niederlagen und Erfolge des Widerstandes 73

4. Faschistische Bewegungen mit Massenbasis 80
4.1 Faschismus und Nationalsozialismus in Österreich . 80
4.2 Das Horthy-Regime und die ungarischen
    Pfeilkreuzler 91
4.3 Die Eiserne Garde in Rumänien 97
4.4 Die kroatische Ustascha 103
4.5 Die Falange und der Francismus in Spanien ... 109
4.6 Die französischen Faschismen 124

5. Kleinere faschistische Bewegungen, faschistische
   Sekten und Grenzfälle 134
5.1 Probleme der Gliederung 134
5.2 England 136
5.3 Finnland 140
5.4 Belgien 146
5.5 Holland 153
5.6 Faschistische Sekten in Dänemark, Schweden und der
    Schweiz 157
5.7 Die norwegische Nasjonal Samling zwischen Sekte
    und Kollaborationspartei 168
5.8 Grenzfälle: Die Slowakei, Polen und Portugal .. 172

6. Epilog: Der Neofaschismus zwischen Politik und
   Polemik 183

Zusammenfassung: Europäischer Faschismus im
Vergleich 197

Anmerkungen 207

Kommentierte Auswahlbibliographie 234

Verzeichnis der Abkürzungen 239

Einleitung

Am 28. Oktober 1922 wurde Mussolini vom italienischen König mit der Bildung eines Kabinetts beauftragt. Eine Woche später begann im damaligen Petrograd der IV. Kongreß der Kommunistischen Internationale. Der führende Funktionär Karl Radek kommentierte den Erfolg, den Mussolini nach seinem sog. »Marsch auf Rom« errungen hatte, mit folgenden Worten: »Ich sehe in dem Siege des Fascismus nicht nur einen mechanischen Sieg der Waffen der Fascisten, sondern ich sehe darin die größte Niederlage, die der Sozialismus und der Kommunismus seit Beginn der Periode der Weltrevolution erlitten haben ...« Radek wandte sich mit der folgenden eindringlichen Warnung an die Delegierten des Kongresses: »Wenn unsere Genossen in Italien, wenn die Sozialdemokratische Partei Italiens die Gründe des Sieges des Fascismus und die Ursachen unserer Niederlage nicht verstehen, so werden wir eine lange Herrschaft des Fascismus haben.«[1]

Der Vorsitzende der Kommunistischen Internationale, Sinowjew, dagegen ging von einer noch pessimistischeren Beurteilung der Lage aus: »Es muß uns klar sein, daß das, was in Italien geschehen ist, keine lokale Erscheinung ist. Mit Notwendigkeit wird es kommen, daß wir in anderen Ländern dieselben Erscheinungen vielleicht in anderer Form erleben werden ... Es ist vielleicht unvermeidlich, daß wir eine solche Periode mehr oder weniger fascistischer Umwälzungen in ganz Zentral- und Mitteleuropa bekommen ...«[2]

Die ahnungsvollen Voraussagen Radeks und Sinowjews sollten sich elf Jahre später erfüllen. In Deutschland war Hitler zur Macht gekommen, und in zahlreichen anderen Ländern Europas waren relativ mächtige faschistische Parteien entstanden. Die Machtübernahme des italienischen Faschismus am 28. Oktober 1922 und des deutschen Nationalsozialismus am 30. Januar 1933 können in der Tat als die »größten Niederlagen« angesehen werden, die Sozialismus und Kommunismus erlitten haben. Doch war es wirklich zu einer »Periode mehr oder weniger fascistischer Umwälzungen« gekommen? Ist die Geschichte Europas der 20er und 30er Jahre als »Epoche des Faschismus« zu charakterisieren?[3]

Kann man davon sprechen, daß in Italien, Deutschland und in anderen Ländern »dieselben Erscheinungen« sich zeigten? Sind die Gemeinsamkeiten zwischen dem italienischen Faschismus auf der einen, dem deutschen Nationalsozialismus und den übrigen Parteien, die sich am italienischen oder deutschen Vorbild orientierten, auf der anderen Seite wirklich so groß, daß man sie alle als faschistisch charakterisieren kann? Kann man auch heute noch an einem allgemeinen und zugleich undifferenzierten Faschismusbegriff festhalten, wie es Sinowjew und Radek vor 60 Jahren getan haben? Warum ist es den faschistischen Bewegungen in Italien und Deutschland gelungen, an die Macht zu kommen, während dies in anderen Ländern, in denen es ebenfalls starke faschistische Bewegungen gab, nicht gelungen ist? Lag dies an den spezifischen wirtschaftlichen, sozialen und politischen Voraussetzungen oder an der Strategie und Taktik der nicht-faschistischen bzw. antifaschistischen Kräfte?

Diese und andere Fragen sind in der nunmehr 60jährigen Faschismusdiskussion und Faschismusforschung intensiv und zugleich kontrovers erörtert worden. Um sie zu beantworten, soll hier zunächst die Geschichte der einzelnen faschistischen Parteien in Europa erzählt werden. Dabei wird jedoch nicht nur auf die Handlungen der Faschisten, sondern auch auf die Taten der Nicht-Faschisten und Antifaschisten hinzuweisen sein: Wenn es nämlich einigen faschistischen Parteien gelang, zur Macht zu kommen, während dieses Ziel von anderen nicht erreicht wurde, lag dies keineswegs nur an der Geschicklichkeit der einzelnen faschistischen Führer und der Anziehungskraft ihrer Parteien, sondern vor allem an der Politik der nicht-faschistischen und antifaschistischen Kräfte. Die Geschichte des Faschismus in Europa ist also gleichzeitig eine Geschichte des Antifaschismus. Die Erfolge und Mißerfolge des Faschismus und des Antifaschismus sind aber nur dann zu begreifen, wenn die jeweiligen Voraussetzungen, wenn die wirtschaftlichen, sozialen und politischen Strukturen derjenigen Länder berücksichtigt werden, in denen es faschistische Parteien gab.

Damit sind die Zielsetzungen beschrieben, die in diesem Buch verfolgt werden. Um sie zu erreichen, wurde folgendes Vorgehen gewählt:

Im ersten Kapitel über die Bedeutung, Geschichte und Problematik des Begriffs Faschismus wird gezeigt, daß das italienische

Wort für Bund, fascio, welches im 19. Jahrhundert von linken Gruppen und Bewegungen in Italien verwandt worden war, von der Veteranenorganisation und späteren Partei Mussolinis aufgegriffen wurde und dann mehr von Gegnern als von Anhängern des Faschismus auch auf andere nichtitalienische Bewegungen und Regime übertragen wurde. Bei der Skizzierung dieses Bedeutungswandels wird deutlich, daß der Begriff Faschismus (und der des Antifaschismus) von Anfang an zwischen Theorie und Polemik angesiedelt war. Daran hat sich bis heute wenig geändert. Noch immer wird er von vielen Zeitgenossen als bloßer Kampfbegriff, ja, als austauschbares Schimpfwort benutzt. Noch immer streiten sich die Historiker darüber, ob die Charakterisierung nichtitalienischer Parteien und Regime als faschistisch legitim ist oder nicht, ob die Unterschiede, die etwa zwischen dem italienischen Faschismus und dem deutschen Nationalsozialismus bestehen, größer sind als die Gemeinsamkeiten, kurzum, ob man an einem allgemeinen Faschismusbegriff festhalten kann.

Diese Frage kann nur mit Hilfe einer vergleichenden Faschismusforschung beantwortet werden. Diesem Ziel dienen die folgenden Kapitel. Dabei werden zunächst die Entwicklung und Struktur des italienischen Faschismus skizziert (neben der Bewegungs- und Regimephase findet auch die »Resistenza« Berücksichtigung).

Im dritten Kapitel folgt die Geschichte des Nationalsozialismus, dem es als einziger derjenigen Parteien, die von Zeitgenossen und späteren Forschern als faschistisch klassifiziert worden sind, gelungen ist, allein und ohne ausländische Hilfe zur Macht zu gelangen.

Im vierten Kapitel ist dann auf diejenigen Faschismen einzugehen, die eine Massenbasis erreichten oder zumindest temporär an der Ausübung der Macht beteiligt wurden. Im fünften Kapitel folgen diejenigen faschistischen Bewegungen, die weder zur Macht gelangten noch über einen bemerkenswerten Rückhalt in der Bevölkerung verfügten. Viele von ihnen fristeten das Schattendasein von mehr oder minder unbedeutenden Splitterparteien. Dennoch ist auch ihre Geschichte aus zwei Gründen interessant und lehrreich. Einmal deshalb, weil man durch den kontrastierenden Vergleich mit den erfolgreicheren Faschismen sehen kann, welche Faktoren hier den Aufstieg zur Massenpartei verhinderten. Eine Berücksichtigung dieser kleineren faschistischen Bewegungen empfiehlt sich schließlich auch deshalb, weil diese Parteien große Ähnlichkeiten mit jenen aufweisen, die nach 1945 in verschiedenen Ländern Europas entstanden sind. Diese sog. neofaschistischen Parteien werden im sechsten Kapitel behandelt. Dabei wird sich zeigen, daß die Geschichte des Faschismus in Europa keineswegs mit dem Jahre 1943 bzw. 1945 zu Ende gegangen ist, daß jedoch Größe und Erfolg dieser sog. neofaschistischen Parteien – wenigstens bis heute – nicht im entferntesten das Ausmaß erreicht haben, das die Faschismen der Zwischenkriegszeit erlangten. Das Europa des Jahres 1983 ist in vielerlei Hinsicht nicht das Europa des Jahres 1922 oder 1933. Doch ob sich die Geschichte in dieser oder in einer anderen Form wiederholen wird, hängt wesentlich davon ab, was man aus der Geschichte der Faschismen in Europa lernen kann und will.

Auf dieses zweifellos entscheidende Problem wird in der Zusammenfassung einzugehen sein. Hier soll versucht werden, eine Typologie der Faschismen aufzustellen, wobei gleichzeitig danach gefragt wird, welche Faktoren den Aufstieg der einzelnen faschistischen Parteien begünstigt und welche ihn erschwert haben. In diesem Resümee werden die Ergebnisse der vergleichenden Faschismusforschung zusammengefaßt, die, wie im ersten Kapitel bereits ausgeführt wird, im Grunde auch heute, nach einer nunmehr über 60jährigen Geschichte des Faschismus in Europa, noch am Anfang steht.

Es ist und kann nicht meine Absicht sein, diese Forschungslücke mit dem vorliegenden Buch zu schließen. Meine Zielsetzungen sind bescheidener. Es geht mir einmal um eine Zusammenfassung der kaum noch überschaubaren Literatur zur Geschichte der verschiedenen faschistischen Bewegungen und Regime in Europa. Ich habe darüber hinaus versucht, durch einen Vergleich der Faschismen in Europa zu einer Lösung der Frage beizutragen, ob man an einem allgemeinen Faschismusbegriff festhalten kann. Dabei bin ich mir durchaus der Tatsache bewußt, daß meine Thesen und Hypothesen einen vorläufigen Charakter haben und durch weitere und detailliertere Forschungen zur Geschichte des Faschismus und der Faschismen in Europa überprüft werden müssen.

Dennoch schien es mir legitim und nützlich zu sein, jetzt ein – wenn auch vorläufiges – Resümee zu ziehen. Schließlich wende ich mich nicht nur an die Fachwelt, sondern an jeden historisch

Interessierten, der sich über die Geschichte des Faschismus in Europa informieren will. Auch heute, 60 Jahre nach dem ›Marsch auf Rom‹ und 50 Jahre nach der ›Machtergreifung‹ Hitlers, sind, meine ich, grundlegende Kenntnisse über die Geschichte des Faschismus in Europa notwendig, um die Probleme der ›jüngsten Vergangenheit‹ und der Gegenwart verstehen zu können.

1. Was ist Faschismus? Zur Bedeutung, Geschichte und Problematik eines Begriffs

»Der Faschismus hat einen Namen, der an sich nichts sagt über den Geist und die Ziele der Bewegung. Ein fascio ist ein Verein, ein Bund, Faschisten sind Bündler und Faschismus wäre Bündlertum.«[1] Mit diesen Worten hat Fritz Schotthöfer 1924 auf eine banale, aber dennoch häufig nicht hinreichend beachtete Tatsache hingewiesen. Anders als die Begriffe Konservativismus, Liberalismus, Sozialismus, Kommunismus usw. ist der Begriff Faschismus inhaltsleer. Das von dem lateinischen fascis – dem Rutenbündel der römischen Liktoren – stammende italienische Wort für Bund, fascio, war im 19. Jahrhundert von republikanischen, syndikalistischen und sozialistischen Gruppen verwandt worden, die sich damit von den Parteien unterscheiden wollten. Zu Beginn des 20. Jahrhunderts hat sich dann auch die italienische Rechte dieses symbolhaften Namens bedient. Der rechte Flügel des italienischen Parlaments vereinigte sich 1917 zum »fascio per la difensa nazionale«. Aus dem 1915 gegründeten »fascio d'azione revolutionari« und dem 1919 aus Kriegsteilnehmern gebildeten »fascio di combattimento« Mussolinis ging dann die faschistische Partei hervor, die sich seit 1921 »Partito Nazionale Fascista« nannte.

Zu diesem Zeitpunkt wurde Mussolinis neue Partei von in- und ausländischen Beobachtern meist mit anderen nichtitalienischen Erscheinungen wie der Organisation Escherich und den Freikorps in Österreich und Deutschland sowie generell mit »weißen« Gruppen in Bayern, Ungarn und Rußland verglichen. Lenin hat die italienischen Faschisten noch im November 1922 mit den zaristischen Banden der »Schwarzen Hundert« gleichgesetzt.[2] Zu diesem Zeitpunkt wurde es jedoch fast gleichzeitig bei sozialistischen und kommunistischen Autoren Brauch, nichtitalienische antirevolutionäre Bewegungen und Regime als ›faschistisch‹ zu charakterisieren.[3] Diese Generalisierung des Faschismusbegriffs wurde in der Folgezeit gerade innerhalb der kommunistischen Faschismusdiskussion kaum noch in Frage gestellt, obwohl zu Beginn der 20er Jahre Clara Zetkin, Antonio Gramsci, Palmiro Togliatti und einige andere italienische Autoren davor warnten, alle antidemokratischen und antikommunistischen Erscheinungen als faschistisch zu bezeichnen, da dadurch die spezifischen Züge des italienischen Faschismus verlorengingen.[4] Doch schon auf dem V. Weltkongreß der Komintern von 1924 wollte man im Faschismus das bloße »Kampfinstrument der Großbourgeoisie gegen das Proletariat« sehen.[5] Da man sich darauf beschränkte, das Wesen des Faschismus mit seiner sozialen Funktion zu erklären, galten bald alle Parteien und Regime, die dem Kapitalismus nützten und dem Kommunismus schadeten, als ›faschistisch‹. Diese inflationäre Verwendung des Faschismusbegriffes führte dazu, daß auch die sozialdemokratischen Parteien als »Zwillingsbrüder« oder »Flügel« des Faschismus angesehen wurden, weil die Sozialdemokraten die parlamentarische Demokratie verteidigten und damit zu einer Festigung des kapitalistischen Systems beitrugen.[6] Auf dem VII. Weltkongreß der Komintern von 1935 hat dann Georgi Dimitroff diese sog. Sozialfaschismustheorie als falsch bezeichnet und betont, daß »keinerlei allgemeine Charakteristik des Faschismus« uns der Pflicht enthebe, »die Eigenart der Entwicklung des Faschismus und der verschiedenen Formen der faschistischen Diktatur in einzelnen Ländern und in verschiedenen Etappen konkret zu studieren und zu berücksichtigen«.[7] Diese Bemerkung blieb jedoch isoliert und folgenlos. Dimitroff selber ist in seinem ausführlichen Referat mit keinem Wort auf die damit verbundenen Probleme der Eingrenzung und Differenzierung eingegangen. Nicht ein einziger der vielen Diskussionsredner über Dimitroffs Bericht hat sich mit der Frage beschäftigt, ob die verschiedenen tatsächlichen oder angeblichen ›faschistischen‹ Parteien und Regime auf der ganzen Welt wirklich Gemeinsamkeiten mit dem namengebenden italienischen System aufwiesen.

Nach 1945 ist diese Frage innerhalb der dogmatisch-marxistischen Faschismusdiskussion fast völlig vernachlässigt worden.[8] In der DDR sprach und spricht man vom Faschismus und meint in der Regel den Nationalsozialismus. In der Einleitung zu dem 1980 erschienenen Sammelband »Faschismusforschung« haben Dietrich Eichholtz und Kurt Goßweiler aber die Notwendigkeit einer vergleichenden Faschismusforschung betont, wobei sie zur Legitimation dieser Wendung auf das erwähnte Zitat von Dimitroff hinwiesen.[9] Bis jetzt gibt es jedoch noch keine Arbeiten von Historikern der DDR mit einer derartig vergleichenden Perspektive. Anders ist es dagegen seit einigen Jahren in Polen, der Tschechoslowakei (jedenfalls bis 1969) und vor allen Dingen in Ungarn.

Hier sind einige sehr interessante Studien über verschiedene Faschismen erschienen.[10]

Wenn sich kommunistische Autoren bis heute so wenig mit der Frage nach den Unterschieden und Gemeinsamkeiten zwischen den Faschismen beschäftigt haben, lag dies auch daran, daß sich neben einigen sog. bürgerlichen Forschern – bereits 1928 wurde ein Buch zum »Internationalen Faschismus« veröffentlicht[11] – gerade sozialdemokratische Theoretiker mit diesem Problem auseinandergesetzt haben. Ihre sehr bedenkenswerten Anregungen und Vorschläge sind aber nahezu vergessen worden. Sozialdemokraten wie Georg Decker hielten es bereits 1930 für notwendig, daran zu erinnern, daß man nur dann von Faschismus sprechen könne, »wenn sich die in Frage kommende Bewegung in allen wesentlichen Zügen mit dem italienischen Faschismus deckt«.[12] Alexander Schifrin forschte nach den gemeinsamen Ursachen und Charakterzügen der verschiedenen Faschismen in Europa. Dabei kam er zu dem Ergebnis, daß es nicht möglich sei, die »Wurzeln des Faschismus in der ausschließlichen Eigenart irgendeiner besonderen nationalen Entwicklung« zu sehen. Ebenso falsch sei es jedoch, den Faschismus generell auf die »Struktur und die spezifischen Entwicklungserscheinungen des Hochkapitalismus« zurückzuführen, wie dies kommunistische Autoren täten. Die Länder, in denen faschistische Bewegungen entstanden und aufgestiegen seien, unterschieden sich in ökonomischer und sozialer Hinsicht. Gemeinsame Charakteristika gebe es jedoch im politischen Bereich. In den betreffenden Gesellschaften sei die »Demokratie erst in der Nachkriegszeit proklamiert« worden. In dieser »Zone der Gegenrevolution«, zu der Schifrin neben Deutschland auch Italien, Österreich, Finnland, Litauen, Polen, Rumänien, Ungarn, Jugoslawien, Bulgarien und Spanien zählte, habe sich die Demokratie nicht stabilisieren können. Darüber hinaus hätten die faschistischen Parteien eine besonders große »ideologische und massenpsychologische« Anziehungskraft auf den »verwilderten Mittelstand« ausüben können.[13]

Diesen Gedanken hat dann Arkadij Gurland in seinem 1931 veröffentlichten Buch »Das Heute der proletarischen Aktion« näher ausgeführt.[14] Eine Ausdehnung und Anwendung des Faschismusbegriffes auf alles, »was nur irgendwie mit gewalttätiger Form der Regierungsausübung zusammenhänge«, sei abzulehnen, weil dann Faschismus nur der »Ausdruck für den sehr alten Begriff der terroristischen Übung der Staatsgewalt« sei. Das »spezifisch Neuartige« am Faschismus liege in dem Moment seiner Entstehung. Der italienische Faschismus verdanke seinen Erfolg nicht einem »Zuviel«, sondern einem »Zuwenig an Kapitalismus, an Industrialisierung, an industriellem Proletariat«.[15] Anders als Franz Borkenau, der in diesem Zusammenhang die These vertrat, daß der italienische Faschismus nur eine Art Entwicklungsdiktatur zur Schaffung des industriellen Kapitalismus sei,[16] schloß Gurland jedoch keineswegs aus, daß sich der Erfolg des Faschismus in Deutschland wiederholen könne, obwohl er hier auf andere ökonomische und soziale Voraussetzungen als in Italien treffe. In Deutschland und in anderen hochkapitalistischen Ländern könnten die Faschisten zwar nicht wie in Italien die Schwäche des Proletariats und die passive Unterstützung einer breiten verelendeten Landbevölkerung ausnützen, dafür träfen sie aber in den durch die Wirtschaftskrise entwurzelten und deklassierten Mittelschichten eine vergleichbare soziale Basis an.[17] Ähnlich wie Braunthal, Bauer, Olberg, Nenni, Tedesco und Hilferding hat Gurland versucht, das Spannungsverhältnis zwischen der mittelständischen sozialen Basis und der kapitalistischen sozialen Funktion des Faschismus mit Hilfe der Marxschen Bonapartismustheorie zu erklären.[18]

Dieser kurze Blick auf die ›klassische‹ Faschismusdiskussion sollte zeigen, daß der Faschismusbegriff von marxistischen Autoren keineswegs nur als Schimpfwort und Propagandafloskel benutzt worden ist, obwohl sich gerade die Antifaschisten intensiver als die Faschisten selber mit dem Problem auseinandergesetzt haben, ob der Faschismus ein singuläres, allein auf Italien zu beziehendes, oder ein generelles historisches Phänomen sei.[19]

Diese Ansätze einer vergleichenden Faschismusforschung sind jedoch nach 1945 mehr oder minder vergessen worden. Ernst Nolte hat dann wesentlich dazu beigetragen, daß sich auch die sog. bürgerliche Forschung intensiver mit dem Problem des Faschismus als generischer Erscheinung beschäftigt hat.[20] Noltes Ansichten, die hier nicht im einzelnen behandelt werden sollen, wurden ebenso begeistert begrüßt wie engagiert kritisiert.[21] Das Hauptinteresse hat sich bis heute jedoch mehr oder minder auf seine verschiedenen Definitionen des Faschismus, insbesondere auf seine »transpolitische« (wonach der Faschismus der Widerstand gegen die »praktische und theoretische Transzendenz« darstelle) sowie auf seine These von der »Epoche des Faschismus« konzentriert.[22] Seine Hinweise für eine vergleichende Faschismusforschung, bei denen er sich zunächst auf eine Analyse der Action Française, des italienischen Faschismus und des Nationalsozialismus stützte, ehe er auch die übrigen faschistischen Bewegungen im Europa der Zwischenkriegszeit einschloß, wurden ebenso wenig beachtet wie seine Typologie, in der er den italienischen »Normal«- vom deutschen »Radikalfaschismus« differenzierte und beiden den »Prä- oder Protofaschismus« und den »Philofaschismus« in einigen autoritären Regimen gegenüberstellte.[23]

In den 60er und 70er Jahren wurde zwar eine große Zahl von Einzeluntersuchungen zur Geschichte der verschiedenen Faschismen veröffentlicht, diese gingen jedoch in der Regel nicht von einer vergleichenden Perspektive aus und sie wandten sehr unterschiedliche Methoden und Theorien an. Ähnlich ist es auch bei einigen Überblicken und Sammelbänden. In vielen dieser Arbeiten werden entweder nicht alle Faschismen berücksichtigt, wie z. B. in dem sehr instruktiven und gelungenen Vergleich zwischen Deutschland und Italien, den Wolfgang Schieder herausgegeben hat,[24] oder sie werden von verschiedenen Autoren behandelt, die unterschiedliche Interessen hatten und von unterschiedlichen Perspektiven ausgingen.[25] Aus diesen Gründen stößt der an sich bescheidene Versuch, die bisherigen Forschungen zur Geschichte der Faschismen zusammenzufassen und zu vergleichen, auf große Schwierigkeiten.[26]

Parallel zu dieser Vernachlässigung der vergleichenden Faschismusforschung kam es in einigen Ländern, insbesondere auch in der Bundesrepublik, zu einer Inflationierung des Faschismusbegriffes. Im weltweiten Rahmen wurden bereits nahezu alle Staaten von A bis Z, von Argentinien bis Zaire, von einigen Zeitgenossen als ›faschistisch‹ charakterisiert. Im innenpolitischen Bereich wurden mit ebenso törichter Begründung schon alle politischen Parteien und nahezu alle staatlichen und gesellschaftlichen Institutionen als ›faschistisch‹ denunziert.

Die Mängel innerhalb einer wirklich vergleichenden Faschismusforschung sowie die erwähnte uferlose Inflationierung des Faschismusbegriffs, der teilweise zum bloßen und austauschbaren Schimpfwort verkam, riefen gerade in letzter Zeit verschiedene Forscher auf den Plan, die den Sinn und Nutzen eines generischen Faschismusbegriffes überhaupt kritisierten. Mehrere Autoren wandten sich energisch gegen die weitgehend identifizierende Charakterisierung von parlamentarisch und diktatorisch regierten kapitalistischen Staaten als faschistisch. Andere dagegen betonten, daß eine undifferenzierte Verwendung des Ausdrucks ›faschistisch‹ zu einer Verharmlosung des ›eigentlichen‹ Faschismus italienischer und vor allen Dingen deutscher Prägung sowie zu einer aus wissenschaftlichen und politischen Gründen unzulässigen Dämonisierung von ›bloß‹ antidemokratischen Zügen in autoritären Regimen führen könne. Karl Dietrich Bracher etwa bekannte sich in diesem Zusammenhang ganz dezidiert zur parlamentarischen Demokratie und zum allein entscheidenden Kriterium der politischen Freiheit.[27] Aus diesen eher politischen und einigen wissenschaftlichen Gründen plädierte er für das Festhalten am Totalitarismusbegriff, der eine gewisse Gleichartigkeit von kommunistischen und faschistischen Parteien und Regimen postuliert, die Gegner der parlamentarischen Demokratie seien. Der italienische Faschismusforscher Renzo De Felice wies darauf hin, daß der italienische Faschismus längst nicht so viele Opfer gefordert habe wie der deutsche Nationalsozialismus, der sich darüber hinaus nicht wie der italienische Faschismus auf aufsteigende, sondern auf absteigende Schichten des Mittelstandes gestützt habe, die ihre Proletarisierung befürchteten.[28] Ähnlich wie bei Bracher verbinden sich auch bei der Kritik De Felices wissenschaftliche Überzeugungen mit bestimmten politischen Momenten.

Während A. James Gregor den Begriff Faschismus auf nahezu alle Bewegungen und Regime ausdehnte, die nicht demokratisch waren und sind – wobei er, bewußt oder unbewußt, die Spezifizität und Brauchbarkeit des Begriffs Faschismus überhaupt radikal in Frage stellte[29] –, hat Henry A. Turner betont, daß der Faschismus eigentlich in die Kategorie der antimodernistischen Bewegungen und Regime gehöre.[30] Bracher, De Felice, Turner sowie Allardyce,[31] Hildebrand,[32] Martin[33] u. a. stimmten ferner in der Ansicht überein, daß die Unterschiede gerade zwischen dem italienischen Faschismus und dem Nationalsozialismus größer seien als die Gemeinsamkeiten. Daher solle man zunächst auf eine allgemeine Theorie und auf einen allgemeinen Begriff des Faschismus zugunsten rein empirischer Forschung verzichten.[34] Auch diese wissenschaftlichen Argumente waren und sind mit gewissen politischen Gesichtspunkten verbunden, die vor allem von Turner deutlich ausgesprochen wurden. Turner befürchtete nämlich, daß der Bestand und Zusammenhalt der jetzigen kapitalistisch-parlamentarischen Gesellschaften gefährdet sei, wenn es tatsächlich enge Beziehungen zwischen Kapitalismus und Faschismus gebe, wie es gerade von marxistischen Faschismustheoretikern immer behauptet worden ist.[35]

Hier hat die Kritik der Kritik einzusetzen. Dabei kann und muß ebenfalls zwischen politischen und wissenschaftlichen Aspekten unterschieden werden. Angesichts der Tatsache, daß faschistische Parteien auf dem Boden des Kapitalismus entstanden und aufgestiegen sind, daß sie auf bestimmte Schichten der kapitalistischen Gesellschaft eine besondere Anziehungskraft ausgeübt haben, daß kapitalistische Kreise bereit waren, die Faschisten politisch und finanziell zu unterstützen, und schließlich und nicht zuletzt angesichts der Tatsache, daß der Faschismus bis heute keineswegs tot ist, wird und muß ein Historiker, der wirklich Lehren aus der Geschichte ziehen will, die Ergebnisse, Thesen und selbst Hypothesen der Faschismusforschung, der theoretisch orientierten im besonderen, berücksichtigen. ›Der Teufel kommt nie durch die gleiche Tür!‹ – sagt das Sprichwort, und Geschichte wird sich nicht in genau derselben Form wiederholen, aber strukturelle Faktoren, die den Aufstieg und die ›Machtergreifung‹ des ›klassischen‹ Faschismus begünstigt haben, sind durchaus noch vorhanden und können das Anwachsen des sog. Neofaschismus begünstigen. Faschismusforschung war immer politisch, hatte eine antifaschistische Zielsetzung und bot Handlungsanleitung für die Bekämpfung des Faschismus. Dies hatte und hat neben Nachteilen auch bestimmte Vorteile für den politischen und didaktischen Bereich, denn die Ereignisgeschichte konnte und kann mit Hilfe von Theorien, Thesen und Hypothesen der nun fast 60jährigen Faschismusdiskussion problematisiert werden, indem man bestimmte strukturelle Faktoren sichtbar macht, die diese Ereignisgeschichte mitbestimmt haben.

Abgesehen von diesen politischen und, wenn man will, auch didaktischen Momenten gibt es jedoch einige wissenschaftliche Argumente, die man den Kritikern an dem Sinn und Nutzen eines generischen Faschismusbegriffes entgegenhalten kann.

1. Gegen die von Bracher u. a. vorgeschlagene Verwendung des Totalitarismusbegriffes spricht vor allem die Tatsache, daß die Unterschiede zwischen faschistischen und kommunistischen Bewegungen und Regimen noch größer sind als die, welche

zwischen den einzelnen Faschismen anzutreffen sind. Kommunistische und faschistische Parteien verfolgten unterschiedliche Zielsetzungen und errichteten unterschiedliche Gesellschaftsordnungen. Ähnlichkeiten in der Herrschaftspraxis (aber nicht in der Herrschaftsstruktur) reichen nicht aus, um Faschismus und Kommunismus nahezu gleichzusetzen.[36]

2. Ähnliche Bedenken muß man auch gegen den Vorschlag von Turner erheben, den Faschismus in die Gruppe der antimodernistischen Bewegungen einzuordnen. Dadurch wird das Problem nicht gelöst; im Gegenteil, die Schwierigkeiten der Generalisierung und Abgrenzung werden größer.

3. Der von verschiedenen Autoren geforderte Verzicht auf die Verwendung von sozialwissenschaftlichen Theorien im allgemeinen, von Faschismustheorien im besonderen, ist in der Praxis nicht durchführbar. Historische Forschung war und ist nie rein empirisch und theorielos gewesen. Wenn man nicht bereit ist, Fragestellungen, Methoden und heuristische Theorieansätze anzugeben, von denen man, bewußt oder unbewußt, ausgeht, besteht die Gefahr einer ideologischen Verschleierung und Verzerrung der zu erklärenden Wirklichkeit.

4. Auch die schärfsten und nominalistischsten Kritiker eines generischen Faschismusbegriffes müssen einräumen, daß es in fast allen europäischen Ländern der Zwischenkriegszeit Bewegungen gab, die sich am italienischen Vorbild orientiert haben und von den Zeitgenossen im kommunistischen und sozialistischen, aber auch im konservativen und liberalen Parteienspektrum als faschistisch angesehen worden sind. Den Begriff Faschismus kann man nicht einfach eskamottieren. Er hat selber eine Geschichte gehabt und die Geschichte mitgeprägt. Er gehört zu den »Schlüsselwörtern«[37] der Geschichte des 20. Jahrhunderts. Er kann als »Faktor und Indikator«[38] der realen Entwicklung, insbesondere der Geschichte der Arbeiterparteien angesehen werden. Eine Geschichte der Faschismusinterpretation und der Faschismustheorien führt notwendigerweise zu einer Geschichte des Antifaschismus, der kommunistischen, sozialdemokratischen und z. T. sogar der konservativen und liberalen Parteien.[39]

So wichtig die historische Bedeutung der Faschismustheorien, eben als Faktor und Indikator der realen Geschichte des Antifaschismus, war und ist, so umstritten und problematisch ist ihre wissenschaftliche Relevanz. Die Suche nach einer globalen Theorie des Faschismus, mit deren Hilfe man wie mit einem Universalschlüssel Gestalt und Funktion der disparaten Erscheinung des Faschismus und der Faschismen erklären kann, hat bis heute zu keinem zufriedenstellenden und allgemein anerkannten Ergebnis geführt. Die vorliegenden Faschismustheorien können in der Regel nur einzelne Probleme innerhalb der Entwicklung der einzelnen Faschismen erklären. Dies gilt für Theorien, durch die der Faschismus als Agent oder Bündnispartner kapitalistischer Schichten charakterisiert wird,[40] ebenso wie für Thesen, wonach der Faschismus die Partei des Mittelstandes,[41] das notwendige Ergebnis einer spezifischen nationalgeschichtlichen Entwicklung,[42] die Konsequenz eines bestimmten Stadiums innerhalb der Modernisierung eines Landes,[43] das Resultat eines gewissen sozialpsychischen Impulses,[44] das Produkt eines kulturellen oder moralischen Zusammenbruchs,[45] die spezifische Herrschaftsform eines Mannes[46] oder eine Erscheinungsform des Totalitarismus ist.

Diese und andere Theorien über den Faschismus müssen gebündelt werden. Sie können als heuristische Fragestellungen, methodische Ansätze, als »Theorien mittlerer Reichweite«[47] in der Faschismusforschung angewandt werden, die methodenpluralistisch und komparatistisch sein muß. Bürgerlichen Kritikern eines allgemeinen Faschismusbegriffs muß man die Mahnung Horkheimers entgegenhalten, wonach man vom Faschismus (bzw. Nationalsozialismus) schweigen soll, wenn man nicht bereit ist, über den Kapitalismus, d. h. über die allgemeinen, nicht auf einzelne kapitalistische Länder (Deutschland, Italien usw.) begrenzten Ursachen des Faschismus/Nationalsozialismus reden will.[48] Dies bedeutet jedoch nicht (auch nach dem Selbstverständnis von Horkheimer nicht), daß man damit allein Wesen und Erscheinung des Faschismus erklären kann, der, um Ernst Bloch zu zitieren, längere Wurzeln hat als der Kapitalismus.[49] Den Anhängern eines dogmatisch-marxistischen und noch dazu allein auf Deutschland bezogenen Faschismusbegriffs muß man ferner entgegenhalten, daß man, um Horkheimers Diktum abzuwandeln, vom Faschismus schweigen soll, wenn man nur vom Nationalsozialismus redet. Diese Kritik an der ›bürgerlichen‹ und marxistischen Forschung gipfelt in dem Postulat, vergleichende Faschismusforschung zu betreiben. Nur so ist auch die Frage nach den Grenzen und dem Nutzen eines allgemeinen Faschismusbegriffes zu beantworten.

Dies ist wiederum nur dann möglich, wenn man, um ein viel zitiertes Wort Angelo Tascas abzuwandeln, zunächst die Geschichte der einzelnen Faschis*men* schreibt.[50] Erst nach einer solchen Beschreibung und dem Vergleich sollte versucht werden, ›den‹ Faschismus in Form einer globalen Theorie zu definieren.

2. Der italienische Faschismus

2.1 Entstehung und Aufstieg

Nahezu alle Forscher und Theoretiker stimmen darin überein, daß der Faschismus das Ergebnis einer tiefgreifenden wirtschaftlichen und gesellschaftlichen Krise gewesen ist. Dieser Satz sagt jedoch nicht viel aus, denn letztlich kommt es auf das Ausmaß und den Charakter der jeweiligen Krise an. Dies zeigt der folgende Überblick über die Entwicklung des italienischen Faschismus.[1] Seine Entstehung und sein Aufstieg waren durch spezifische wirtschaftliche, soziale und politische Probleme geprägt und bedingt zugleich, die schon im 19. Jahrhundert entstanden und durch Verlauf und Ausgang des Ersten Weltkrieges noch verschärft worden waren.

Italien war in der Mitte des vorigen Jahrhunderts ein im Vergleich mit den west- und mitteleuropäischen Staaten rückständiges Agrarland.[2] Seit den 70er Jahren des 19. Jahrhunderts versuchte man jedoch, die Industrialisierung voranzutreiben. Dabei kam es zu einer engen Zusammenarbeit zwischen der Industrie, den Banken und dem Staat, der die Politik einer aktiven Wirtschaftsförderung betrieb. Davon profitierte vor allem die norditalienische Schwerindustrie, während andere Industriezweige, insbesondere die Textilindustrie, benachteiligt wurden. Die Landwirtschaft wurde dagegen weitgehend vernachlässigt. Dies trifft nicht nur auf den rein agrarischen und noch weitgehend feudalistisch geprägten Süden, sondern auch auf die ländlichen Gebiete des Nordens zu. In Italien war es weder zu einer Agrarrevolution noch zu einer Reform der Eigentumsverhältnisse und der ländlichen Wirtschaftsformen gekommen. Die Masse der Kleinpächter und Landarbeiter, denen die wenigen Großgrundbesitzer gegenüberstanden, lebte in äußerst schlechten wirtschaftlichen Verhältnissen. Der Staat tat wenig, um die Not des ländlichen Proletariats und der im Zuge der industriellen Entwicklung in den nördlichen Regionen entstandenen Industriearbeiterschaft zu lindern.

Das 1861 nach erfolgreichen Kriegen gegen Österreich ins Leben gerufene Königreich Italien war zwar in der Lage, eine territoriale Einheit herzustellen – 1866 wurde Venezien und 1870 der Kirchenstaat gewonnen –, doch es war weder fähig noch bereit, die immer drängender werdenden sozialen Probleme zu lösen.³ Die industriellen und agrarischen Eliten verstanden es, ihre ökonomischen Interessen durchzusetzen. Da bis 1880 nur 2,5% der Gesamtbevölkerung wahlberechtigt waren, hatten es die Rechts- und Linksliberalen, die meist die Regierung bildeten, nicht schwer, für diese Politik im Parlament eine Mehrheit zu finden. Doch auch nachdem durch die Wahlrechtsreform von 1881 große Teile der städtischen Mittelschichten das Wahlrecht erhalten hatten, konnte die bisherige Allianz aus den industriellen Eliten des Nordens und den agrarischen des Südens ihre Macht behaupten. Oppositionelle Kräfte wurden durch persönliche Absprachen, Versprechungen und Drohungen zur Kooperation und damit zur Bewahrung des Status quo bewogen. Die Italiener gebrauchten für diese unparlamentarische politische Praxis den Ausdruck »trasformismo«, was wörtlich übersetzt »Überformung« heißt. Doch diese Beschwichtigungs- und Kompromißpolitik im Zeichen des »trasformismo« erwies sich angesichts des Anwachsens der sozialistischen Bewegung und der zahlreichen Unruhen, Hungerrevolten und Streiks in zunehmendem Maße als wirkungslos. Daher versuchte der führende liberale Politiker Giolitti, durch Modernisierungsmaßnahmen und vorsichtige soziale Reformen die Führer der 1882 gegründeten Sozialistischen Partei und der katholischen Popolari zu einer Mitarbeit zu bewegen.

Die von Giolitti angestrebten Reformen und seine auch gegenüber den Sozialisten und Popolari angewandte »trasformismo«-Taktik stießen jedoch auch im bürgerlichen Lager auf Ablehnung und Kritik. Diese Kräfte sammelten sich in der »Associazione Nazionalista Italiana«; sie lehnten die von Giolitti angestrebten sozialen Reformen entschieden ab und schlugen statt dessen vor, durch eine betont nationalistische und imperialistische Politik von den inneren sozialen und politischen Problemen abzulenken.⁴ Dieses Konzept, das notgedrungen auch von Giolitti übernommen wurde, erwies sich jedoch als nicht erfolgreich. Da die nationalistischen Forderungen nach der Angliederung der »unerlösten italienischen Volkstumsgebiete« (Irredenta) in Südtirol und in Istrien wegen der außenpolitischen Lage – vorerst – nicht zu erfüllen waren, wandte man sich der Kolonialpolitik zu. Während der Überfall auf Abessinien im Jahre 1896 mit der vernichtenden Niederlage der italienischen Truppen bei Adua endete, gelang die Annexion Libyens 1912 erst nach langen und verlustreichen

Kämpfen. Doch auch im innenpolitischen Bereich erwies sich die Taktik, durch eine imperialistische und nationalistische Politik von den sozialen Problemen ablenken zu wollen, als nur bedingt erfolgreich. Zwar konnten große Teile des Mittelstandes mobilisiert und integriert werden, aber die Anhänger der Sozialistischen Partei ließen sich durch die Parole, daß der Klassenkampf durch den »Kampf der Nationen« ersetzt werden sollte, nicht täuschen.

Unter Führung Benito Mussolinis[5] kündigte die Mehrheit der Sozialistischen Partei die Zusammenarbeit mit der Regierung im Zeichen des Reformismus auf. Der radikale Flügel der Sozialisten errang bei den zum ersten Mal nach dem Prinzip des allgemeinen (Männer-)Wahlrechts durchgeführten Abstimmungen von 1913 bedeutende Erfolge. 1914 kam es zu verschiedenen Streiks von unzufriedenen Industrie- und Landarbeitern. Das veranlaßte die konservativen Gruppierungen um den Ministerpräsidenten Salandra, noch einmal den Versuch zu wagen, durch eine Mobilisierung der Massen nationalistischer Gesinnung und mittelständischer Herkunft von den drängenden sozialen Problemen abzulenken. Dieses Konzept schien zunächst erfolgreich zu sein. Unter dem Druck der Interventionisten, denen sich auch Mussolini anschloß, der deshalb die Sozialistische Partei verlassen mußte, entschloß sich die italienische Regierung unter mehr oder minder großem Zwang, auf der Seite der Alliierten in den Krieg einzutreten.[6] Der Krieg führte zunächst nicht nur zu einer integrativ wirkenden Massenmobilisierung, sondern gleichzeitig zu einer Modernisierung und sprunghaften Belebung der Wirtschaft. Doch der wirtschaftliche Aufschwung sollte sich als ebenso künstlich wie kurzlebig erweisen, weil er im wesentlichen auf der vom Staat angeheizten und mit Krediten finanzierten Nachfrage nach Gütern beruhte, die für den Krieg gebraucht wurden.

Nach dem Kriege zeigte sich, daß die bisherigen wirtschaftlichen, sozialen und politischen Probleme in keiner Weise gelöst, ja, im Gegenteil, noch ungleich verschärft worden waren.[7] Die Umstellung der künstlich aufgeblähten und von einigen Unternehmen in enger Zusammenarbeit mit dem Staat geleiteten Kriegs- auf die Friedenswirtschaft erwies sich angesichts der weltweit gesunkenen Nachfrage und wegen des großen Staatsdefizits als überaus schwierig. Es kam zu einer immer fühlbarer werdenden Inflation und einem Ansteigen der Arbeitslosigkeit.[8] Das führte in den Städten zu zahlreichen Unruhen und Streiks, die ihren Höhepunkt im Herbst 1920 erreichten, als die Arbeiter in den norditalienischen Industriebezirken die Fabriken besetzten. Die Regierung konnte sie durch das Versprechen, die Löhne zu verbessern, den Acht-Stunden-Tag und die Sozialversicherung einzuführen, zum Nachgeben bewegen, doch dieser Kompromiß wurde von beiden Seiten als unbefriedigend empfunden. Große Teile der Arbeiterschaft waren mit diesen Erfolgen nicht zufrieden, weil sie der Ansicht waren, daß in dieser Situation eine sozialistische Revolution möglich gewesen wäre. Die Auseinandersetzung um diese Frage spaltete den reformistischen von dem stärkeren maximalistischen (revolutionären) Teil der italienischen Arbeiterbewegung und führte damit direkt und indirekt zu ihrer Schwächung.[9] Doch auch die Industriellen waren mit dem durch die Vermittlung der Regierung zustande gekommenen Kompromiß keineswegs zufrieden. Einerseits fürchteten sie, daß die Arbeiterbewegung die errungenen Machtpositionen nützen werde, um tatsächlich auf revolutionärem Wege zur Macht zu kommen. Andererseits hielten sie die versprochenen Sozialleistungen und Lohnerhöhungen für untragbar.

Zu noch schärferen sozialen Spannungen war es in den ländlichen Regionen Norditaliens gekommen. Hier hatten die Organisationen der Landarbeiter noch größere Erfolge erzielen können. Zahlreiche Güter waren besetzt und wurden nun von Kooperativen bewirtschaftet, die an ein dichtes Netz von Konsumgenossenschaften angeschlossen waren, die ebenfalls von den sozialistischen Ligen kontrolliert und geleitet wurden. Außerdem hatten sich die noch verbliebenen Großgrundbesitzer und selbst die Kleineigentümer gegenüber den sozialistischen Ligen dazu verpflichten müssen, unabhängig von ihrem tatsächlichen Bedarf eine bestimmte Zahl von Arbeitskräften einzustellen, die ausschließlich von den Ligen vermittelt werden durften. Dennoch waren maximalistisch eingestellte Führer der sozialistischen Ligen selbst mit diesen im damaligen Europa einmaligen Erfolgen nicht zufrieden, weil sie eine völlige Kollektivierung des Landes forderten. Diese Ziele wurden nicht nur von den Großgrundbesitzern, sondern auch von den zahlreichen Kleineigentümern und Pächtern entschieden abgelehnt, die ihr Land nicht abgeben, sondern statt dessen noch mehr Boden erwerben wollten. Daher kam es zu einer gemeinsamen Interessenlage von Kleineigentümern und

Großagrariern, die die Kollektivierung fürchteten und die bereits verwirklichten Reformen wieder rückgängig machen wollten.[10]

Es ist zwar mehr als zweifelhaft, ob sich das Italien der ersten Nachkriegszeit wirklich in einer revolutionären Situation befand, wie dies von Sozialisten gehofft und von Industriellen und Agrariern befürchtet wurde, doch eine nicht-revolutionäre und parlamentarische Lösung der verschiedenen Probleme war ebenfalls nicht zu erkennen. Die wirtschaftliche und soziale war nämlich durch eine politische Krise des italienischen Regierungssystems ergänzt und zugleich verschärft worden.

Die Parlamentswahlen vom 16. November 1919 hatten mit einer vernichtenden Niederlage der bisher regierenden liberalen und demokratischen Parteien geendet. Die Sozialisten waren mit 156 Abgeordneten zur stärksten politischen Kraft geworden, während die katholische Volkspartei der Popolari 95 Mandate errungen hatte. Durch dieses Wahlergebnis wurde die Bildung einer starken und handlungsfähigen Regierung erschwert, ja geradezu unmöglich gemacht. Die Sozialisten und Popolari lehnten eine Zusammenarbeit entschieden ab, während die ohnehin nur zögernd und halbherzig vorgetragenen Versuche Giolittis, die katholische Volkspartei zur Koalition mit den Liberalen zu bewegen, nur sehr kurzfristige Erfolge erzielten. Gegen den Willen der Sozialisten und Popolari konnte das Land jedoch nicht regiert werden. Die traditionelle Kompromiß- und »Trasformismo«-Politik Italiens war damit endgültig gescheitert.

Als völlig erfolglos, ja als systemgefährdend erwies sich auch die Fortsetzung der bisherigen Bestrebungen, durch die Weckung der nationalistischen Leidenschaften von den inneren sozialen Problemen abzulenken und auf diese Weise zu einer Integration zu gelangen. Italien hatte zwar im Ersten Weltkrieg verschiedene schwere Niederlagen hinnehmen müssen, konnte schließlich jedoch einige seiner Ziele verwirklichen, da es zu den Siegermächten gehörte. Italien gewann Südtirol und Istrien mit Triest, mußte aber zugunsten Jugoslawiens auf die ebenfalls geforderten dalmatinischen Küstengebiete verzichten, während Fiume (Rijeka) zur Freien Stadt erklärt wurde. Die italienische Regierung fand sich erst nach langem Zögern und heftigem Widerstreben mit dieser Entscheidung der Alliierten in Paris ab. Die italienische Öffentlichkeit reagierte empört auf die Entscheidung der Alliierten und das angebliche Versagen der italienischen Regierung. In diesem

Zusammenhang bürgerte sich der Begriff vom angeblich »verstümmelten Sieg« ein, mit dem die italienischen Nationalisten die Alliierten und die eigene Regierung attackierten. Insofern hat der Mythos vom »verstümmelten Sieg« große Ähnlichkeiten mit der Dolchstoß-Legende in Deutschland. Angesichts dieser nationalistischen Emotionen wagte es die italienische Regierung nicht, energisch einzugreifen, als italienische Truppen unter Führung des Dichters Gabriele D'Annunzio den Rückzugsbefehl verweigerten und am 12. September 1919 eigenmächtig die Stadt Fiume besetzten. 16 Monate lang beherrschte D'Annunzio, der sich selber den Titel »Comandante« verliehen hatte, die Stadt, wobei er bereits alle Elemente des politischen Stils des faschistischen Italien entwickelte. Dies gilt für Massenaufmärsche und Paraden seiner Anhänger, die in Schwarzhemden auftraten und Totenkopfbanner mit sich führten, wie für die Kampflieder, den römischen Gruß und die emotionalisierten Dialoge zwischen der versammelten Menge und ihrem Führer D'Annunzio.[11]

Die am 23. März 1919 von Mussolini in Mailand gebildete Organisation der Frontkämpfer, die »Fasci di Combattimento«, fand in dem politischen Stil D'Annunzios ihr Vorbild und konnte die geschilderten wirtschaftlichen, sozialen und politischen Krisenerscheinungen Italiens ausnützen. Doch dies allein erklärt nicht, weshalb es Mussolini in überraschend kurzer Zeit gelang, eine Massenbewegung aufzubauen, der zu Beginn des Jahres 1921 schon fast 200 000 Mitglieder angehörten. Es lag gleichfalls an der Person Mussolinis selber und der von ihm propagierten Ideologie, die außer nationalistischen auch gewisse sozialistische Elemente enthielt. Die Ideologie und das am Militär orientierte äußere Erscheinungsbild der neuen Bewegung zogen neben Nationalisten und ehemaligen Sozialisten vor allem Kriegsteilnehmer und junge Männer an, die in dieser völlig neuartigen Bewegung, die alle bisherigen Parteien so entschieden ablehnte und zugleich ersetzen wollte, die einzige unverbrauchte politische Kraft sehen wollten, der sie die radikale Lösung der nationalen, aber auch ihrer persönlichen Probleme zutrauten. So unbestimmt, ja widerspruchsvoll die Forderungen der faschistischen Bewegung auch anmuteten, so wirkungsvoll waren sie.[12]

Noch wirkungsvoller als das Programm war die politische Taktik, die im Grunde auf eine Fortsetzung des Krieges als Bürgerkrieg hinauslief. Träger und Exponenten der meist in Gewalttätigkeiten endenden Aktionen waren die »Squadren«, die aus Schülern und Studenten sowie aus ehemaligen Angehörigen der italienischen Elite- und Stoßtruppen, Arditi, gebildet wurden. Erste Erfolge errangen diese Bürgerkriegstruppen in den neu gewonnenen Gebieten Triest und der Venezia Giulia, wo es Minderheiten slawischer Herkunft gab, die als Feinde Italiens und, häufig zu Unrecht, als Repräsentanten des ›fremden‹ Marxismus angesehen und bekämpft wurden. Die Häuser und Sitze der Organisationen der slowenischen Minderheit wurden ebenso zerstört wie die der Sozialisten. In der zweiten Hälfte des Jahres 1920 dehnten die Faschisten ihre gewaltsamen Aktionen auch auf den Raum Bologna aus, nachdem dort ein kriegsversehrter Abgeordneter der Nationalisten während einer Sitzung des Stadtparlaments erschossen worden war. Die Faschisten beantworteten diesen politischen Mord mit zahlreichen Terrorakten, bei denen sie auf die Zustimmung bürgerlicher Kreise stießen, während die Polizei kaum einschritt. Die Redaktionen der sozialistischen Zeitungen und die Sitze der sozialistischen Organisationen wurden von den Squadren überfallen, verwüstet und in Brand gesteckt. Einzelne Angehörige der Sozialistischen Partei wurden bedroht, geschlagen und getötet. Sehr bald gingen die Squadren dazu über, sog. »Strafexpeditionen« (spedizioni punitive) in der ländlichen Umgebung Bolognas, Ferraras und schließlich überall in der Emilia und der Romagna durchzuführen, wobei systematisch von Dorf zu Dorf, von Stadt zu Stadt und schließlich von Provinz zu Provinz Gewerkschaftshäuser, Kooperativen, Partei- und Redaktionsbüros zerstört und politische Gegner aus den Reihen der Sozialisten und der Popolari gefoltert und ermordet wurden. Diese Aktionen fanden den Beifall der Agrarier und der bäuerlichen Kleineigentümer, die die überall entstehenden faschistischen Organisationen in materieller Hinsicht unterstützten oder selber in ihre Reihen eintraten. Auf diese Weise veränderte sich nicht nur die Zahl, sondern auch die soziale Zusammensetzung des Faschismus.

Während den ersten, in den Städten gebildeten fasci vor allem Offiziere, Studenten, Intellektuelle sowie Entwurzelte aller Schichten angehörten, rekrutierten sich die Squadren des sog. Agrarfaschismus vor allem aus Großagrariern, mittleren und kleineren Bauern sowie aus Landarbeitern, die sich freiwillig oder gezwungen der faschistischen Landarbeiter-Gewerkschaft angeschlossen hatten.[13] Hinzu kamen Angehörige der Mittelschichten in den kleineren und mittleren Städten der Provinz. Auf diese Weise gewann der Faschismus ein spezifisches soziales Profil. Er wurde zu einer vor allem vom Mittelstand getragenen Bewegung mit einer radikal antisozialistischen Zielsetzung, obwohl man die ursprünglichen antikapitalistischen Programmpunkte nicht fallenließ. Die innere Widersprüchlichkeit der Programmatik wurde durch die Ideologie des Nationalismus und den Aktionismus der Squadren verdeckt.

Doch der rasche Aufstieg des Faschismus und die gerade von seinem agrarischen Teil errungenen Siege im Bürgerkrieg gegen die Sozialisten und Popolari bargen auch Probleme in sich. Das galt einmal für die regionale Abkapselung von einzelnen Abteilungen der faschistischen Partei, die fast uneingeschränkt von den jeweiligen Führern (von Anhängern und Gegnern mit dem abessinischen Ausdruck Ras [Häuptling] bezeichnet) befehligt wurden. Da sie untereinander heftige Konkurrenzkämpfe ausfochten, gefährdeten diese Ras zwar nicht unmittelbar die Führungsstellung Mussolinis, waren jedoch in der Lage, den von Mussolini angestrebten Aufbau einer einheitlichen Parteiorganisation ebenso zu verhindern wie den von Mussolini angestrebten Befriedungspakt mit den Sozialisten. Während es Mussolini gelang, am 7. November 1921 aus der bisherigen Bewegung eine allerdings noch keineswegs festgefügte Partei (Partito Nazionale Fascista) zu bilden, scheiterte sein Befriedungskonzept auf der ganzen Linie. Der von den Führern des Agrarfaschismus proklamierte und geführte Terrorfeldzug gegen Sozialisten, Popolari und Liberale ging unvermindert weiter. Mussolini mußte sich auf dem Parteikongreß zu Rom vom November 1921 mit der Bestätigung als »Duce« begnügen, ohne den aggressiven Aktionismus seiner Unterführer eindämmen und kontrollieren zu können.

Bei der faschistischen Partei handelte es sich also keineswegs um einen monolithischen Block. Zu diesem Zeitpunkt hätte man die internen Auseinandersetzungen innerhalb des Faschismus ausnützen und seine terroristischen Aktivitäten zumindest eindämmen können. Doch nichts davon geschah.

In dem Bestreben, die Sozialisten und Popolari zu schwächen, beging Giolitti den schwerwiegenden Fehler, die Faschisten in das Wahlbündnis der Liberalen aufzunehmen. Doch gegenüber den Faschisten versagte diese »Trasformismo«-Taktik völlig. Die Faschisten, die bei den Wahlen vom April 1922 35 Parlamentssitze gewannen, wurden damit von den Liberalen gewissermaßen anerkannt, obwohl sie ihren eindeutig gesetzeswidrigen Terrorfeldzug nicht einstellten. Das Militär und die Polizei waren jetzt noch weniger bereit, die gewalttätigen Aktionen der Faschisten zu unterbinden. Die Sozialisten und Popolari dagegen, die aus den Wahlen erneut als Sieger hervorgegangen waren, konnten sich nicht auf eine gemeinsame Abwehrfront gegen den Faschismus einigen. Als die als »Allianza del Lavoro« bezeichnete Einheitsfront aller sozialistischen Gruppierungen (mit Ausnahme der Kommunisten) zu einem Generalstreik gegen die Faschisten aufrief, fühlten sich die Behörden und die bürgerlichen Kräfte an die Zeit der Fabrikbesetzungen erinnert, obwohl es den Sozialisten bei diesem Unterfangen nur um die Abwehr des Faschismus und die Verteidigung der demokratischen Freiheiten ging. Die Popolari und die Liberalen sahen ebenso wie die Exekutivorgane des Staates tatenlos zu, als die faschistischen Squadren, die inzwischen auch von industriellen Kreisen bedeutende materielle Zuwendungen erhalten hatten, diesen Widerstand der Sozialisten erbarmungslos zerschlugen. Gleichzeitig verstand es Mussolini, sich als den Mann auszugeben, der allein die Gesellschaft vor dem Chaos bewahren könne, das in Wirklichkeit von seiner eigenen privaten Bürgerkriegsarmee angerichtet worden war.

Am Abend des 27. Oktober gab Mussolini den in Neapel versammelten Squadren den Befehl zum Marsch auf Rom.[14] Obwohl die Schwarzhemden gar nicht oder nur unzureichend bewaffnet waren, griffen Polizei und Militär wiederum nicht ein. Nachdem sich der König geweigert hatte, den vom Ministerpräsidenten Facta formulierten Befehl zur Ausrufung des Belagerungszustandes zu unterschreiben, hatte Mussolini gewonnen. Er wurde zum Ministerpräsidenten ernannt, und aus dem vorher angedrohten gewaltsamen Marsch auf Rom wurde ein Triumphzug.

2.2 Der Faschismus an der Macht

Am 28. Oktober 1922 war Mussolini zwar Regierungschef geworden, aber seine Stellung schien äußerst schwach zu sein. Von den 535 Abgeordneten des Parlaments gehörten nur 35 dem »Partito Nazionale Fascista« (PNF) an, dem sich jedoch Anfang 1923 die nationalistische Partei anschloß. Mussolini war auf eine Koalition angewiesen, der neben den schon erwähnten Nationalisten die Liberalen, Demokraten und – zunächst – auch die Popolari angehörten. Allerdings konnte Mussolini bei seinen Bestrebungen, die so ungleichen Koalitionspartner gegeneinander auszuspielen und zu einigen, jederzeit mit dem Einsatz seiner außerparlamentarischen Macht drohen. Diese bestand in seiner Parteiarmee, die nicht aufgelöst, sondern zur Miliz umgebildet wurde und formell zwar dem Heer unterstellt war, aber im Unterschied zu diesem nicht auf den König, sondern auf den Duce des Faschismus vereidigt wurde.

Dennoch war die Angst vor dieser Bürgerkriegsarmee und den intransigenten Führern des Provinzfaschismus keine Erklärung und schon gar keine Entschuldigung, wenn sich die parlamentarischen Bundesgenossen des Faschismus am 8. November 1923 dazu bereitfanden, die sog. Legge Acerbo zu verabschieden.[15] Dieses Gesetz sah vor, daß der jeweils stärksten Partei zwei Drittel aller Sitze zufallen sollten, sofern sie mindestens 25% der Stimmen erlangte. Bei den Wahlen vom 5. April 1924 zeigte sich, daß die Liberalen und Popolari mit der Zustimmung zum Acerbo-Gesetz ihre eigene Entmachtung beschlossen hatten. Die Faschisten erhielten zusammen mit ihren liberalen Listenverbündeten fast zwei Drittel aller Mandate und verfügten nun über die unangefochtene Vorherrschaft im Parlament. Dieser Wahlerfolg war jedoch vor allem wegen des Einsatzes terroristischer Maßnahmen und dank der finanziellen Unterstützung von seiten des Industriellen-Verbandes »Confindustria« zustande gekommen.[16] Mussolini schien am Ziel zu sein. Er war der gewählte und unbestrittene Regierungschef, der darüber hinaus diejenigen faschistischen Unterführer, die unmißverständlich nach einer sog. »zweiten Revolution« gerufen hatten, gezähmt zu haben schien. Da kam es zu einem Ereignis, das fast zum Rücktritt Mussolinis und damit zum Zusammenbruch des immer noch nicht gefestigten und voll ausgebildeten faschistischen Systems geführt hätte.

Am 10. Juni 1924 wurde der sozialistische Abgeordnete Matteotti auf dem Wege zum Parlament von faschistischen Squadristen überfallen und ermordet. Er war zwar keineswegs das erste Opfer des faschistischen Terrors, doch gerade Matteotti war durch seine mutigen und kämpferischen Reden gegen die Übergriffe der Faschisten besonders bekannt und geachtet. Die Empörung über seine Ermordung war daher besonders groß. Während die Kommunisten vergeblich die Ausrufung des Generalstreiks forderten, fanden sich Demokraten, Katholiken und Sozialisten zu einer gemeinsamen Abwehrfront im Zeichen des Antifaschismus zusammen. Doch die von Giorgio Amendola angeführte Opposition konnte sich nur zu eher halbherzigen Maßnahmen durchringen. Anstatt entschlossen und ultimativ vom König die Entlassung Mussolinis zu verlangen, verließen die oppositionellen Abgeordneten (mit Ausnahme der Kommunisten und einiger Liberaler) das Parlament, um auf dem Aventin ein eigenes Vertretungsorgan zu bilden.

Nach anfänglichem Zögern bewies Mussolini wieder einmal sein Talent, die Gegner gegeneinander auszuspielen und damit letztlich auszuschalten. Gegenüber dem König, der Kirche und der Industrie wies er warnend auf einen möglichen Wiederaufschwung der sozialistischen Bewegung hin, falls seine faschistische Regierung scheitern sollte. Gleichzeitig entließ er einige als besonders radikal bekannte faschistische Politiker und ließ seine Miliz auf den König vereidigen. Auch gegenüber seinen innerparteilichen Kritikern und Konkurrenten wandte Mussolini eine vergleichbare, aus Zugeständnissen und Drohungen bestehende Doppelstrategie an. Er verwirklichte die von den radikalen faschistischen Unterführern erhobenen Forderungen nach einer totalen Umgestaltung des staatlichen und gesellschaftlichen Lebens im faschistischen Sinne, um gleichzeitig den Einfluß der Repräsentanten des intransigenten Provinzfaschismus immer mehr einzuschränken. Mit dieser Politik hatte Mussolini Erfolg. Er gewann die Unterstützung von Monarchie, Armee und Industrie zurück, schaltete seine innerparteilichen Konkurrenten aus und zerschlug die antifaschistische Opposition. Diese Entwicklung, die zur völligen Zerstörung des liberalen Systems in Italien führte, vollzog sich in verschiedenen Etappen:[17]

Am 2. Oktober 1925 wurde durch die Errichtung der faschistischen Korporationen, in denen Arbeitgeber und Arbeitnehmer vereinigt waren, die Gewerkschaftsfreiheit abgeschafft. Anfang November 1925 folgten dann die Leggi Fascistissime, durch die die Macht des Regierungschefs auf Kosten des Parlaments vergrößert wurde, das nun völlig der Exekutive untergeordnet wurde. Es schlossen sich Gesetze an, durch die die Stadtverordnetenversammlungen aufgelöst wurden, das Versammlungs- und Vereini-

gungsrecht aufgehoben, die Pressefreiheit beseitigt und politisch
unzuverlässige Beamte entlassen werden konnten. Nach einem
weiteren Attentat auf Mussolini wurde am 9. November 1926 ein
Staatsschutzgesetz erlassen, durch das alle Parteien mit Ausnahme
der faschistischen aufgelöst, alle Oppositionszeitungen verboten
und spezielle Gerichtshöfe zur Aburteilung von politischen Gegnern des Regimes geschaffen wurden. Anfang 1928 wurde in einem neuen Wahlgesetz festgelegt, daß die vom faschistischen
Großrat aufzustellende Einheitsliste von den Wählern nur noch
en bloc akzeptiert oder abgelehnt werden konnte. Damit war das
parlamentarische System in Italien endgültig durch eine Diktatur
ersetzt worden. Diese Diktatur war jedoch keineswegs so totalitär
und geschlossen, wie dies die Faschisten mit der Propagandafor-
mel vom »stato totalitario« suggerierten. In Wirklichkeit behielt
der faschistische Staat seinen ursprünglichen bündnishaften Charakter. Sein Bestand und innerer Zusammenhalt beruhten auf der
Fähigkeit Mussolinis, zwischen den unterschiedlichen Kräften zu
vermitteln und sie untereinander auszubalancieren.
  Mussolinis Machtbefugnis beruhte einmal auf der ihm vom König übertragenen Stellung als Regierungschef (capo del governo)
und zum anderen auf der Verfügungsgewalt, die er als Duce del
fascismo über die faschistische Einheitspartei mit ihrer Miliz und
den zahlreichen Unterorganisationen ausübte. Mussolini war sehr
darauf bedacht, diese Doppelfunktion als Staats- und Parteichef
zu wahren. Die Partei wurde weder dem Staat eingegliedert und
untergeordnet, wie es die konservativen Bündnispartner Mussolinis verlangten, noch wurde der Staat der Leitung und Lenkung
der Partei unterworfen, wie das von den radikalen Faschisten um
Farinacci gefordert worden war. Das von Mussolini bewußt aus-
balancierte Nebeneinander von Staats- und Parteiapparat blieb
zwar erhalten, doch faktisch kam es eher zu einer Bürokratisie-
rung der Partei als zu einer »Faschisierung« der Bürokratie. Die
Gleichschaltung erreichte in Italien also längst nicht das Ausmaß
wie im nationalsozialistischen Deutschland. Macht und Einfluß-
möglichkeiten der Krone, des Militärs und der Kirche blieben
weitgehend erhalten.[18] Sie wurden überhaupt nicht gleichgeschaltet, sondern waren allenfalls Bundesgenossen des Faschismus. Die
katholische Kirche gewann durch die Lateranverträge vom Februar 1929 sogar mehr Macht und Einfluß, als sie vorher besessen
hatte. Sie erhielt neben bedeutenden finanziellen Zuwendungen

von seiten des Staates weitgehende Einspruchs- und Mitwirkungsrechte im Bereich der Erziehung und des Familienwesens zugesprochen.

Noch komplizierter und ambivalenter waren Aufbau und Funktionsweise des Korporativsystems, das als dritte Säule des faschistischen Regimes angesehen wurde.[19] Durch das erwähnte Gesetz vom Oktober 1925 wurden die faschistischen Gewerkschaften zwar als die alleinigen Repräsentanten der Arbeiterschaft anerkannt, dafür erhielten die Unternehmer jedoch die uneingeschränkte Autorität im innerbetrieblichen Bereich. Auch das durch das Gesetz von 1926 und die Carta del Lavoro von 1927 eingeführte Korporativsystem entsprach nicht den Vorstellungen der faschistischen Syndikalisten von einer harmonischen und gleichberechtigten Zusammenarbeit von Arbeitgebern und Arbeitnehmern. Tatsächlich konnte von einer Gleichberechtigung der Vertreter der Arbeiterschaft und der Unternehmer in den zwölf verschiedenen Syndikaten, die wiederum zu Korporationen zusammengefaßt waren, nicht die Rede sein. Die Unternehmer verfügten mit der »Confindustria« darüber hinaus über ein eigenes Vertretungsorgan, das über den Staatsapparat und den faschistischen Großrat die wirtschaftlichen und sozialen Interessen der Industrie geltend machen konnte. Auch in diesem Bereich kam es zu einem sehr labilen Gleichgewichtszustand. Einerseits konnte von einer Gleichschaltung der Industrie nicht die Rede sein, andererseits hatten die Industriellen den direkten Einfluß auf das politische Leben verloren und sahen sich in der Folgezeit zunehmend Eingriffen des Staates in das Wirtschaftsleben ausgesetzt.

Zusammenfassend wird man sagen können, daß der faschistische »stato totalitario« auf einem komplizierten und ambivalenten System wechselseitiger Kontrollen und Balancen basierte. Von einer totalen Gleichschaltung kann nicht die Rede sein. Mussolinis Stellung hing wesentlich davon ab, ob es ihm gelang, die Unterstützung der aus sehr unterschiedlichen Kräften und Personen bestehenden faschistischen Partei und die auf plebiszitärem Wege gewonnene Zustimmung großer Teile der Bevölkerung zu erhalten und zu stärken. Das war mit ausschließlich repressiven Maßnahmen, von denen neben den Führern der organisierten Arbeiterschaft vor allem die nationalen Minderheiten, die Deutschen in Südtirol und die Slowenen und Kroaten in Istrien und Triest, betroffen waren, nicht zu erreichen. Bestand und Zusammenhalt des faschistischen Regimes konnten nur dann aufrechterhalten werden, wenn Mussolini Erfolge im Bereich der Wirtschafts- und Außenpolitik erzielte. Das war zunächst der Fall.

In der ersten, bis etwa 1930 reichenden Phase des faschistischen Regimes kam es zu einem bedeutenden wirtschaftlichen Aufschwung.[20] Dafür waren vor allem weltwirtschaftliche Momente maßgebend, denn auch in anderen Staaten kam es nach der schweren Krise in der unmittelbaren Nachkriegszeit zu einem konjunkturellen Aufschwung. Andererseits war es jedoch zumindest teilweise berechtigt, wenn die Überwindung der Wirtschaftskrise von der faschistischen Propaganda als Resultat der Maßnahmen der faschistischen Regierung gefeiert wurde. Die Wirtschaftspolitik in dieser Phase war durch eine Verbindung von liberalen und interventionistischen Momenten gekennzeichnet. Das galt für den Übergang zur Freihandelspolitik, die Reprivatisierung einiger öffentlicher Betriebe und Einrichtungen und die Liberalisierung des Aktienrechtes einerseits, den staatlich verordneten und kontrollierten Lohnstopp, Stützungsmaßnahmen zugunsten defizitärer Unternehmungen sowie für die staatliche Förderung von bestimmten Industriezweigen und Projekten der inneren Kolonisation andererseits.

Die staatsinterventionistische Wirtschaftspolitik wurde verstärkt, als sich auch in Italien die Auswirkungen der Weltwirtschaftskrise seit 1929 bemerkbar machten. Durch die Einführung von Kurzarbeit und einen weiteren Lohnabbau, der innerhalb der Industriearbeiterschaft Einkommensverluste von etwa 15%, bei den Landarbeitern dagegen 40% ausmachte, sowie durch weitere Unterstützungs- und Arbeitsbeschaffungsmaßnahmen versuchte man die Zahl der Arbeitslosen, die 1934 auf über eine Million gestiegen war, zu senken. Als all dies noch nicht den gewünschten schnellen Erfolg erzielte, der erst 1939 kam, als das Nationaleinkommen wieder den Stand von 1929 erreichte, wurden die staatlichen Maßnahmen zur Förderung der Wirtschaft noch weiter verstärkt. Seit dem Ausbruch des Abessinien-Krieges im Oktober 1935, der vom Völkerbund mit wirtschaftlichen Sanktionen beantwortet wurde, stand die Wirtschaftspolitik jedoch gleichzeitig im Zeichen einer militärischen Gesichtspunkten folgenden Autarkiepolitik. Andererseits kam es zu einer expansiven Außenpolitik, die mit dem Überfall auf Abessinien begann und mit der ideologischen Zielsetzung der Wiederherstellung des Imperium Romanum begründet wurde. Dies deutet darauf hin, daß Mussolini sich offensichtlich gezwungen sah, durch äußere Ersatzerfolge von den inneren sozialen und wirtschaftlichen Problemen abzulenken.

Die von außen- und innenpolitischen Motiven geprägte imperialistische Politik war zunächst erfolgreich.[21] Im innenpolitischen Bereich führten die durch die kriegerischen Erfolge in Abessinien, Spanien und Albanien angeheizten nationalistischen Emotionen zu einer Integration breiter Kreise der Bevölkerung, deren Zustimmung zum Regime darüber hinaus durch die Einführung der Kinderbeihilfe und des bezahlten Urlaubs sowie durch die vielfältige Aktivität der faschistisch kontrollierten Freizeitorganisation »Dopo Lavoro« gewonnen werden sollte.[22] Das Militär, das nicht gleichgeschaltet worden war, konnte durch die kriegerischen Aktionen, jedenfalls solange sie erfolgreich waren, enger an das Regime gebunden werden. Durch den Übergang zur Autarkiepolitik und zur Kriegswirtschaft schließlich wurden die Eingriffe des Staates in den Bereich der Wirtschaft so stark, daß der Einfluß der Industriellen und ihres nach wie vor mächtigen Verbandes »Confindustria« merklich zurückging. Der Stärkung und weitgehenden Verselbständigung des faschistischen Regimes im innenpolitischen Bereich stand jedoch die Tatsache gegenüber, daß das faschistische Italien mehr und mehr in die außenpolitische und militärische Abhängigkeit von seinem immer mächtiger werdenden Bundesgenossen, dem nationalsozialistischen Deutschland, geriet. Diese Entwicklung, die mittelbar zum Zusammenbruch des faschistischen Systems in Italien führte, war mehr oder minder zwangsläufig, obwohl sie von Mussolini zweifellos nicht gewollt war.

Dem Aufstieg und der Machtergreifung des Nationalsozialismus hatte Mussolini mit gemischten Gefühlen zugesehen.[23] Einmal wies er mit Stolz darauf hin, wie das von ihm geschaffene Vorbild auch in Deutschland nachgeahmt wurde, obwohl der Faschismus nach Mussolinis Worten kein Exportartikel war. Andererseits wandte sich Mussolini energisch gegen die Bestrebungen der Nationalsozialisten, Österreich zu annektieren. Als die österreichischen Nationalsozialisten 1934 einen Putsch unternahmen, dem der Bundeskanzler Dollfuß zum Opfer fiel, ließ Mussolini an der Brennergrenze Truppen ostentativ aufmarschieren. Aus Furcht vor dem politischen und wirtschaftlichen Einfluß Deutschlands in

Südosteuropa, das Italien als seine Einflußzone betrachtete, fand sich Mussolini 1935 in Stresa sogar zu einer, wenn auch sehr lockeren Abwehrfront gegen das nationalsozialistische Deutschland bereit. Doch nach dem Überfall auf Abessinien wollten und konnten die Westmächte das faschistische Italien nicht mehr in das angestrebte antinationalsozialistische Bündnis aufnehmen. Um die Grundlagen und Prinzipien des von ihnen geschaffenen Völkerbundes nicht ganz zu unterhöhlen, entschlossen sie sich, wirtschaftliche Sanktionen gegen Italien zu verhängen. Diese ohnehin halbherzig durchgeführte Politik rief geradezu automatisch das Dritte Reich auf den Plan, das Italien mit den dringend benötigten Rohstoffen (insbesondere Kohle) und Industriegütern versorgte.

Die Zusammenarbeit der beiden faschistischen Mächte wurde 1936 durch ihr gemeinsames Eingreifen in den Spanischen Bürgerkrieg verstärkt. Im November desselben Jahres kam es dann zur Bildung der »Achse Berlin–Rom«. Sie war jedoch noch längst nicht so festgefügt, wie viele Antifaschisten meinten, die aus nahezu allen europäischen Ländern und den Vereinigten Staaten nach Spanien eilten, um mit dem Kampf gegen Franco und die deutschen und italienischen Interventionstruppen dem internationalen Faschismus eine Niederlage zu bereiten. Immerhin billigte das faschistische Italien, das wie Deutschland aus dem Völkerbund ausgetreten war, im März 1938 den »Anschluß« Österreichs an das Deutsche Reich. Im September 1938 gelang es Mussolini auf der Münchener Konferenz zwar noch, die Rolle eines ›ehrlichen Maklers‹ zwischen Hitler und den Regierungschefs von Frankreich und England zu spielen, die gegen den Willen der Tschechoslowakei das Sudetenland an das Dritte Reich auslieferten, dennoch konnte er nicht verhindern, daß Hitler, der in seiner Revisionspolitik einen Erfolg nach dem anderen erzielte, die Ereignisse der europäischen Politik bestimmte. Um so mehr war Mussolini 1939 bemüht, den Ausbruch des deutsch-polnischen Kriegs zu verhindern und seine Neutralität zu bewahren. Dennoch nutzte er die Situation, um 1939 Albanien zu besetzen und ein Jahr später das von den deutschen Truppen bereits geschlagene Frankreich anzugreifen, um sich einen Anteil der Beute zu sichern.

Damit war Italien endgültig in den Krieg hineingezogen worden, den es in der Folgezeit als keineswegs gleichwertiger Bundesgenosse des zunächst überall siegreichen Deutschen Reiches führen mußte. Es bedurfte gar nicht des fehlgeschlagenen Feldzugs gegen Griechenland, das 1940 erst nach dem Einsatz deutscher Truppen besiegt werden konnte, und der Niederlagen in Nordafrika, die zunächst noch vom deutschen Afrikakorps unter Rommel abgewehrt wurden, um der Welt und der italienischen Öffentlichkeit zu zeigen, wie schwach und von Deutschland abhängig die von der faschistischen Propaganda so gefeierte Militärmacht Italien war. Während italienische Soldaten noch als bloße Hilfstruppen Deutschlands in Rußland kämpften, stießen die am 10. Juli 1943 in Sizilien gelandeten Armeen der Amerikaner und Engländer, ohne viel Widerstand zu finden, auf die Hauptstadt vor. Ihr Vormarsch führte direkt und indirekt zum Zusammenbruch des faschistischen Regimes.

2.3 Die Resistenza und der Untergang des Faschismus

Am 25. Juli 1943 wurde Mussolini vom italienischen König entlassen und sofort verhaftet. Der Sturz Mussolinis besiegelte zwar noch nicht das endgültige Ende des Faschismus in Italien, er war jedoch die entscheidende Etappe auf dem Weg dorthin. Die Absetzung Mussolinis war das Werk des Königs, einiger Offiziere und verschiedener Funktionäre der faschistischen Partei. Sie konnten sich auf die mehr oder minder offene Unterstützung der Kirche verlassen. Natürlich bildete die Anwesenheit der amerikanischen und englischen Truppen in Italien die unmittelbare Voraussetzung dafür, daß dieser Putsch unter der Führung von Marschall Badoglio gelang. Die spezifische Struktur des faschistischen Regimes und die Existenz einer tatkräftigen Resistenza bildeten dagegen die zumindest mittelbaren Voraussetzungen für den Erfolg des Staatsstreiches. Da die Armee, die Kirche und der König ihre Positionen nach der Errichtung der faschistischen Diktatur weitgehend behauptet hatten, verfügten sie auch noch 1943 über die Machtmittel, um Mussolini zu stürzen. Dabei fühlten sie sich nicht nur durch die alliierten Truppen, sondern auch durch die Aktivität der italienischen Resistenza in direkter und indirekter Weise zum Handeln gedrängt. Die italienische Widerstandsbewegung war alsbald zu einem Machtfaktor geworden, der zwar nicht über-, aber auch nicht unterschätzt werden darf. Um dies zu verstehen, ist es notwendig, kurz auf die Geschichte dieser Opposition einzugehen, die sich im Zeichen des seit 1922 verwandten Begriffs des Antifaschismus gesammelt hatte.[24]

Vorn ist bereits erwähnt worden, daß es Mussolini gelungen war, die antifaschistische Aktion des Aventins zu zerschlagen. Im Zuge der Errichtung der faschistischen Diktatur wurden alle oppositionellen Parteien, Gewerkschaften und Zeitungen verboten. Die Gegner des Regimes wurden von einer speziellen Geheimpolizei überwacht und von ebenfalls neuartigen Sondergerichten zu langen Gefängnisstrafen verurteilt oder auf abgelegenen Inseln interniert. Harten Verfolgungsmaßnahmen waren auch die nationalen Minderheiten ausgesetzt, während die Juden, deren Zahl in Italien äußerst gering war, zunächst nicht behelligt wurden. Erst 1937/38 kam es im Zuge der Zusammenarbeit mit dem nationalsozialistischen Deutschland zu antisemitischen Maßnahmen, die sich in etwa an den Nürnberger Gesetzen orientierten. Von den italienischen Faschisten, in deren Reihen sich zumindest in der Frühzeit auch Personen jüdischer Herkunft befanden, ist kein einziger Jude ermordet worden. Der von Mussolini propagierte ›Rassismus‹ war nicht biologisch geprägt.

Obwohl der Terror im faschistischen Italien nicht das Ausmaß und die Intensität erreichte wie im nationalsozialistischen Deutschland, gelang es Mussolini, die antifaschistische Opposition nahezu völlig zu zerschlagen. Diejenigen Antifaschisten, die nicht geflohen oder verhaftet worden waren, hatten zunächst große Schwierigkeiten, sich der Geheimpolizei zu entziehen und Unterstützung in der Bevölkerung zu gewinnen. Dank der geschilderten Sozial- und Wirtschaftspolitik war es dem Regime bekanntlich zumindest in den ersten Jahren gelungen, innerhalb der Bevölkerung, auch innerhalb der Arbeiterschaft, eine überraschend große Zustimmung zu gewinnen. Wenn die Antifaschisten zunächst mehr oder minder erfolglos waren, lag dies auch an ihrer Uneinigkeit.

Die Leitung der illegalen kommunistischen Partei versuchte zunächst vom Inland aus, Flugblattaktionen und vereinzelt auch Streiks durchzuführen. Nach der Verhaftung von mehreren führenden Mitgliedern, unter denen sich auch der Theoretiker der Partei, Antonio Gramsci, befand, der 1935 im Gefängnis starb, verlegte Togliatti die Führung der Partei ins Ausland, von wo aus weitere antifaschistische Aktionen dirigiert wurden. Eine Zusammenarbeit mit bürgerlichen Kräften und den sozialistischen Parteien wurde jedoch zunächst strikt abgelehnt. Obwohl zahlreiche Sozialisten und Kommunisten gemeinsam in den faschistischen Kerkern saßen, übernahm auch Togliatti nach anfänglichem Zögern 1928 die von der Leitung der Komintern ausgegebene Weisung, wonach es sich bei den von der faschistischen Polizei verfolgten Sozialisten um »Zwillingsbrüder des Faschismus« handele. Erst nach dem VII. Weltkongreß der Komintern wurde die Sozialfaschismusthese aufgegeben und die Zusammenarbeit mit den Sozialisten und den anderen Antifaschisten im Zeichen der nun propagierten Volksfront gesucht.

Schon lange vorher war es jedoch zu einer intensiven Zusammenarbeit von Antifaschisten unterschiedlicher Parteizugehörigkeit gekommen. Den Anfang machten Repräsentanten des reformistischen und des revolutionären Flügels des italienischen Sozialismus, die sich im französischen Exil zu einer »Conzentrazione antifascista« zusammenschlossen. Carlo Rosselli, der 1929 aus einem Internierungslager auf den Liparischen Inseln geflohen war, gelang es schließlich, außer Sozialisten und Liberalen auch emigrierte Repräsentanten der Popolari zur antifaschistischen Zusammenarbeit zu bewegen. Die von ihm gegründete Organisation »Gerechtigkeit und Freiheit« (Giustizia e Libertà) vertrat eine entschieden republikanische Konzeption und baute von Frankreich aus verschiedene Untergrundorganisationen in Norditalien auf, die aber von der faschistischen Polizei 1934 zerschlagen wurden. Rosselli selber wurde 1937 im französischen Exil ermordet. 1931 bewies der monarchistisch eingestellte Dichter Lauro De Bosis mit seinem Propagandaflug nach Rom, von dem er jedoch nicht zurückkehrte, daß es auch im konservativen Lager Personen gab, die sich zum Antifaschismus bekannten. In der Folgezeit wurde die antifaschistische Front verstärkt, wobei der Begriff des Antifaschismus selber zum mobilisierenden Mythos wurde. Das zeigte sich vor allem im Spanischen Bürgerkrieg, in dem italienische Antifaschisten unterschiedlicher Parteizugehörigkeit zusammen mit ihren ausländischen Freunden und Genossen gegen Franco und die ihm zu Hilfe geeilten deutschen und italienischen Truppen kämpften.

Die Aktionen der italienischen Antifaschisten fanden vor allem im Ausland statt und beschränkten sich häufig auf publizistische Angriffe gegen das faschistische Italien; dennoch kommt der Tatsache, daß sich Antifaschisten unterschiedlicher Parteizugehörigkeit zur Zusammenarbeit bereitfanden, eine große Bedeutung zu. Das gilt nicht nur für die Planungen, wie sie für die nachfaschistische Zeit auf verschiedenen antifaschistischen Kongressen in Frankreich und schließlich auch in Amerika diskutiert wurden, dies gilt auch für die Widerstandsaktionen, die die weitgehend geeinte Resistenza in Italien selber durchführte. Die Existenz der Resistenza und die Furcht, daß der antifaschistische Widerstandskampf in einer Revolution enden könnte, beeinflußten schließlich die Entscheidung des Königs und Marschall Badoglios, Mussolini abzusetzen und mit den Alliierten Waffenstillstandsverhandlungen aufzunehmen. Nun wurde aus der Resistenza eine Massenbewegung, die sich sowohl gegen die deutsche Besatzung als auch gegen die von den Deutschen installierte faschistische Republik von Salò richtete. Diese letzte Phase des italienischen Faschismus, der einerseits eine gewisse Rückkehr zu seinen ›revolutionären Ursprüngen‹ anstrebte, andererseits aber mehr und mehr zum bloßen Kollaborateur der deutschen Besatzungsmacht absank, ist ebenso kompliziert wie interessant.

Nachdem Badoglio am 8. September 1943 den fünf Tage zuvor unterzeichneten Waffenstillstand mit den Alliierten verkündet hatte, besetzten deutsche Truppen in wenigen Tagen die noch nicht von den Alliierten eroberten Gebiete Nord- und Mittelitaliens. Der ehemalige Verbündete wurde nun wie ein besiegter Feind behandelt. Südtirol und Venezien wurden annektiert, die von den deutschen Truppen okkupierten Territorien ebenso systematisch wie brutal ausgeplündert und auf der Suche nach Juden und politischen Gegnern von Gestapo und SS durchkämmt. Trotz dieser eindeutig und ausschließlich vom Interesse des nationalsozialistischen Deutschland bestimmten Politik fand sich Mussolini, der am 12. September 1943 von deutschen Fallschirmjägern befreit worden war, dazu bereit, elf Tage später die Gründung der »Republica Sociale Italiana« bekanntzugeben.[25]

Nicht ohne Erfolg bemühte sich Mussolini, der seine Anziehungskraft noch keineswegs völlig verloren hatte, um die Zustimmung der Bevölkerung. Von seinem Regierungssitz in Salò am Gardasee aus proklamierte er umfangreiche soziale Reformen und appellierte an den Patriotismus seiner Landsleute, die Seite an Seite mit der deutschen Besatzungsmacht die Landesfeinde und die reaktionären Kräfte, die ihn gestürzt hätten, bekämpfen sollten. Doch diese Appelle hatten wenig Erfolg, obwohl die Republik von Salò zweifellos mehr war als eine bloße Marionettenregierung, weil viele Faschisten meinten, Mussolini bis zum Ende die Treue halten zu müssen. Dennoch ging die Initiative mehr und mehr auf die siegreich vorrückenden alliierten Truppen einerseits und die Partisanen der Resistenza andererseits über. Auch im Territorium der immer schwächer werdenden faschistischen Republik von Salò kam es zu Streiks, Überfällen auf Faschisten und deutsche Truppen und zu anderen gewaltsamen Aktionen, die schließlich dazu führten, daß ganze Provinzen bereits vor dem Eintreffen der alliierten Armee befreit werden konnten.

Sicher dürfen Ausmaß und Erfolg der antifaschistischen Aktivität der Resistenza nicht überschätzt werden. Ferner kann man auch die Tatsache nicht übersehen, daß es zwischen dem in Rom gebildeten Komitee der antifaschistischen Parteien (Comitato di Liberazione Nazionale) und konservativen und kirchlichen Kreisen um den König zu Spannungen und Konflikten kam, wobei übrigens die Kommunisten dem Konzept der Volksfront treu blieben und sich gegen Bestrebungen wandten, die Monarchie zugunsten einer Republik bzw. einer Rätedemokratie abzuschaffen. Doch trotz dieser Auseinandersetzungen innerhalb der Resistenza, die auch noch die erste Nachkriegszeit prägten, wird man insgesamt anerkennen müssen, daß sich Italien nach dem Putsch Badoglios weitgehend – wenn auch nicht völlig – allein von der faschistischen Herrschaft befreit hat. Dies und die relativ frühzeitig erreichte Zusammenarbeit von Antifaschisten unterschiedlicher Parteizugehörigkeit haben wesentlich zu dem bemerkenswerten und bis in die unmittelbare Gegenwart hineinreichenden Konsens der italienischen Parteien beigetragen, die sich, mit Ausnahme der Neofaschisten, nach wie vor auf ihre antifaschistische Tradition berufen.

Dieser antifaschistische Appell trägt jedoch auch gewisse ideologisierte Züge, was in pointierter Form mit dem Witz zum Ausdruck gebracht wird, wonach Italien eigentlich 80 Millionen Einwohner zähle, denn zu den 40 Millionen Faschisten vor 1943 müßten die 40 Millionen Antifaschisten nach 1943 gezählt werden. Es ist kein Zufall, daß es zu diesem italienischen Witz keine deutsche Entsprechung gibt. Wie im nächsten Kapitel zu zeigen ist, weist nämlich der ›deutsche Faschismus‹ außer Gemeinsamkeiten auch beträchtliche Unterschiede im Hinblick auf Ursachen, Strukturen und, nicht zuletzt, Nachwirkungen gegenüber dem Ursprungsland des Faschismus, Italien, auf.

3. Der Nationalsozialismus

3.1 Entstehung und Aufstieg

Ähnlich wie die italienische faschistische Partei entstand auch die NSDAP in der wirtschaftlichen und gesellschaftlichen Krise der Nachkriegszeit. Ihr eigentlicher Aufstieg zur Massenpartei vollzog sich jedoch erst in den Jahren der Weltwirtschaftskrise. Während Mussolini knapp drei Jahre nach der Gründung seiner Partei zur Macht kam, für deren Ausbau und Sicherung er dann allerdings sechs Jahre benötigte, dauerte es 13 Jahre, bis Hitler die Macht ergreifen konnte, die er dann benutzte, um innerhalb von sechs Monaten alle gegnerischen und konkurrierenden Kräfte auszuschalten. Die Geschichte des Aufstiegs der NSDAP unterscheidet sich mithin wesentlich von der Entwicklung der faschistischen Partei in Italien. Das lag einmal an den unterschiedlichen Voraussetzungen, die die beiden faschistischen Parteien vorfanden.

Deutschland wies einen weit höheren Industrialisierungsgrad auf als Italien. Ein mit dem italienischen zu vergleichendes Agrarproblem gab es hier nicht. Die Mehrheit der deutschen Arbeiterbewegung blieb unter Führung der SPD reformistisch eingestellt und beteiligte sich aktiv an der Niederschlagung der linkssozialistischen und kommunistischen Revolutionsversuche. Den demokratischen Regierungen gelang es zunächst, die durch die Umstellung von der Kriegs- auf die Friedenswirtschaft und die Reparationsleistungen hervorgerufene Wirtschaftskrise zu überwinden. Selbst der nationalistische Revisionismus, der in Deutschland nach dem verlorenen Krieg noch stärker war als in Italien, konnte zunächst eingedämmt werden. Dennoch blieb die Ruhe, die auf die unmittelbare Nachkriegskrise mit ihren wirtschaftlichen, sozialen und politischen Problemen folgte, mehr als trügerisch. Nach dem Ausbruch der Weltwirtschaftskrise kam es zu einer Belebung und Steigerung der wirtschaftlichen, sozialen und politischen Krisenerscheinungen, die die Weimarer Republik von Anfang an gekennzeichnet hatten. Insofern gibt es im Hinblick auf die Voraussetzungen, die der Faschismus in Deutschland und Italien antraf, trotz des unterschiedlichen Zeitfaktors auch strukturelle Gemeinsamkeiten.[1]

Auch die Geschichte, Struktur, Programmatik und politische Praxis der NSDAP weisen neben Unterschieden bestimmte Gemeinsamkeiten mit dem italienischen Vorbild auf.[2] Es war weder zufällig noch völlig unbegründet, wenn der Nationalsozialismus seit 1922 als »Faschismus« bezeichnet und bekämpft wurde. Die Deutsche Arbeiterpartei, die sich seit dem 24. Februar 1920 »Nationalsozialistische Deutsche Arbeiterpartei« nannte, rekrutierte sich in der ersten bis 1923 reichenden Phase ähnlich wie der italienische PNF vor allem aus ehemaligen Kriegsteilnehmern und Angehörigen der städtischen und ländlichen Mittelschichten.[3] Gegenüber den Offizieren, kleinen Gewerbetreibenden, Angestellten, Beamten und Bauern befanden sich diejenigen Mitglieder, die aus der Arbeiterschaft stammten, eindeutig in der Minderheit. Dennoch war diese angebliche Arbeiterpartei intensiv bemüht, auch proletarische Schichten zu gewinnen. Diesem Ziel dienten verschiedene scheinsozialistische Forderungen wie die Verstaatlichung der Trusts, die Einziehung der Kriegsgewinne, eine Bodenreform und die, wie es im 25-Punkte-Programm vom 24. Februar 1920 verschwommen hieß, »Brechung der Zinsknechtschaft«.[4] Diese antikapitalistischen Zielsetzungen wurden, wiederum ähnlich wie bei der PNF, durch eindeutig antisozialistische und nationalistische Programmpunkte ergänzt und zugleich konterkariert. Im Mittelpunkt des Programms stand jedoch der Antisemitismus, der gewissermaßen die Klammer für die verschiedenen nationalistischen, antikapitalistischen und antisozialistischen Forderungen darstellte. Die Juden wurden nicht nur als nationale Minderheit angesehen und bekämpft – in verschiedenen Abschnitten des Parteiprogramms wurde die Ausweisung der nach Deutschland eingewanderten »Ostjuden« und die Verleihung eines ›Fremdenstatus‹ für die seit Jahrhunderten ansässigen assimilierten deutschen Juden verlangt –, die Juden insgesamt wurden darüber hinaus als die eigentlichen Urheber und Verantwortlichen für die deutsche Niederlage, den angeblich bedrohlichen Marxismus und die als negativ empfundenen Seiten des Kapitalismus angesehen und zugleich dämonisiert. Der primär, aber nicht ausschließlich rassenideologisch motivierte Antisemitismus unterscheidet die Nationalsozialisten von Anfang an von den italienischen Faschisten. Nur der Vernichtungswille ist vergleichbar, der sich in Italien zwar nicht gegen die wenigen Juden, wohl aber gegen die Marxisten und, was häufig übersehen wird, gegen die nationalen Minderheiten richtete.

Ähnlich wie im sozialen und ideologischen Bereich gibt es auch im äußeren Erscheinungsbild und in der politischen Praxis Gemeinsamkeiten zwischen dem italienischen Faschismus und dem Nationalsozialismus. Die NSDAP war ebenfalls nach militärischen Gesichtspunkten gegliedert und aufgebaut und verfügte über uniformierte und teilweise bewaffnete Abteilungen. Der am 3. August 1921 gegründeten SA gehörten im November 1923 bereits 15 000 Männer an.[5] Die SA unterschied sich in ihrer überwiegend mittelständisch geprägten sozialen Zusammensetzung, ihrer jugendlichen Altersstruktur und vor allem wegen ihres betont männlichen Charakters nicht von den faschistischen Squadren. Obwohl auch die SA in ihrer Organisation und in ihrem Auftreten militärische Rituale übernahm und pflegte, unterschied sie sich in zwei Punkten wesentlich von der Bürgerkriegsarmee Mussolinis. Die nationalsozialistischen Sturmabteilungen suchten und fanden zwar auch die gewaltsame Auseinandersetzung mit ihren politischen Gegnern, doch ihre Saal- und Straßenschlachten erreichten nicht im entferntesten das Ausmaß an terroristischer Qualität, das in Italien zu beobachten war. Im Unterschied zu den Squadren des italienischen Agrarfaschismus, die ja in personeller und materieller Hinsicht von den Agrariern unterstützt und aufgebaut wurden, konnte die SA niemals, auch in der Frühzeit nicht, als Instrument der Großgrundbesitzer und Industriellen bezeichnet werden.

Die finanziellen Zuwendungen, die Hitler von einigen kleineren und mittleren Unternehmern erhielt, waren vergleichsweise sehr gering. Während die faschistische Bewegung in Italien zunächst eher einer von Agrariern und Industriellen ausgehaltenen, aber niemals völlig abhängigen Bürgerkriegsarmee glich, versuchte die NSDAP von Anfang an, mehr durch propagandistische Aktivität wie Reden, Versammlungen, Aufmärsche usw. ihre Mitglieder- und Anhängerschaft zu stärken. Diese ständige propagandistische Aktivität hatte zunächst Erfolg. Der NSDAP gelang es, über München und Bayern hinaus auch in anderen deutschen Ländern Stützpunkte zu gewinnen und Ortsgruppen zu gründen. Dennoch lag der Schwerpunkt der Partei noch Ende 1923 eindeutig in Bayern. Hier war die NSDAP zu einer politischen Kraft geworden, mit der die führenden Politiker in München wie in Berlin rechnen mußten. Im Bewußtsein seiner relativen und regional begrenzten Machtposition fühlte sich Hitler am 8. November 1923 stark genug, um nach dem Vorbild Mussolinis den ›Marsch auf Berlin‹ zu wagen.

Dieser abenteuerliche Plan war von vornherein nicht so aussichtslos, wie dies nach seinem völligen Fehlschlag erschien.[6] Im Oktober 1923 war es zu einem Konflikt zwischen der Reichsregierung und dem bayerischen Generalkommissar v. Kahr gekommen, der dabei vom bayerischen Teil der Reichswehr unter dem Wehrkreiskommandeur v. Lossow unterstützt wurde. Diese Auseinandersetzungen führten dazu, daß sich die bayerische und die Reichsregierung gegenseitig nicht mehr anerkannten. Hitler versuchte, diesen Schwebezustand für seine Zielsetzungen auszunutzen. In der Nacht zum 9. November 1923 nahm er v. Kahr und v. Lossow fest, um sie dazu zu bewegen, seinen Putsch gegen die Reichsregierung zu unterstützen. Doch v. Kahr und v. Lossow sagten sich kurz darauf wieder von Hitler los und gaben der Polizei den Befehl, den für den 9. November geplanten Demonstrationszug der Nationalsozialisten aufzulösen. Die zu diesem Zweck aufgebotene Landespolizeieinheit gehorchte. Sie eröffnete das Feuer auf die von Hitler und Ludendorff angeführten nationalsozialistischen Putschisten, von denen sechzehn getötet wurden. Der Zug löste sich auf, Ludendorff wurde sofort, Hitler zwei Tage später verhaftet. Der geplante Putsch war damit gescheitert.

Die NSDAP wurde überall im Reich verboten. Trotz dieser totalen Niederlage gelang Hitler jedoch der Wiederaufstieg. Der Putsch selber und der Prozeß, der am 1. April 1924 mit dem Freispruch Ludendorffs und mit der Verurteilung Hitlers zu einer lächerlich geringen und noch dazu als ehrenvoll angesehenen Festungshaft endete, führten dazu, daß Hitler überall in Deutschland bekannt und von vielen Anhängern und Sympathisanten geradezu gefeiert wurde. Die NSDAP war endgültig zur »Hitler-Bewegung« geworden, wie sie in der Öffentlichkeit häufig genannt wurde. Nach der Entlassung aus der Haft, in der er sein programmatisches, von den Zeitgenossen aber wenig gelesenes Buch »Mein Kampf« geschrieben hatte, gelang es Hitler, seinen Führungsanspruch auch in der am 27. Februar 1925 wiedergegründeten NSDAP durchzusetzen.

Das war keineswegs selbstverständlich, denn diejenigen nationalsozialistischen Unterführer, die nicht verhaftet worden waren, hatten sich inzwischen der »Deutschvölkischen Freiheitspartei« angeschlossen, die bei den Reichstagswahlen vom 4. Mai 1924 immerhin 32 Mandate errang, von denen sie aber bei den Wahlen vom 7. Dezember 1924 18 wieder verlor. Die Ende 1922 aus einer rechten Abspaltung der DNVP entstandene »Deutschvölkische Freiheitspartei« war mehr als eine bloße Tarnorganisation der NSDAP. Sie besaß ihre Schwerpunkte vor allem in Norddeutschland, wo die NSDAP vor dem Hitler-Putsch nur sehr schwach vertreten war, und lehnte das parlamentarische System nicht ganz so radikal ab, wie es die NSDAP getan hatte. Zwischen den nationalsozialistisch und den eher völkisch gesonnenen Repräsentanten dieser Partei kam es zu heftigen Auseinandersetzungen, die zur Spaltung und zur Neugründung von verschiedenen völkischen und nationalsozialistischen Gruppierungen führten.

Hitler verstand es, als ein von allen Seiten angerufener Schiedsrichter die meisten Konkurrenten zur wiedergegründeten NSDAP hinüberzuziehen. Die übriggebliebenen völkischen Gruppierungen sanken zur völligen Bedeutungslosigkeit herab. Damit waren die Kontroversen über die politische Taktik und die ideologischen Zielsetzungen aber noch keineswegs beendet.

Sie entzündeten sich vielmehr an den eng miteinander verbundenen Fragen, ob die NSDAP an ihrer bisherigen putschistischen Taktik festhalten und zur Gewinnung der Arbeiterschaft eine betont revolutionär wirkende Zielsetzung vertreten sollte. Schon um die Wiederzulassung der NSDAP nicht zu gefährden, hatte sich Hitler nach der Entlassung aus der Haft dafür entschieden, die am faschistischen Vorbild orientierte putschistische Taktik zugunsten einer zumindest dem Anschein nach parlamentarischen Politik aufzugeben. Erst mit Hilfe der auf parlamentarischem Wege errungenen Macht sollte die Demokratie zerstört werden, wobei dann auch, wie Hitler öffentlich verkündete, »Köpfe rollen« würden. Dieses – vorläufige – Bekenntnis zur Legalität schloß gewalttätige Aktionen gegenüber den politischen Gegnern nicht aus, jedoch der in Berlin und in anderen Großstädten geführte Kampf um die Präsenz auf der Straße, in den Versammlungslokalen und in den Arbeiterbezirken war nicht Selbstzweck, sondern nur Mittel zum Zweck. Mit dieser auch gewaltsam durchgeführten Propaganda der Tat wurde einmal die Anziehungskraft der Partei, insbesondere der SA, auf junge Männer verstärkt, zum anderen der von der NSDAP beklagte und weitgehend selber geschaffene

Eindruck erweckt, als könne nur ein starker Mann, ein Führer, die chaotischen Verhältnisse beseitigen und Ordnung schaffen.

Es gelang Hitler nur nach Überwindung vielfältiger Widerstände, gerade die nord- und westdeutschen Gauleiter von der Richtigkeit dieser Taktik zu überzeugen, die zwar langsamer, aber dafür um so sicherer zur Macht führen sollte.[7] Die Kritiker dieses Legalitätskurses, die sich unter Führung der Gebrüder Strasser in der »Arbeitsgemeinschaft der Nord- und Nordwestdeutschen Gaue der NSDAP« gesammelt hatten, waren ferner der Meinung, daß es trotz aller Rückschläge das Ziel der NSDAP sein solle, vor allem um die Zustimmung der Arbeiterschaft zu werben. Daher setzten sie sich für eine Betonung der antikapitalistischen Programmpunkte ein, die von Hitler zugunsten der nationalistischen, antisozialistischen und vor allem antisemitischen Ziele abgeschwächt wurden. Die Auseinandersetzungen über diese eng miteinander verbundenen Probleme führten schließlich 1930 zum Parteiaustritt von Otto Strasser. Ende 1930 und Anfang 1931 kam es zu einer erneuten innerparteilichen Krise, in deren Folge die gesamte SA Ostelbiens unter der Leitung von Walter Stennes meuterte und dem Berliner Gauleiter Goebbels die Gefolgschaft aufkündigte.[8] Diese Krise konnte nur mühsam durch das persönliche Eingreifen Hitlers überwunden werden. Als noch gefährlicher wurden von den führenden Nationalsozialisten die Verhandlungen empfunden, die Gregor Strasser mit General v. Schleicher führte; sie kamen jedoch nicht zu einem Resultat, so daß die befürchtete Parteispaltung vermieden wurde.

Diese innerparteilichen Auseinandersetzungen erreichten nicht das Ausmaß wie die in Italien, wo die Führer des Provinzfaschismus über eine weitgehend unabhängige Position verfügten, die mit der der deutschen Gauleiter nicht zu vergleichen war. Dennoch weisen sie auf den grundlegenden Tatbestand hin, daß die nationalsozialistische Führerpartei keineswegs so einig und geschlossen war, wie sie sich nach außen hin präsentierte. Diese innerparteilichen Differenzen wurden durch den Aktionismus der ständigen Wahlkämpfe – im wörtlichen Sinne des Wortes – und die Erfolge, die sich bald einstellten, überwunden.

Bei den Reichstagswahlen vom 20. Mai 1928 hatte die NSDAP nur 2,6% der Stimmen und 12 Mandate gewonnen. Das waren noch zwei weniger, als die Völkischen vier Jahre vorher bei den Dezemberwahlen erreicht hatten. Dennoch deuteten bereits die steigenden Mitgliederzahlen der NSDAP auf eine Aufwärtsentwicklung hin. In ihren Reihen waren die Arbeiter nach wie vor unterrepräsentiert, dafür konnten in zunehmendem Maße neben Handwerkern, kleinen Gewerbetreibenden, Angestellten und Studenten auch Angehörige akademischer Berufe, Beamte und vor allem Bauern zum Eintritt in die Partei bewogen werden.[9] Das war die Folge der gerade auf dem Lande in den kleineren und mittleren Städten intensivierten Propagandatätigkeit. 1929 erreichte die NSDAP bei verschiedenen Gemeinde- und Landtagswahlen weit über 10%. Noch spektakulärer waren die Erfolge, die der »Nationalsozialistische Deutsche Studentenbund« bei den Wahlen zu den Allgemeinen Studentenausschüssen an den Universitäten und Hochschulen erzielte.[10] Schon 1929 gewann er im Durchschnitt über 30% der abgegebenen Stimmen. Der Aufstieg der NSDAP, der im Mai 1930 bereits 240 000 fast ausschließlich männliche Mitglieder angehört haben sollen, war also unverkennbar. Dennoch zeigten sich große Teile der Öffentlichkeit von dem gewaltigen Erfolg überrascht, den die NSDAP bei den Reichstagswahlen vom 14. September 1930 erzielte, war sie doch mit 18,3% der Stimmen und 107 Mandaten mit einem Schlage zur zweitstärksten Partei nach der SPD geworden. Zwei Jahre später verdoppelte die NSDAP bei den Reichstagswahlen vom 31. Juli 1932 ihre Mandatszahl auf nunmehr 230.

Dieses sprunghafte Anwachsen war zunächst und vor allem die direkte und indirekte Folge der Weltwirtschaftskrise.[11] Gerade Angehörige der Mittelschichten, die Einkommensverluste hinnehmen mußten und eine Verelendung, ob zu Recht oder Unrecht, fürchteten, wählten die NSDAP, während die industrielle Arbeiterschaft weitgehend resistent blieb; nach neueren Berechnungen sollen aber immerhin fast 20% der nationalsozialistischen Stimmen aus der Arbeiterschaft gekommen sein.[12] Dennoch waren die wirtschaftlichen Krisenerscheinungen nicht allein und auch nicht in direkter Weise für den Wahlerfolg der NSDAP maßgebend. Das wird bereits durch die Tatsache unterstrichen, daß die Arbeitslosen, die schließlich von den Folgen der Wirtschaftskrise am härtesten betroffen wurden, überwiegend KPD gewählt haben. Hinzu kommt, daß die Erfolge der NSDAP nicht überall gleich groß waren. Äußerst gering waren sie in ländlichen, katholisch geprägten Regionen, während sie in den kleinen und mittleren Städten und ländlichen Gebieten des protestantischen

Nordens und Nordostens besonders groß waren. Das unterschiedliche Wahlverhalten in sozioökonomisch ähnlich strukturierten Gebieten ist vor allem auf die unterschiedliche Haltung zurückzuführen, die beide Kirchen gegenüber dem Nationalsozialismus einnahmen. Die katholische Kirche hat zumindest bis 1933 die NSDAP wegen der religiösen Vorstellungen, die von einigen ihrer Repräsentanten, insbesondere von Alfred Rosenberg, vertreten wurden, scharf kritisiert und ihre Gläubigen mit Erfolg zur Wahl des Zentrums aufgefordert. Die Repräsentanten der in 28 Landeskirchen aufgespaltenen evangelischen Kirche dagegen lehnten zwar auch die neuheidnischen Ansichten eines Rosenberg ab, sympathisierten jedoch gleichzeitig mehr oder minder offen mit den nationalistischen, antisozialistischen, antikapitalistischen und auch antisemitischen Zielsetzungen des Nationalsozialismus. Die Tatsache schließlich, daß die Erfolge der NSDAP in den grenznahen Gebieten des Ostens ebenfalls besonders groß waren, muß vor allem mit dem hier besonders virulenten Nationalismus erklärt werden, durch den die ökonomisch und konfessionell bedingten Faktoren noch verstärkt wurden. Zusammenfassend ist festzustellen, daß sich die Mitglieder- und Wählerschaft der NSDAP zwar vor allem, aber keineswegs ausschließlich aus Angehörigen des Mittelstandes zusammensetzte.

Dennoch kann die NSDAP aus verschiedenen Gründen nicht als Partei des Mittelstandes charakterisiert werden.[13] Die NSDAP hat sich niemals als eine primär oder gar ausschließlich mittelständisch geprägte Organisation angesehen; sie hat vielmehr zu keiner Zeit den Anspruch aufgegeben, alle Schichten der Bevölkerung einschließlich der mit zunächst geringem Erfolg umworbenen Arbeiterschaft zu gewinnen und zu repräsentieren. Ihre Wahlerfolge verdankte sie keineswegs nur den sozialen Forderungen und ihrer bewußt verschwommenen wirtschaftlichen Programmatik. Als ebenso zugkräftig erwiesen sich auch die nationalistischen und antisemitischen Punkte ihres Programms sowie der von der NSDAP angewandte politische Stil, der die Emotionen von Menschen aus allen sozialen Schichten ansprach. Viele Menschen haben die NSDAP nicht wegen ihrer Programmatik gewählt, sondern weil sie sich von dem Kraft, Geschlossenheit und spezifisch männliche Stärke suggerierenden äußeren Erscheinungsbild der Partei angezogen fühlten. Dies gilt ganz besonders für Angehörige der männlichen Jugend. Die NSDAP war nämlich, was häufig übersehen wird, ähnlich wie der PNF (und die übrigen faschistischen Bewegungen) in ihrem aktivistischen Kern ein reiner Männerbund, der die damals anziehenden Tugenden und Eigenschaften der Kameradschaft, Jugendlichkeit und eines betont soldatischen und zugleich aggressiven Auftretens repräsentierte.

Ähnlich einseitig und falsch wie die Mittelstandsthese ist die damals und auch heute noch verbreitete Ansicht, wonach es sich bei der NSDAP um nichts anderes als um ein von den führenden Industriellen gekauftes und gelenktes Instrument gehandelt haben soll.[14] Richtig an dieser von einigen marxistischen Faschismustheoretikern geäußerten Behauptung ist, daß die NSDAP wie andere Parteien auch von einzelnen Industriellen finanzielle Zuwendungen erhalten hat, die sie benötigte, um ihre sehr aufwendigen Werbekampagnen und Wahlkämpfe bezahlen zu können. Über die Höhe dieser finanziellen Unterstützung gibt es jedoch bis heute keine zuverlässigen und hinreichenden Angaben. Vieles spricht jedoch dafür, daß die »Selbstfinanzierung« der NSDAP, d. h. die Einnahmen aus Mitgliedsbeiträgen und aus Eintrittsgeldern für die nationalsozialistischen Veranstaltungen, wichtiger gewesen sind als die eingelaufenen Spendengelder.[15] Fest steht dagegen, daß die Zahlungen der Industrie eher die Folge als die Ursache der nationalsozialistischen Wahlerfolge gewesen sind.

Entscheidend für den Aufstieg des Nationalsozialismus waren weder die wirtschaftlichen und gesellschaftlichen Krisenerscheinungen noch die Anfälligkeit großer Teile des Mittelstandes und die Bereitschaft von einigen führenden Industriellen, die NSDAP in materieller Hinsicht zu fördern – weitaus wichtiger waren die Fehler der nicht- und antifaschistischen Kräfte und Parteien in Deutschland.

KPD und SPD waren nicht fähig, aus den Fehlern zu lernen, die ihre italienischen Bruderparteien bei dem vergeblichen Versuch gemacht hatten, den Aufstieg und die Machtergreifung des Faschismus zu verhindern.[16] Obwohl sie aufgrund des italienischen Beispiels wissen konnten und mußten, was ihnen bei einem Erfolg des Faschismus bevorstand, zeigten sich die beiden tief verfeindeten deutschen Arbeiterparteien nicht bereit, ihre grundsätzlichen programmatischen Differenzen zu überwinden und eine gemeinsame Abwehrfront gegen den Faschismus zu bilden. Ausgehend von einer rein funktionalen Bestimmung des ›Faschismus‹ haben die Führer der KPD alle bürgerlichen Parteien und Regierungen und selbst die SPD als »faschistisch« bezeichnet und bekämpft, was sie mit der abenteuerlichen, aber zugleich logisch stringenten Behauptung begründeten, daß die bürgerlichen und sozialdemokratischen Politiker zumindest in indirekter Form den Kapitalismus unterstützten, wenn sie das demokratisch-parlamentarische System verteidigten. Der von der SPD repräsentierte »Sozialfaschismus« und der »Nationalfaschismus« der NSDAP unterschieden sich nur im Hinblick auf die angewandten Methoden. Während der »Nationalfaschismus« als direkter Agent des Kapitals auftrete, unterstützten die Sozialfaschisten durch ihr Bekenntnis zur parlamentarischen Demokratie den Kapitalismus mehr in indirekter Hinsicht, denn die Demokratie sei eine nur notdürftig verschleierte kapitalistische Herrschaftsform. Trotz einiger Einheitsfrontangebote, die sich jedoch fast ausschließlich nicht an die Führung, sondern an die einfachen Mitglieder der SPD und des ADGB richteten, welche letztlich zum Übertritt zur KPD und ihrer Unterorganisationen bewogen werden sollten, hat sich die KPD weder zu einer Verteidigung der Demokratie noch zu einem Zusammengehen mit der SPD entschließen können. Die KPD fühlte sich stark genug, sowohl die SPD als auch die NSDAP zu bekämpfen. Dabei schwankte sie zwischen einer unter dem Motto »Schlagt die Faschisten, wo ihr sie trefft!« geführten, rein gewaltsamen Taktik und dem Bestreben, durch die Übernahme nationalistischer Forderungen Anhänger der NSDAP zum Übertritt in die KPD zu bewegen. Diese Taktik, die nach einem von der NSDAP zur KPD übergetretenen Reichswehrleutnant auch Scheringer-Kurs genannt wurde, gipfelte in dem 1930 verkündeten kommunistischen »Programm zur nationalen und sozialen Befreiung des deutschen Volkes«. Diese nationalistische Umarmungsstrategie und die Sozialfaschismusthese führten sogar dazu, daß die KPD einige partielle und kurzfristige Allianzen mit der NSDAP einging. Das galt etwa für den gemeinsam organisierten Volksentscheid vom Sommer 1931, der zur Auflösung des preußischen Landtages und zum Sturz der sozialdemokratischen Regierung führen sollte, wie für den Streik bei der Berliner Verkehrsgesellschaft im Herbst 1932.[17]

Die Sozialdemokraten sahen in derartigen Vorfällen die zusätzliche Rechtfertigung für ihre Weigerung, ernsthaft geführte Bündnisverhandlungen mit den Kommunisten aufzunehmen, weil eben Nationalsozialisten und Kommunisten die von der SPD gegründete und verteidigte Demokratie gleichermaßen zerstören wollten. Sie verließen sich bei ihren Abwehrbemühungen auf die Überzeugungskraft ihrer Argumente, mit denen sie, allerdings wenig erfolgreich, die nationalsozialistische Propaganda entkräften wollten, und auf ihre errungenen und ausgebauten politischen Machtpositionen. Das galt vor allem für das sozialdemokratisch geführte »Reichsbanner Schwarz-Rot-Gold«, das mit seinen zwei Millionen Mitgliedern ein Gegengewicht gegen die SA darstellte. Es sollte der Polizei zu Hilfe kommen, die zumindest in Preußen von Sozialdemokraten geführt wurde, falls die Nationalsozialisten nach dem Vorbild der italienischen Faschisten versuchen sollten, gewaltsam zur Macht zu gelangen. Doch nachdem der Reichskanzler v. Papen in einem eindeutig illegalen Akt am 20. Juli 1932 die sozialdemokratisch geführte preußische Landesregierung absetzte, ohne dabei auf Widerstand zu treffen, war dem antifaschistischen Konzept der SPD der Boden entzogen worden. Das Reichsbanner ist niemals, weder am 20. Juli 1932 noch am 30. Januar 1933, eingesetzt worden. Dieses kampflose Zurückweichen weist auf einen grundsätzlichen Fehler innerhalb der antifaschistischen Strategie der SPD hin. Sie hat sich bei ihrer Verteidigung der Demokratie nur auf den Einsatz demokratischer Methoden beschränkt und fälschlich erwartet, daß sich auch die Gegner der Demokratie in den rechten Parteien, innerhalb der Bürokratie, der Wirtschaft und des Heeres trotz ihrer offen bekundeten prinzipiellen Feindschaft gegenüber der Republik an die demokratischen Spielregeln halten würden. Sie hat zu spät und zu kraftlos auf die Tatsache reagiert, daß die Demokratie auch von den anderen demokratischen Parteien der Weimarer Republik schrittweise abgebaut und preisgegeben wurde. Um ›Schlimmeres‹ zu verhüten, d. h., die Machtergreifung des Faschismus zu verhindern, die man sich ganz befangen vom italienischen Beispiel nur gewaltsam und putschartig vorstellte, hat die SPD in der Endphase der Weimarer Republik den Abbau der 1918 errungenen sozialen Errungenschaften und selbst die Aushöhlung der demokratischen Grundrechte und Freiheiten toleriert. Auf diese Weise kam es zu dem »Machtvakuum«, das die Nationalsozialisten für ihre »Machtergreifung« nutzen konnten.[18]

Durch die Kritik an der fehlerhaften antifaschistischen Strategie der KPD und SPD wird jedoch das Verhalten der Führer der bürgerlichen Parteien sowie der Repräsentanten der Armee, der

Industrie und der Landwirtschaft in keiner Weise entschuldigt. Diese Kräfte waren sowohl für die strikt deflationäre Wirtschaftspolitik verantwortlich, durch die die Arbeitslosigkeit mit ihren verheerenden sozialen und politischen Folgen gesteigert wurde, als auch für den politischen Kurs der Präsidialkabinette Brüning, v. Papen und v. Schleicher, die, da sie über keine parlamentarischen Mehrheiten verfügten, die Verfassung unterhöhlten und das ohnehin labile demokratische System langsam zerstörten. Obwohl die NSDAP bei den Reichstagswahlen vom 6. November 1932 34 Mandate verloren hatte und in eine Krise geraten war, die möglicherweise zu ihrem Niedergang geführt hätte, kam es auf Veranlassung führender Repräsentanten der deutschen Großindustrie, der Landwirtschaft sowie einiger Politiker im Umkreis des Reichspräsidenten v. Hindenburg zum Sturz des Reichskanzlers v. Schleicher und zur Bildung einer Koalitionsregierung unter Führung Adolf Hitlers.

3.2 Das »Dritte Reich«

Dem am 30. Januar 1933 legal gebildeten Kabinett gehörten außer Hitler selber nur noch zwei weitere Nationalsozialisten an: Wilhelm Frick, der Reichsinnenminister wurde, und Hermann Göring, der zum Reichsminister ohne Geschäftsbereich ernannt wurde, gleichzeitig aber als preußischer Innenminister die Polizei in dem weitaus größten Einzelstaat befehligte. Außerdem verfügten die Nationalsozialisten mit ihrer millionenstarken Partei und den nach militärischen Gesichtspunkten organisierten und z. T. bewaffneten Gliederungen der SA und SS über ein weiteres Machtinstrument, das schon von den demokratischen Regierungen und von den Präsidialkabinetten vor dem 30. Januar 1933 kaum noch kontrolliert werden konnte. Daher war es mehr als kurzsichtig und angesichts der italienischen Erfahrungen auch unwahrscheinlich, wenn die konservativen Bündnispartner Hitlers meinten, die Massenbewegung der NSDAP integrieren und kontrollieren zu können, indem sie den nationalsozialistischen Führern mit der Verfügung über die Polizei einen bedeutenden Teil der staatlichen Macht übergaben. Tatsächlich nutzten die Nationalsozialisten die ihnen am 30. Januar 1933 übergebene Macht, um mit Hilfe ihrer Parteiorganisationen die politischen Gegner zu unterdrücken und die konservativen Bündnispartner auszuschalten. Die nationalsozialistische »Machtergreifung«, bei der es sich um einen Prozeß und nicht um einen einmaligen Akt handelte, wurde innerhalb von knapp sechs Monaten weitgehend abgeschlossen. Die italienischen Faschisten hatten dafür mehr als sechs Jahre benötigt.[19]

Unmittelbar nach der Ernennung Hitlers zum Reichskanzler wurde der Reichstag aufgelöst, Neuwahlen wurden ausgeschrieben. Bei dem nun einsetzenden Wahlkampf konnten die Nationalsozialisten nicht nur Spendengelder der Industrie, die jetzt reichlich flossen, einsetzen, sie nutzten darüber hinaus skrupellos und erfolgreich die Machtpositionen aus, über die sie als Mitinhaber der Staatsgewalt und als Führer einer nunmehr halbstaatlichen Parteiarmee verfügten. Durch zwei Erlasse (11. und 22. Februar) wurden in Preußen 40 000 SA- und SS-Leute zu Hilfspolizisten ernannt. Sie wurden am 17. Februar von Göring aufgefordert, bei der Verfolgung politischer Gegner unerbittlich von der Schußwaffe Gebrauch zu machen. Noch in der Nacht des Reichstagsbrandes vom 27. Februar, der den Kommunisten zur Last gelegt wurde, wurden Tausende von kommunistischen Funktionären nach vorbereiteten Listen verhaftet. Einen Tag später wurde diese beispiellose Verhaftungswelle durch die »Verordnung des Reichspräsidenten zum Schutz von Volk und Staat« nachträglich ›legalisiert‹, denn alle wichtigen Grundrechte der Weimarer Verfassung wurden außer Kraft gesetzt. Die Mitglieder der KPD waren damit faktisch für vogelfrei erklärt worden, obwohl die Partei sich noch an den Reichstagswahlen vom 5. März beteiligen konnte. Die von ihr errungenen 81 Mandate wurden jedoch am 13. März annulliert.

Bei diesen Reichstagswahlen, die wegen der Verfolgungen von Kommunisten und Sozialisten schon nicht mehr frei genannt werden können, errang die NSDAP 43,9% der abgegebenen Stimmen. Damit hatten die Nationalsozialisten die angestrebte absolute Mehrheit nicht erreicht. Dennoch war dies ein großer propagandistischer und politischer Erfolg, zumal die aus einem Zusammenschluß von DNVP und Stahlhelm hervorgegangene »Kampffront Schwarz-Weiß-Rot«, die auf 8% gekommen war, bereit war, Hitler zu unterstützen. Während der Terror gegen Kommunisten und Sozialisten weiterging, die in die zahlreichen ›wilden‹ Konzentrationslager der SA und SS eingeliefert wurden, wo sie verprügelt und häufig zu Tode gefoltert wurden, ohne daß die staatlichen Institutionen – Polizei, Justiz, Reichswehr – eingriffen, wurde die systematische Gleich- und Ausschaltung der politischen Gegner und Bundesgenossen der NSDAP fortgesetzt. Unmittelbar nach der Reichstagswahl vom 5. März wurden die noch nicht von Nationalsozialisten geführten Landesregierungen abgesetzt und von sog. »Reichskommissaren« übernommen. Am 31. März wurden durch das Gesetz »zur Gleichstellung der Länder mit dem Reich« die Länderparlamente nach dem Ausgang der Reichstagswahl vom 5. März neu gebildet, ohne daß Neuwahlen stattgefunden hatten. Acht Tage vorher, am 23. März, wurde durch das »Gesetz zur Behebung der Not von Volk und Reich« auch der Reichstag faktisch ausgeschaltet, denn die nationalsozialistische Regierung erhielt das Recht zugesprochen, Gesetze auch ohne Mitsprache und Mitwirkung des Reichstages und des Reichsrates zu erlassen. Dieses »Ermächtigungsgesetz« wurde mit einer Zwei-Drittel-Mehrheit verabschiedet, weil es nur von den noch nicht verhafteten oder geflüchteten sozialdemokratischen Reichstagsabgeordneten abgelehnt wurde. Nach der Gleich- und Ausschaltung der Parlamente wurden aufgrund des Gesetzes »zur Wiederherstellung des Berufsbeamtentums« vom 7. April auch die Behörden von politischen Gegnern und von solchen Juden gesäubert, die nicht über den zunächst noch schützenden Frontkämpfer-Status verfügten. Am 2. Mai wurden die Gewerkschaften aufgelöst und ihre Häuser besetzt, ihr Vermögen wurde schließlich der nationalsozialistischen »Deutschen Arbeitsfront« übertragen. Am 22. Juni wurde auch die SPD verboten, ihre Funktionäre wurden verhaftet, sofern sie nicht schon in den zahlreichen ›wilden‹ Konzentrationslagern saßen oder emigriert waren. Nachdem sich im Juni und Juli auch noch die übrigen bestehenden bürgerlichen Parteien selber aufgelöst hatten, wurde durch das Gesetz vom 14. Juli 1933 die NSDAP zur einzigen Partei Deutschlands erklärt. Damit war der mit terroristischen und scheinlegalen Methoden von oben und von unten durchgeführte Prozeß der Machtergreifung mehr oder minder abgeschlossen.

Von diesem Zeitpunkt ab verfügten außerhalb der NSDAP nur noch die Armee und die Kirchen über eine zumindest potentielle politische und moralische Macht. Beide Institutionen wurden zwar niemals völlig gleich-, aber weitgehend ausgeschaltet. Die

Armee hatte sich bereits durch ihre wohlwollende Neutralität während des nationalsozialistischen Vernichtungsfeldzuges gegen die politischen Gegner und durch ihr passives Verhalten während des sog. »Röhm-Putsches« vom 30. Juni 1934, dem neben verschiedenen SA-Führern auch einige konservative Politiker – unter ihnen der ehemalige Reichskanzler General v. Schleicher – zum Opfer gefallen waren, mitschuldig gemacht und war objektiv zum Komplizen der nationalsozialistischen Gewaltherrschaft geworden. Selbst als 1938 der Reichskriegsminister v. Blomberg und der Oberbefehlshaber des Heeres, v. Fritsch, aufgrund von nichtigen, ja lächerlichen Anklagen – dem einen wurden angebliche homosexuelle Verfehlungen, dem anderen eine ›unstandesgemäße‹ Frau zur Last gelegt – abgelöst wurden, regte sich innerhalb der Wehrmacht kein Protest. Die meisten Offiziere beteiligten sich mehr oder minder begeistert an der deutschen Aufrüstung und an den zunächst erfolgreichen Feldzügen, und fühlten sich auch dann noch ihrem auf die Person Hitlers geleisteten Eid verpflichtet, als nicht nur die bevorstehende totale Niederlage, sondern auch die maßlosen Verbrechen des nationalsozialistischen Regimes unübersehbar waren. Dennoch weist der Widerstand einiger militärischer Kreise auf die schon erwähnte Tatsache hin, daß die Armee insgesamt von den Nationalsozialisten nicht völlig gleichgeschaltet und entmachtet werden konnte.[20]

Noch komplizierter war die Stellung der beiden Kirchen im »Dritten Reich«. Der eifrigen, ja zeitweilig übereifrigen Anpassung vieler steht hier der Widerstand einiger, zahlenmäßig jedoch schwächerer Gruppen und Personen gegenüber. Anpassung und Widerstand wurden dabei sowohl mit religiösen als auch mit politischen Motiven begründet, die in den beiden christlichen Konfessionen keineswegs identisch waren. Die Führung der katholischen Kirche hat ihre bis 1933 scharf ablehnende Haltung gegenüber dem Nationalsozialismus sehr schnell zugunsten einer wohlwollenden Sympathie aufgegeben. Maßgebend war dafür das von Hitler unmittelbar nach seinem Regierungsantritt angebotene Konkordat, das bereits am 20. Juli 1933 zwischen der Kurie und dem »Dritten Reich« abgeschlossen wurde. Es war für die katholische Kirche sehr vorteilhaft, denn es wurden nicht nur die Bekenntnisschulen toleriert, ja gesetzlich abgesichert, sondern auch die Existenz der zahlreichen katholischen Laien-, Frauen-, Handwerks- und Jugendvereine wurde gesetzlich verbrieft. Allerdings zahlte die katholische Kirche mit der Opferung des Zentrums, das dem Ermächtigungsgesetz zustimmte und kurz danach aufgelöst wurde, einen sehr hohen Preis. Die katholische Kirche hat dies und die mit dem Konkordat verbundene, politisch und propagandistisch äußerst wichtige Anerkennung und Aufwertung des Dritten Reiches hingenommen, weil sie hoffte, die Gleichschaltung ihrer Verbände und Vereine verhindern zu können. Der Aufschwung ihres Vereinswesens und die 1933 und noch 1934 von den Nationalsozialisten geduldete, ja geförderte Kircheneintrittswelle sowie die Vergrößerung der Zahl der katholischen Bekenntnisschulen schienen diese Hoffnungen zunächst zu bestätigen.

Seit 1935 versuchte die NSDAP jedoch mit zunehmendem Erfolg, den Einfluß der katholischen Jugendverbände zurückzudrängen, die dann nach und nach aufgelöst und in die HJ eingegliedert wurden. Im Zuge einer nun einsetzenden Entkonfessionalisierungspolitik intensivierten die Nationalsozialisten ihre Kampagne gegen die Bekenntnisschulen und gegen die katholische Presse, bis schließlich 1941 alle noch verbliebenen Bistumsblätter ihr Erscheinen einstellen mußten. Mit Hilfe einer perfiden Diffamierungskampagne gegen Angehörige katholischer Orden, denen sittliche Verfehlungen und Verstöße gegen die Devisengesetzgebung vorgeworfen wurden, strebten die Nationalsozialisten darüber hinaus danach, die katholischen Gläubigen von ihrer Kirche zu trennen. Diese zunehmend kirchenfeindlichere Politik rief dann den Protest und den Widerstand einzelner Katholiken hervor, der jedoch nie die volle und offene Unterstützung der gesamten katholischen Kirche erhielt.

Abgesehen von den relativ kleinen Gruppen der liberalen Theologen und religiösen Sozialisten sind die Machtergreifung, die Zerstörung der Demokratie und die Errichtung des nationalsozialistischen Terrorregimes von der ganz überwiegenden Mehrheit der evangelischen Kirche zustimmend, teilweise sogar begeistert zur Kenntnis genommen worden. Dafür waren die innerhalb der evangelischen Kirche traditionelle, politisch und religiös begründete Treue zur Obrigkeit ebenso maßgebend wie die ebenfalls religiös motivierte Verherrlichung der deutschen Nation und die Verachtung des Sozialismus und der Demokratie. Dennoch scheiterten die von einigen Nationalsozialisten in den ersten Monaten des Jahres 1933 betriebenen Versuche, zu einer institutionellen Gleichschaltung der 28 evangelischen Landeskirchen zu gelangen.

Der schon am 24. Juni 1933 eingesetzte »Staatskommissar für die evangelischen Landeskirchen«, August Jäger, wurde wieder zurückgezogen, nachdem einige in der »Jungreformatorischen Bewegung« zusammengeschlossene Pfarrer und die bisherigen Kirchenleitungen gegen diese totale Form der Gleichschaltung protestiert hatten, die selbst auf die Kritik des Reichspräsidenten v. Hindenburg gestoßen war.

Allerdings endete dieser Konflikt mit einem für die Nationalsozialisten sehr vorteilhaften Kompromiß, da vereinbart wurde, daß die Gemeinden selber über die Gestalt und Ausrichtung der evangelischen Kirche im Dritten Reich abstimmen sollten. Bei den kurzfristig angesetzten und vom gesamten Propagandaapparat der NSDAP unterstützten Kirchenwahlen vom 23. Juli errangen die »Deutschen Christen« weit über 60% der abgegebenen Stimmen. Damit schien die Machtergreifung ›von unten‹ innerhalb der evangelischen Kirche vollendet zu sein, denn die erst 1932 gegründete Bewegung dieser nationalsozialistischen »Deutschen Christen«, die sich selber häufig als »SA Jesu Christi« bezeichnete, verfügte nun in den meisten Kirchenleitungen und in fast allen Gemeinden Deutschlands über die Mehrheit. Sie nutzte diese Mehrheit konsequent aus, um die einzelnen evangelischen Kirchen nicht nur institutionell, sondern darüber hinaus auch ideologisch gleichzuschalten. In verschiedenen Landeskirchen – so am 5. September in der Altpreußischen Union – wurde der Arierparagraph eingeführt, der den Ausschluß von »nicht-arischen« Pfarrern und Kirchenbeamten vorsah. Am 27. September wurde mit Ludwig Müller der Vertrauensmann Hitlers zum »Reichsbischof« und damit zum Oberhaupt aller evangelischen Kirchen gewählt. Als die Deutschen Christen jedoch am 13. November 1933 auf einer Kundgebung im Berliner Sportpalast verlangten, daß von nun ab das gesamte Alte Testament und die Briefe des Paulus nicht mehr zu beachten seien, weil sie Produkte des jüdischen Geistes seien, waren selbst konservativ eingestellte und deutsch-national denkende Protestanten nicht mehr bereit, nach der politischen Gleichschaltung auch noch diese ›theologische Arisierung‹ hinzunehmen. Es kam zu einer zunächst rein theologisch motivierten Protestbewegung, die dann von dem bereits am 11. September 1933 gegründeten Pfarrer-Notbund und schließlich von der Bekennenden Kirche getragen und organisiert wurde. Daraus entwickelte sich der kirchliche Widerstand, der bei einigen Repräsentanten der Bekennenden Kirche auch bewußt, bei anderen im Grunde eher widerwillig einen politischen Charakter annahm.[21]

Sieht man von dem Widerstand einzelner kirchlicher und militärischer Kreise und Personen einmal ab, ist zusammenfassend festzustellen, daß die Kirchen und die Wehrmacht zwar nicht völlig gleichgeschaltet worden sind, aber so weit angepaßt wurden bzw. sich selber so weit angepaßt haben, daß sie im Grunde keine Gefahr für den inneren Bestand des Dritten Reiches darstellten. Sie waren eher Bundesgenossen als Konkurrenten oder gar Gegner des Nationalsozialismus. Daher spricht viel für die keineswegs nur von den nationalsozialistischen Propagandisten aufgestellte Behauptung, wonach es sich beim Dritten Reich um eine monolithisch geschlossene Führerdiktatur gehandelt hat, die alle gegnerischen und konkurrierenden Kräfte aus- und gleichschalten konnte. Der »Staat Hitlers« war auch weit totalitärer als der faschistische »stato totalitario« in Italien, aber wie dieser zugleich durch bestimmte polykratische Züge gekennzeichnet.

Zwischen einzelnen Gruppen und Personen aus den Bereichen der Partei, der Industrie, der Wehrmacht und der Bürokratie ist es ständig zu Kompetenzkonflikten gekommen. Selbst auf der regionalen und lokalen Ebene haben die Angehörigen der Partei untereinander und mit den bürgerlichen Repräsentanten um Macht und Einfluß gerungen. So wichtig es ist, auf diese ständigen Kompetenzkonflikte hinzuweisen, die hier nicht im einzelnen beschrieben werden können, so sehr ist davor zu warnen, die polykratischen Grundzüge des Dritten Reiches zu überschätzen. Einmal ist daran zu erinnern, daß die autoritäre Macht und Entscheidungskompetenz Hitlers durch diese Kompetenzstreitigkeiten nicht verringert, sondern gestärkt wurde, denn Hitler verstand es wie schon in der Aufstiegsphase, die sich befehdenden Gruppen und Personen innerhalb des nationalsozialistischen Machtkartells im Sinne einer divide-et-impera-Politik gegeneinander auszuspielen. Hinzu kommt, und dieses Moment muß unbedingt beachtet werden, daß Quantität und Qualität des nationalsozialistischen Terrors durch die nicht zu verkennenden polykratischen Züge in keiner Weise eingeschränkt und vermindert worden sind. Aufbau und Effizienz des nationalsozialistischen Terrorsystems wurden durch die Kompetenzstreitigkeiten weder verhindert noch verzögert, denn bei der Verfolgung der politischen Gegner und Minderheiten gab es keine grundsätzlichen Meinungsunterschiede zwischen den um Macht und Einfluß ringenden Gruppen und Personen. Um dies zu begreifen, ist es notwendig, zunächst kurz auf die Entwicklung und Funktionsweise des nationalsozialistischen Terrorsystems einzugehen.[22]

Im Laufe des Jahres 1933 wurde der bereits beschriebene ›wilde‹ Terror der SA und SS, der meist mit dem Hinweis auf die Reichstagsbrandverordnung vom 28. Februar 1933 ›legitimiert‹ wurde, mehr und mehr eingedämmt, weil die führenden Nationalsozialisten fürchteten, ihn nicht mehr unter Kontrolle halten zu können. An seine Stelle trat der bürokratisch kontrollierte und staatlich sanktionierte Terror der Gestapo, die aus der Abteilung I A des Berliner Polizeipräsidiums hervorgegangen war. Am 30. November 1933 erhielten die Beamten und Angestellten des, wie es damals noch hieß, »Preußischen Geheimen Staatspolizeiamtes« weiterreichende Befugnisse. Gegen ihre Maßnahmen konnte man sich weder beschweren noch gerichtlich vorgehen. Doch inzwischen war der Gestapo und ihrem obersten Chef, Göring, ein mächtiger innerparteilicher Konkurrent erwachsen. Das war Heinrich Himmler, der bis zum Frühjahr 1934 die Politische Polizei aller Länder außerhalb Preußens unter seine Kontrolle gebracht hatte. Göring war der Aufstieg Himmlers und der SS zwar keineswegs sympathisch, er fürchtete jedoch die SA Röhms. Daher schloß er am 20. April 1934 eine Art ›Abkommen‹ mit Himmler, der nun als Vertreter des preußischen Ministerpräsidenten, nämlich Görings, Inspekteur der preußischen Gestapo wurde, die mit der Politischen Polizei der übrigen nichtpreußischen Länder zur Gestapo vereinigt und ausgebaut wurde.

Zwei Monate später schlugen Gestapo und SS zu und beseitigten die unliebsame Konkurrenz der SA sowie andere tatsächliche oder nur potentielle Gegner des Regimes. Himmler wurde für seine Dienste bei der Niederschlagung des angeblichen Röhm-Putsches reichlich belohnt. Die SS, die er als »Reichsführer« befehligte, wurde aus der SA ausgegliedert und direkt Hitler unterstellt. Sie übernahm von der SA die Leitung und Bewachung der Konzentrationslager, die nun ›staatlich anerkannt‹ und nach dem Vorbild des Konzentrationslagers Dachau ausgebaut wurden. Sie dienten nicht nur der Verfolgung und Abschreckung der politischen Gegner des Regimes, sondern wurden darüber hinaus zum Kern- und Ausgangspunkt des wirtschaftlichen Imperiums der SS, die seit 1938 bemüht war, auch die Arbeitskraft der aus politischen und

›rassischen‹ Gründen Inhaftierten auszubeuten. Dem »Reichsführer-SS« Heinrich Himmler gelang es in der Folgezeit, auch die übrigen Verfolgungsorgane des Regimes unter seine Kontrolle zu bringen und im Reichssicherheitshauptamt zu vereinigen.

Das am 27. September 1939 gebildete Reichssicherheitshauptamt setzte sich einmal aus der schon 1936 mit der Gestapo vereinigten Kriminal- und Sicherheitspolizei, zum anderen aus dem Sicherheitsdienst (SD) zusammen. Beim SD handelte es sich um ein bereits 1931 gegründetes geheimpolizeiliches Kontrollorgan der NSDAP, das unter Leitung Himmlers und seines Vertreters Heydrich nach 1933 parallel zur Gestapo ausgebaut worden war. Während die Gestapo-Stellen und Gestapo-Leitstellen Verhaftungen vornahmen und aus dem gesamten Reich monatliche Lageberichte nach Berlin schickten, wo sie ausgewertet wurden, hatte der SD allgemeine Prinzipien für die Überwachung und Verfolgung der politischen Gegner und rassischen Opfer des Regimes entwickelt. Das gilt vor allem für die Deportation und schließlich für die »Endlösung der Judenfrage«.[23]

Nicht von der terroristischen Organisation der SS, die das Kernstück des terroristischen Dritten Reiches darstellte, wurde dagegen das Justizwesen kontrolliert, das schon 1933 von politisch oder rassisch mißliebigen Richtern und Staatsanwälten weitgehend gesäubert wurde. Das genügte den Nationalsozialisten jedoch nicht. Hinzu kam eine sehr weitgehende Verschärfung des politischen Strafrechts. Das gilt einmal für die am 28. Februar 1933 erlassene Notverordnung »gegen Verrat am Deutschen Volke und hochverräterische Umtriebe«, durch die einige Bestimmungen des Strafgesetzbuches verändert wurden, um das Vorgehen der Strafverfolger zu erleichtern. Es gilt ferner für die am 21. März erlassene Verordnung »zur Abwehr heimtückischer Angriffe gegen die Regierung der nationalen Erhebung«, welche die Bestrafung all derjenigen ermöglichte, die es wagten, die nationalsozialistische Regierung auch nur zu kritisieren. Zu diesen und anderen inhaltlichen Veränderungen im Straf- und Prozeßrecht, die von vielen allzu willfährigen Richtern mit brutaler Konsequenz in die Praxis umgesetzt wurden, kam mit dem am 24. April 1934 gegründeten Volksgerichtshof auch eine organisatorische Veränderung und Erweiterung des deutschen Justizwesens.

Die Errichtung des Volksgerichtshofes, der bereits am 14. Juli 1934 mit seiner Arbeit begann, war die Antwort der Nationalsozialisten auf den Ausgang des Reichstagsbrandprozesses, der mit dem rechtlich äußerst fragwürdigen Todesurteil gegen den vermutlichen Brandstifter van der Lubbe und mit dem Freispruch der kommunistischen Mitangeklagten geendet hatte. Aufgabe des Volksgerichtshofes war die ebenso schnelle wie drakonische Bestrafung von politischen Gegnern des Regimes. Um dieses Ziel zu erreichen, wurden zu Lasten des Angeklagten und seines Verteidigers verschiedene Verfahrensvorschriften geändert sowie Einspruchs- und Revisionsmöglichkeiten verhindert. Die Richter und Beisitzer des Volksgerichtshofes, die meist aus dem Kreis der SA- und SS-Führer gewählt wurden, erfüllten die Erwartungen der Nationalsozialisten. Sie arbeiteten nicht nur äußerst schnell – während 1935 ›nur‹ 210 Urteile verkündet wurden, waren es 1944 über 2000 –, sondern fällten darüber hinaus überaus drakonische und einer rechtlichen Überprüfung in keiner Weise standhaltende Urteile. Insgesamt sind in der Zeit von 1934 bis 1944 fast 13 000 Todesurteile verkündet worden, von denen die meisten auch vollstreckt wurden.[24]

Von den Maßnahmen der nationalsozialistischen Terrororgane waren neben den politischen Gegnern des Systems, deren Widerstand nie völlig gebrochen werden konnte, vor allem die Minderheiten betroffen. Das gilt natürlich in erster Linie für die Juden, die diffamiert, entrechtet und aus der »Volksgemeinschaft« ausgegrenzt, ausgeplündert, verfolgt und schließlich vernichtet wurden. Die nationalsozialistische Judenverfolgung, die hier nicht im einzelnen behandelt werden kann, wurde von verschiedenen Institutionen mit ebenfalls unterschiedlichen Methoden durchgeführt und mit differierenden Motiven begründet.

Die spektakulärsten, aber nicht unbedingt wichtigsten Aktionen wurden dabei in aller Öffentlichkeit von den Aktivisten der Partei und ihrer Gliederungen durchgeführt, die den angesichts der weitgehenden Passivität der Bevölkerung unberechtigten Anspruch erhoben, die sog. »Volksstimmung« zu repräsentieren. Dies gilt für den Boykott jüdischer Geschäfte, Arztpraxen und Anwaltskanzleien am 1. April 1933 ebenso wie für die in Berlin und in verschiedenen Universitätsstädten durchgeführten Verbrennungen »undeutschen Schrifttums« am 10. Mai 1933 und vor allem für das Pogrom am 9. November 1938, das auch heute noch mit der verharmlosenden Bezeichnung »Reichskristallnacht« bezeichnet wird, obwohl eben keineswegs nur Fensterscheiben zerschlagen, jüdische Geschäfte geplündert und nahezu alle Synagogen zerstört wurden, sondern auch 26 000 Juden in Konzentrationslager eingeliefert und 91 Personen jüdischer Herkunft ermordet worden sind.

Noch wichtiger als diese und zahlreiche andere von den Nationalsozialisten nicht nur geduldeten, sondern provozierten und durchgeführten Übergriffe waren dagegen die in die Hunderte gehenden antisemitischen Gesetze, Verordnungen und Zusatzverordnungen, die wiederum häufig mit der von den Nationalsozialisten selber repräsentierten »Volksstimmung« begründet wurden. Erwähnt seien in diesem Zusammenhang nur die Entlassung von Beamten jüdischer Herkunft aufgrund des Gesetzes »zur Wiederherstellung des Berufsbeamtentums« vom 7. April 1933, von denen seit September 1935 auch diejenigen Beamten betroffen wurden, die zunächst noch wegen der Frontkämpferklausel einen sehr zweifelhaften ›Schutz‹ genossen, sowie schließlich die zahlreichen Berufsverbote, die seit 1938 auf alle jüdischen Ärzte, Anwälte, Gewerbetreibenden und Handwerker ausgedehnt wurden. Diese und andere Ausnahmegesetze, durch die den Juden der Besuch von öffentlichen Schulen, Universitäten, Kinos, Theatern, Konzerten, Ausstellungen und Badeanstalten verboten wurde und durch die ihnen schließlich der Kauf und Besitz von Kraftwagen, Telefonen, Zeitungen, bestimmten Kleidungsstücken und Wertsachen sowie selbst Haustieren untersagt wurden, sind in der Regel mit dem Hinweis auf die Nürnberger Gesetze vom 15. September 1935 begründet worden, durch die den Juden die staatsbürgerlichen Rechte entzogen und Eheschließungen und Geschlechtsverkehr mit »Ariern« verboten worden waren. Ergänzt wurden diese Diffamierungs- und Verfolgungsmaßnahmen der Partei und des Staates durch den Raub des Vermögens der deutschen Juden, der »Arisierung« genannt wurde und sowohl von staatlichen Institutionen als auch von einzelnen Firmen und Privatpersonen durchgeführt wurde.

Überblickt man die zahlreichen und von unterschiedlichen Institutionen geleiteten antisemitischen Aktionen, von denen hier nur einige genannt werden konnten, fällt es schwer, darin einen bewußten und zielgerichteten Plan und eine einheitliche Motivation zu entdecken. Tatsächlich erscheint die schließlich angestrebte und fast erreichte totale Vernichtung des europäischen Judentums nur aus der rückschauenden Perspektive als das ebenso notwendige wie planmäßige Ergebnis der nationalsozialistischen Judenpolitik. Dennoch wurden in den einzelnen Phasen der Diffamierung, Ausgrenzung, Entrechtung, Ausplünderung und Verfolgung der Juden in Deutschland und in dem von deutschen Truppen beherrschten Europa faktisch die Voraussetzungen für den mit brutaler Konsequenz durchgeführten »Holocaust« geschaffen. Auch im Hinblick auf die der nationalsozialistischen Judenpolitik insgesamt zugrundeliegende Motivation gibt es keine Einheitlichkeit. Während die mit bürokratischer Konsequenz und fabrikmäßiger Perfektion betriebene Vernichtung der Juden eindeutig, ja fast ausschließlich mit dem rassenideologischen Dogma erklärt werden muß, überwog in den ersten Phasen der nationalsozialistischen Judenpolitik ein auch abzulehnendes, aber immerhin rational faßbares politisches und wirtschaftliches Kalkül. Daher sind trotz der Singularität, die die nationalsozialistische Judenvernichtung letztlich aufweist, einige Parallelen zur Haltung der Nationalsozialisten gegenüber den übrigen Minderheiten in Deutschland erkennbar.[25]

Dies gilt vor allem für die schätzungsweise 26 000 Sinti und Roma, die zu Beginn des Jahres 1933 in Deutschland lebten. Mit der Existenz dieser »Zigeuner«, wie sie in Deutschland allgemein genannt wurden, hat sich kein einziger der führenden Nationalsozialisten vor der Machtergreifung beschäftigt. Daran änderte sich auch nach dem 30. Januar 1933 zunächst nicht viel. Die Minderheit der Sinti und Roma wurde eher indirekt von den verschiedenen antihumanen Gesetzen und Verordnungen der Nationalsozialisten getroffen. Das gilt einmal für das am 24. November 1933 erlassene »Gesetz gegen gefährliche Gewohnheitsverbrecher«, zu denen die Nationalsozialisten alle Personen zählten, die wegen krimineller Delikte oder Verbrechen zweimal rechtskräftig verurteilt worden waren. Seit 1938 wurden derartige »Asoziale«, wie sie damals keineswegs nur von überzeugten Nationalsozialisten genannt wurden, in die Konzentrationslager eingeliefert. Zu diesem Personenkreis gehörten auch verschiedene Zigeuner, die schon aufgrund ihrer unseßhaften Lebensweise gegen verschiedene Gesetze und Verordnungen verstoßen hatten. Diese Maßnahmen beruhten jedoch eher auf sog. kriminal-präventiven Überlegungen, die auch der sehr rigiden »Zigeunerverordnung« von 1936 zugrunde lagen, durch die die auch vor dem 30. Januar allenfalls geduldeten »Zigeuner« einer noch schärferen polizeili-

chen Überwachung ausgesetzt wurden.
Während diese zigeunerfeindlichen Maßnahmen des NS-Staates sich ›nur‹ in quantitativer Hinsicht von denen unterschieden, die die Polizei schon vorher gegenüber dieser »Landplage« angewandt hatten, lagen der Verhaftungswelle vom 13. Juni 1938 wirtschaftliche Momente zugrunde. Die SS versuchte im Zuge dieser sog. »Asozialen-Aktion«, von der neben Zigeunern auch vorbestrafte Juden erfaßt wurden, die Zahl ihrer Arbeitssklaven zu erhöhen, die nach der Entlassung vieler politischer Häftlinge vorübergehend gesunken war. Damit war das ›Interesse‹ der SS an den Zigeunern jedoch keineswegs erloschen. Am 18. Dezember 1938 ordnete Himmler an, daß die durch »rassenbiologische Forschungen gewonnenen Erkenntnisse« bei der »endgültigen Lösung der Zigeunerfrage« anzuwenden seien.
Bei diesen »rassenbiologischen Forschungen« handelte es sich um Arbeiten, die von einigen Wissenschaftlern, die sich auf die Unterlagen der Reichszentrale zur Bekämpfung des Zigeunerunwesens im Reichskriminalamt stützten, durchgeführt wurden. Im Zuge dieser Untersuchungen wurden alle über sechs Jahre alten Zigeuner erkennungsdienstlich behandelt und aufgrund von rassischen und kriminalpolitischen Angaben in sog. »Vollzigeuner«, »Zigeunermischlinge« und in »nach Zigeunerart umherziehende Personen« unterschieden. Kurz vor und nach dem Ausbruch des Krieges wurden diese Erkenntnisse in die Praxis umgesetzt. Es kam zu Massensterilisationen, Deportationen von Zigeunerfamilien aus dem Reichsgebiet nach Polen und schließlich seit dem Überfall auf die Sowjetunion zu Massenermordungen. Nachdem am 13. März 1942 durch die »Anordnung über die Beschäftigung von Zigeunern« ausdrücklich festgelegt worden war, daß die »für Juden erlassenen Sondervorschriften« auch auf »Zigeuner entsprechende Anwendung« finden sollten, wurden nach Schätzungen 500 000 bis 600 000 Zigeuner, unter denen sich auch Soldaten der Wehrmacht befanden, in Auschwitz und in den anderen Vernichtungslagern vergast.[26]
Auch wenn sie mit den Vernichtungsaktionen nicht verglichen werden können, von denen die Juden und Zigeuner betroffen wurden, dürfen die Verfolgungsmaßnahmen nicht übersehen werden, die andere nationale Minderheiten in Deutschland und in den von Deutschland annektierten Gebieten zu erleiden hatten. Dies gilt für die Sorben in der Lausitz und für die Polen in den

deutschen Ostgebieten, in Berlin und im Ruhrgebiet, denen die zunächst wegen des Hitler-Piłsudski-Pakts vom 26. Januar 1934 noch verbliebenen kulturellen Organisationen genommen wurden und von denen viele nach dem Überfall auf Polen in Zuchthäuser und Konzentrationslager eingeliefert wurden.

Weitaus härter war die Lage der Polen in den Gebieten, die nach dem Polenfeldzug faktisch annektiert wurden und in den Herrschaftsbereich der um polnische Gebiete erweiterten Gauleitungen von Ostpreußen, Schlesien, Danzig/Westpreußen und des Warthegaus gerieten. Sie sahen sich einer beispiellosen Entnationalisierungspolitik ausgesetzt, wurden ausgebeutet, deportiert, ermordet und selbst bei geringfügigen Anlässen zum Tode verurteilt und hingerichtet.

Schließlich ist noch auf das Schicksal einer weiteren Minderheit im Dritten Reich hinzuweisen, deren Existenz heute weitgehend vergessen ist, obwohl sie immerhin aus 7,5 Millionen Menschen bestand. Gemeint sind die sog. »Fremdarbeiter«, die aus allen Teilen Europas, insbesondere aber aus Polen und der Sowjetunion, angeworben oder einfach geraubt worden waren. Die Lage dieser »Fremdarbeiter« war äußerst schlecht. Sie lebten in der Regel in primitiven Sammelunterkünften in der Nähe der Betriebe und wurden unzureichend verpflegt. Lehnten sie sich gegen diese Maßnahmen auf oder waren sie nicht willens oder in der Lage, die geforderte Arbeitsdisziplin zu erfüllen, wurden sie von den Betrieben der Gestapo überstellt, die sie entweder in Konzentrationslager oder in sog. »Arbeitserziehungslager« überwies. Obwohl die »Fremdarbeiter« überwiegend aus ökonomischen Gründen ins Land geholt wurden, wo sie dann ausgebeutet wurden, war ihre Behandlung auch von bestimmten rassenideologischen Momenten geprägt. Sie richtete sich nämlich nicht nach Arbeitskraft und Arbeitswilligkeit, sondern nach der ›rassischen Zusammensetzung‹ der verschiedenen Herkunftsländer. Ganz unten auf dieser Tabelle rangierten die polnischen und russischen »Fremdarbeiter«, die, ähnlich wie die noch schlechter behandelten jüdischen Arbeitssklaven, auf ihrer Kleidung bestimmte, auf ihre Herkunft hindeutende Buchstaben und Symbole tragen mußten. Ohne den Einsatz des Millionenheeres der ausländischen Zwangs- und Sklavenarbeiter hätten die Nationalsozialisten die Kriegswirtschaft und den vergleichsweise hohen Lebensstandard der deutschen Bevölkerung nicht aufrechterhalten können. An diese Tatsache kann nicht oft genug erinnert werden, gehört doch die Behauptung, Hitler habe jedenfalls das Verdienst, die Arbeitslosigkeit beseitigt und die Wirtschaftskrise überwunden zu haben, in den Bereich jener »Legenden um Hitler«, die unausrottbar erscheinen.[27]

Tatsächlich waren die von der nationalsozialistischen Propaganda gefeierten Erfolge im Bereich der Wirtschafts- und Sozialpolitik nur Scheinerfolge. Sie beruhten im wesentlichen auf bloßen unproduktiven Arbeitsbeschaffungsmaßnahmen und auf der rigorosen Umstellung auf eine konsequente Autarkie- und Kriegswirtschaftspolitik. Oberstes Ziel der nationalsozialistischen Wirtschaftspolitiker war die Vorbereitung eines Angriffskriegs auf Länder, die systematisch ausgeplündert werden sollten, um das im Rüstungsbereich investierte, meist geliehene Kapital decken zu können. Dieses Wirtschaftsprogramm war ebenso simpel und durchschaubar wie, zumindest kurzfristig, erfolgreich. Es rief nicht nur eine ökonomische Scheinblüte hervor, sondern trug wesentlich zur Integration breiter Bevölkerungskreise bei, die allzuleicht geneigt waren, angesichts dieser Erfolge die andere, die terroristische Seite des Dritten Reiches zu übersehen.

Das trifft auch auf große Teile der Arbeiterschaft zu. Viele Arbeiter zeigten sich von den sozialpolitischen Maßnahmen des Dritten Reiches beeindruckt, obwohl die im Rahmen der Nationalsozialistischen Volkswohlfahrt (NSV), des Winterhilfswerkes und der Aktion »Kraft durch Freude« tatsächlich erbrachten Sozialleistungen keineswegs so groß und bedeutungsvoll waren, wie das von der nationalsozialistischen Propaganda suggeriert wurde. Natürlich waren viele Arbeiter nicht bereit, in der nationalsozialistischen Scheingewerkschaft »Deutsche Arbeitsfront« einen Ersatz für die verlorenen Vertretungsorgane zu sehen. Andererseits mußten sie anerkennen, daß es den Nationalsozialisten gelang, mit ihren Arbeitsbeschaffungsmaßnahmen und mit der Ankurbelung der Rüstungsindustrie die Arbeitslosigkeit zu beseitigen. Dadurch kam es insgesamt zu einer fühlbaren Verbesserung der materiellen Lage der Arbeiterschaft. Obwohl die in der Wirtschaftskrise ohnehin schon minimalen Löhne festgefroren wurden, während die Preise vieler Konsumgüter stiegen, kam es in einigen Industriezweigen zu einer Erhöhung der Reallöhne, die 1938/39 wieder das Niveau von 1928 erreichten. Das war die Folge des Arbeitskräftemangels, der seit 1938/39 in einigen Bereichen, besonders innerhalb der Rüstungsindustrie, herrschte und dazu führte, daß viele Arbeiter durch einen Arbeitsplatzwechsel oder dessen Androhung eine Entlohnung erzwingen konnten, die oberhalb der gesetzlich festgelegten Grenze lag.

Auch große Teile des Mittelstandes profitierten in direkter und indirekter Weise von der nationalsozialistischen Wirtschaftspolitik, obwohl die Nationalsozialisten ihre vor 1933 gegebenen Versprechungen nicht hielten und die Konzentration und Modernisierung der Wirtschaft vorantrieben. Dennoch verbesserte sich nicht nur die Lage der Angestellten und Beamten, sondern auch die der kleinen Gewerbetreibenden und Bauern. Dafür waren neben der allgemeinen Belebung der Konjunktur noch andere Maßnahmen des Regimes verantwortlich. Das gilt etwa für die Ausschaltung der Juden aus dem Berufsleben und die Ausplünderung ihres Vermögens, was ebenfalls in direkter und indirekter Hinsicht zu einer Erhöhung der Einkommen vieler nicht-jüdischer Ärzte, Rechtsanwälte und Gewerbetreibender führte. Die Bauern dagegen wurden nicht nur von der nationalsozialistischen Propaganda besonders verherrlicht, sie erhielten auch mit dem »Reichserbhofgesetz« vom 29. September 1933 handfeste materielle Vorteile. Dieses Gesetz sah vor, daß Bauernhöfe von einer Mindestgröße von 7,5 ha nicht verkauft und nicht zwangsversteigert werden durften. Eine generelle Entschuldung war damit jedoch nicht verbunden.

Zu den Nutznießern der nationalsozialistischen Wirtschaftspolitik gehörten schließlich und nicht zuletzt die Unternehmer, die sich nicht mehr mit den Ansprüchen und Forderungen der unliebsamen Gewerkschaften herumschlagen mußten und deren Gewinne wegen der Rüstungskonjunktur äußerst hohe Steigerungsraten aufwiesen. Sie profitierten ferner in hohem Maße von den Raub- und Angriffskriegen, von der Ausplünderung der von deutschen Truppen besiegten und besetzten Länder sowie selbst von der rücksichtslosen Ausbeutung der Arbeitskraft der »Fremdarbeiter« und der Arbeitssklaven in den Konzentrationslagern. Das heißt jedoch nicht, daß sie den Ausbruch und Verlauf des Krieges, der sich zum totalen Raub- und Rassenkrieg steigerte und mit notwendiger Konsequenz in der totalen Niederlage enden mußte, mitbestimmt haben.

Der nationalsozialistische Staat verzichtete zwar, sieht man von einigen autarkie- und kriegswirtschaftlich bedingten Eingriffen ab, auf eine weitgehende Veränderung der kapitalistischen Besitzverhältnisse, dennoch waren die Unternehmer in dem nicht völlig, aber weitgehend totalen nationalsozialistischen Staat insgesamt nicht in der Lage, die ihnen verbliebene ökonomische in politische Macht umzusetzen. Bei der Planung und Durchführung der nationalsozialistischen Raubkriege konnten sie noch mitwirken, aber ein wesentlicher Einfluß auf den Rassenkrieg, der im »Holocaust« gipfelte, blieb ihnen verwehrt. Auschwitz kann und darf nicht mit der Beantwortung der vulgärmarxistischen Frage nach dem ökonomischen Nutzen erklärt werden. Ähnliches gilt auch für die von den Nationalsozialisten betriebene totale Kriegsführung, die mit der totalen Niederlage und dem Verlust und der Zerstörung eines großen Teils (24%) auch der privatwirtschaftlichen Produktionskapazität[28] endete.

»Hitler führt zum Krieg!« proklamierten viele Antifaschisten schon 1933 im In- und Ausland. Dennoch haben auch die Staatsmänner West- und Osteuropas im außenpolitischen Bereich den Fehler jener konservativen Politiker in Deutschland wiederholt, die fälschlich gemeint hatten, die Dynamik des Nationalsozialismus durch eine Beschwichtigungs- und Einrahmungspolitik aufhalten und eindämmen zu können. Sie sahen nicht nur der Zerstörung der Demokratie in Deutschland und der Verfolgung der politischen Gegner und der Juden mehr oder minder tatenlos zu, sie tolerierten und akzeptierten es auch, daß Hitler durch die Aufrüstung, den Einmarsch in das entmilitarisierte Rheinland und den sog. »Anschluß« Österreichs eine Bestimmung des Versailler Vertrages nach der anderen außer Kraft setzte. Die auf der Münchener Konferenz vom 29. September 1938 von England und Frankreich ausdrücklich gebilligte Annexion des Sudetengebietes stellte den Höhe-, aber noch keineswegs den Endpunkt dieser »Appeasement«-Politik dar. Erst nachdem Hitler im März 1939 auch die »Rest-Tschechei« zerschlagen und das zu Litauen gehörende Memelgebiet okkupiert hatte, fanden sich die britische und die französische Regierung am 31. März 1939 dazu bereit, die Unabhängigkeit Polens zu garantieren, das ganz offensichtlich das nächste Objekt der nationalsozialistischen Aggressionspolitik war.

Damit war die Zeit der westlichen Beschwichtigungspolitik vorbei. Sie wurde durch die »Appeasement«-Politik der Sowjetunion abgelöst, die durch den am 23. August 1939 abgeschlossenen

Nichtangriffspakt mit Deutschland eine wesentliche Voraussetzung für den deutschen Überfall auf Polen schuf. Tatsächlich marschierten die deutschen Truppen, die am 1. September 1939 ohne Kriegserklärung in Polen eindrangen, nur bis zu der Linie vor, die im geheimen Zusatzprotokoll des Hitler-Stalin-Paktes festgelegt worden war. Sowjetische Truppen besetzten außer Ostpolen Teile Rumäniens und die souveränen baltischen Staaten Estland, Lettland und Litauen.

Trotz dieser merkwürdigen Allianz zwischen dem faschistischen Deutschland und dem kommunistischen Rußland, die bis zum Überfall auf die Sowjetunion am 22. Juni 1941 anhielt, war jedoch der Zweite Weltkrieg von Anfang an auch ein Weltanschauungskrieg, der im wesentlichen von den ideologischen Vorstellungen Hitlers und erst in zweiter Linie vom macht- und wirtschaftspolitischen Kalkül geprägt war. Das bedeutet nicht, daß seine einzelnen Phasen und Stadien wie nach einem ›Fahrplan‹ abliefen, den Hitler in »Mein Kampf« und in anderen programmatischen Äußerungen niedergelegt hatte. So war etwa das temporäre Bündnis mit der Sowjetunion zweifellos ebensowenig vorgesehen wie der Krieg mit England, den Hitler ›eigentlich‹ hatte vermeiden wollen. Dem Angriff auf Dänemark und Norwegen lagen weder rassistisch noch antikommunistisch geprägte ideologische, sondern allein militärstrategische und ökonomische Forderungen der Marine und der Industrie zugrunde. Ähnliches gilt wohl auch für die Feldzüge in Griechenland, Jugoslawien und Nordafrika, die ebenfalls nicht geplant, sondern die Folge von unvorhergesehenen militärischen und politischen Ereignissen – der Schwäche der italienischen Truppen, dem Scheitern des pronationalsozialistischen Putsches in Jugoslawien usw. – waren.[29]

Dennoch zeigen bereits die Aktionen der Einsatzkommandos in Polen, die den kämpfenden Truppen unmittelbar folgten, um neben tatsächlichen oder potentiellen politischen Gegnern auch Juden und Angehörige der polnischen Führungsschicht zu verhaften und zu ermorden, daß es den Nationalsozialisten von Anfang an um mehr ging als um einen imperialistischen Eroberungskrieg. Anders als das kaiserliche kämpfte das nationalsozialistische Deutschland nicht nur um die politische Vorherrschaft in Europa, sondern gleichzeitig auch um eine rassische Neuordnung im kontinentalen und potentiell auch globalen Bereich, wobei die als herausragend angesehene und von den Deutschen repräsentierte

»germanische Herrenrasse« über alle anderen Völker herrschen sollte. Während die Angehörigen der slawischen Nationen versklavt und auf den Status eines völlig rechtlosen Helotendaseins gedrückt werden sollten, sah diese – weitgehend verwirklichte – Planung weiterhin vor, daß die jüdische »Rasse« völlig zu vernichten sei, weil sie als die Wurzel allen Übels, und zwar des Sozialismus wie des Kapitalismus und der Moderne schlechthin, angesehen wurde. So wahnwitzig diese ideologische Konzeption auch anmutet, so konsequent und brutal wurde sie in die Praxis umgesetzt. Sie besaß gegenüber den wirtschaftlichen und militärischen Interessen und Zielsetzungen der Industrie und der Wehrmacht absolute Priorität, und zwar selbst noch zu einem Zeitpunkt, als die Verwirklichung der rassenideologischen Zielsetzungen nicht mehr mit den Bestrebungen der Nationalsozialisten zu vereinbaren war, ihre politische und militärische Macht zu sichern.[30]

In diesem fanatischen, ja selbstmörderischen Festhalten an dem ideologischen Dogma des Rassenkrieges unterscheidet sich der Nationalsozialismus in qualitativer Hinsicht vom italienischen Faschismus. Im Hinblick auf die Verfolgung von Minderheiten (nicht der Vernichtung der Juden), das Ausmaß der Gleichschaltung und die Perfektion des Terrorapparates gibt es dagegen quantitative Unterschiede zwischen dem italienischen Faschismus und dem Nationalsozialismus, während Ideologie (wiederum mit Ausnahme des rassenideologisch motivierten Antisemitismus), Erscheinungsbild und soziale Zusammensetzung beider Bewegungen vergleichbar sind. Die quantitativ unterschiedliche Gleichschaltung und das in Deutschland weitaus effizientere Terrorsystem sind schließlich, wie im folgenden zu zeigen ist, die Ursache dafür, daß der deutsche Widerstand nicht die Erfolge erzielen konnte, wie sie die italienische Resistenza zumindest in der letzten Phase der Geschichte des italienischen Faschismus erringen konnte.

3.3 Niederlagen und Erfolge des Widerstandes

Die Mitglieder der verbotenen und in die Illegalität getriebenen Parteien und Organisationen der Arbeiterbewegung waren es, die das Dritte Reich von Anfang an und am entschiedensten bekämpft haben.³¹ Sie wurden auch von den nationalsozialistischen Terrororganisationen am intensivsten überwacht und verfolgt. Dennoch ist der tatsächliche Erfolg des Arbeiterwiderstandes als sehr gering einzuschätzen. Das lag einmal an dem schon geschilderten, nahezu perfekten Überwachungs- und Terrorsystem, welches die Nationalsozialisten aufgebaut haben, zum anderen aber daran, daß die verschiedenen illegalen Parteien und Organisationen der Arbeiterbewegung, von einigen regionalen, ja lokalen Ausnahmen abgesehen, auch während der Zeit des Dritten Reiches nicht willens und in der Lage waren, ihre internen Konflikte beizulegen und eine einheitliche Widerstandsorganisation aufzubauen. Die Gruppen des Arbeiterwiderstandes marschierten getrennt und wurden getrennt geschlagen.

Die KPD hat auch nach ihrem Verbot zunächst versucht, ihre strikt von oben nach unten gegliederte hierarchische Struktur beizubehalten und trotz des faschistischen Terrors Massenaktionen durchzuführen. Tausende von Kommunisten beteiligten sich an der Herstellung und Verbreitung von illegalen Flugschriften und anderen Propagandaaktionen. Bis 1935 wurden sogar Beitragsmarken an die Mitglieder der illegalen KPD verkauft. Bis zu diesem Zeitpunkt gingen die Führungen der KPD und der Kommunistischen Internationale davon aus, daß der angeblich kurz bevorstehende Zusammenbruch des Dritten Reiches durch derartige Massenaktionen, durch die der Zugriff der Gestapo erleichtert wurde, zu erreichen sei. Erst auf dem VII. Weltkongreß der Kommunistischen Internationale von 1935 wurde diese Strategie, die mit den Bedingungen im faschistischen Deutschland kaum zu vereinbaren war, ebenso revidiert wie die Bekämpfung der Sozialdemokratie als »Flügel des Faschismus«. Da bis zu diesem Zeitpunkt außer der Parteiführung auch Tausende von Mitgliedern der illegalen KPD den verschiedenen Verhaftungsserien zum Opfer gefallen waren, beschränkte man sich seit 1936 darauf, ein recht lockeres Informationsnetz zwischen den einzelnen im Reich operierenden kommunistischen Widerstandsgruppen und der Auslandsleitung aufrechtzuerhalten. Unter dem Eindruck des Hitler-Stalin-Paktes kam es zu einem weitgehenden Erlöschen des kommunistischen Widerstandes, der erst nach dem deutschen Überfall auf die Sowjetunion wieder intensiviert wurde. Es entstanden verschiedene Widerstandsorganisationen, von denen einige auch Kontakte zu sozialdemokratischen und selbst bürgerlichen und militärischen Kreisen unterhielten. Im Unterschied zur italienischen KP ist es der KPD jedoch nicht gelungen, die 1935 beschlossene Volksfrontkonzeption in die Praxis des antifaschistischen Kampfes umzusetzen. Das Pariser Volksfrontkomitee, das bald wieder auseinanderbrach, stellte eine Ausnahme dar, während die in Deutschland und vor allem im Ausland, insbesondere in der Sowjetunion, operierenden Gruppen des »Nationalkomitees Freies Deutschland« meist von Kommunisten geführt wurden, die die häufig nicht von ›antifaschistischen‹ Motiven bestimmten Interessen der Sowjetunion beachten mußten.[32]

Die Führung der SPD und des sozialdemokratisch geleiteten ADGB hat 1933 lange, allzu lange die Illusion gehegt, sie könne durch die Politik einer vorsichtigen Zurückhaltung gegenüber dem nationalsozialistischen Regime die Existenz ihrer Organisationen sichern. Dieser fatale Anpassungskurs, der sich etwa in der Zustimmung der durch Verhaftungen und Emigrationen schon dezimierten Reichstagsfraktion der SPD zu der sog. Friedensrede Hitlers vom 17. Mai 1933 manifestierte, führte faktisch zur Parteispaltung. Im Prager Exil bildeten emigrierte Sozialdemokraten eine neue Organisation, die »Sopade«, die sich schon am 18. Juni 1933, also noch vor dem Verbot der SPD am 22. Juni, mit einem programmatischen Artikel an die deutsche Arbeiterschaft wandte und sie dazu ermahnte, die »Ketten« zu zerbrechen, gegen den Faschismus und für den »Umbau der kapitalistischen Wirtschaft zu einer sozialistischen« zu kämpfen.

Bereits vorher waren einzelne Sozialdemokraten und Gewerkschafter in den Untergrund gegangen. Anders als die Kommunisten erkannten sie jedoch sehr bald, daß illegale Massenorganisationen mit einzelnen Zellen, Parteileitungen und der Abkassierung der Mitglieder den Zugriff der Gestapo geradezu provozierten. Statt dessen gingen jene Sozialdemokraten von einer nüchternen Einschätzung der Widerstandsmöglichkeiten im terroristischen Dritten Reich aus und beschränkten sich im wesentlichen darauf, die traditionellen Bindungen in Form von Diskussionskreisen, Sportvereinen usw. aufrechtzuerhalten, um bei einem erwarteten und erhofften Zusammenbruch des Dritten Reiches über Persönlichkeiten und Kader für den Wiederaufbau zu verfügen. Abgesehen von diesem System informeller, aber gut getarnter Gruppen von Sozialdemokraten und Gewerkschaftern, die auf spektakuläre Widerstandsaktionen verzichteten, aber

– wie die -»Sopade«-Berichte beweisen – über sehr gute Kontakte zum Parteivorstand in Prag verfügten, hat es einige sehr aktive Widerstandsgruppen im regionalen und überregionalen Bereich gegeben, denen sich neben Sozialdemokraten auch ehemalige Mitglieder der KPD und der kommunistischen und sozialistischen Splittergruppen anschlossen. Das gilt vor allem für den »Roten Stoßtrupp« in Berlin, die »Sozialistische Front« im Raum Hannover und die überregionale Gruppe »Neubeginnen«.[33]

Sie sind nicht nur deshalb besonders wichtig, weil sie bis zur Zerschlagung durch die Gestapo, ähnlich wie Widerstandsgruppen der KPO (Kommunistische Partei Deutschlands-Opposition), der SAP (Sozialistische Arbeiterpartei) und des ISK (Internationaler Sozialistischer Kampfbund), einen sehr intensiven Widerstandskampf geführt haben, sondern weil es in diesen Gruppen zu einem Zusammenschluß von Sozialisten und Kommunisten unterschiedlichster parteipolitischer Herkunft gekommen ist.[34] Ähnliches gilt auch für antifaschistische Organisationen, die während und kurz nach dem Ende des Dritten Reiches ins Leben gerufen wurden und das Ziel verfolgten, eine neue Arbeiterbewegung außerhalb von KPD und SPD zu gründen. Das gelang jedoch wegen der ablehnenden Haltung aller Besatzungsmächte ebensowenig wie die früheren Versuche, eine antifaschistische Volksfront zu bilden.[35] Auch die Kontakte von Repräsentanten des Arbeiterwiderstandes zu kirchlichen und bürgerlichen sowie militärischen Oppositionskreisen erreichten nicht das Ausmaß und die Intensität, wie sie in Italien anzutreffen waren. Das wechselseitige Mißtrauen konnte – sieht man von den Kontakten ab, die unmittelbar vor dem 20. Juli 1944 angeknüpft wurden – nicht überwunden werden.

Bemerkenswerterweise ist es auch zwischen den oppositionellen Kreisen und Personen innerhalb der evangelischen und katholischen Kirche kaum zu Kontakten gekommen. Eine wirkliche Zusammenarbeit zwischen oppositionellen Christen evangelischer und katholischer Konfession fand im Grunde nur im Kreisauer Kreis statt, der, wie bereits mehrfach erwähnt, darüber hinaus auch Kontakte zu anderen bürgerlichen und militärischen Gruppen sowie zur sozialistischen und kommunistischen Widerstandsbewegung unterhielt. Der Grund für die Tatsache, daß es nur sehr sporadisch und noch dazu sehr spät zur Zusammenarbeit von katholischen und evangelischen Widerstandskämpfern gekommen ist, liegt in der bereits geschilderten unterschiedlichen Situation, in der sich beide Kirchen im Dritten Reich befanden.

Obwohl die Bekennende Kirche bereits auf der Barmer Synode vom Mai 1934 den Anspruch des nationalsozialistischen Staates, »die einzige und totale Ordnung menschlichen Lebens« zu sein, mit mehr oder minder theologischen Argumenten scharf zurückgewiesen hatte, fiel es auch den Repräsentanten dieser oppositionellen Gruppe schwer, die kirchengeschichtlich gewachsene und von Generationen von Theologen immer wieder begründete enge Zusammenarbeit von Kirche und Staat aufzukündigen. Die dialektische Theologie von Karl Barth, der wesentlich an der Ausarbeitung der Barmer Erklärung beteiligt war, übte in dieser Hinsicht eine überaus wichtige Funktion aus. Bedenkt man jedoch, daß der Charakter des Dritten Reiches als Unrechtsstaat ebenso offen wie frühzeitig erkennbar war, wirkt es im nachhinein mehr als erstaunlich, daß viele Theologen so lange brauchten, um festzustellen, daß das Dritte Reich keine von Gott gewollte Obrigkeit sein konnte und durfte. Immerhin kam es schließlich doch zu politisch und theologisch motivierten Widerstandsaktionen von einzelnen Geistlichen, auf die hier nicht näher eingegangen werden kann, sowie zu einigen öffentlichen Protesten. Dies gilt u. a. für den Aufruf der Vorläufigen Leitung des Reichsbruderrates gegen das sog. »positive Christentum« und gegen die Entkonfessionalisierungsbestrebungen der Nationalsozialisten innerhalb der Jugenderziehung vom 28. Mai 1936, für die Gebetsliturgie für den Erhalt des Friedens, die am 30. September 1938 von Teilen der Bekennenden Kirche angesichts des drohenden Konfliktes wegen der Sudetenfrage verlesen wurde, sowie schließlich für die im Oktober 1943 öffentlich geäußerte Kritik der 12. Preußischen Bekenntnissynode an dem Massenmord von Geisteskranken und von Angehörigen »einer fremden Rasse«. Das war jedoch das einzige Wort des Protestes, das die evangelische Kirche für die nationalsozialistische Judenverfolgung fand, während es andererseits auch Menschen gab, die sich aufgrund ihres christlichen Gewissens verpflichtet fühlten, verfolgten Juden zu helfen.[36]

Aufs Ganze gesehen, haben auch die Repräsentanten der katholischen Kirche gezögert, die Untaten des Dritten Reiches öffentlich anzuprangern. Dafür waren kirchenpolitische Rücksichten maßgebend, denn die katholischen Bischöfe in Deutschland und der Papst fürchteten, daß allzu deutliche Proteste die nationalsozialistische Staatsführung veranlassen könnten, das Konkordat aufzukündigen. Erst als die Verstöße der Nationalsozialisten gegen die Bestimmungen dieses Konkordates allzu offenkundig waren, entschloß sich auch Papst Pius XI., dies zu kritisieren. Dennoch findet sich in der Enzyklika »Mit brennender Sorge« kein Wort des Protestes gegen die Behandlung und Verfolgung der Juden oder gar der Widerstandskämpfer aus den Reihen der verbotenen Arbeiterbewegung. Energisch und – wenigstens temporär erfolgreich – waren dagegen die Proteste des Bischofs von Münster, des Grafen Galen, gegen die von den Nationalsozialisten betriebene Tötung von Geisteskranken. 1943 haben dann auch die katholischen Bischöfe im Dekalog-Hirtenbrief die nationalsozialistische Religions- und Rassenpolitik mit einer vergleichbaren Schärfe attackiert, wie es die evangelische Kirche auf der 12. Preußischen Bekenntnissynode tat. Das blieb jedoch das einzige Dokument, in dem die katholische Kirche als Institution wenigstens indirekt zum Widerstand aufrief. Andererseits dürfen die evangelischen und katholischen Geistlichen und Laien nicht vergessen werden, die entschiedenen Widerstand gegen den Nationalsozialismus geleistet haben.[37]

Höhepunkt der deutschen Widerstandsbewegung insgesamt war zweifellos das Attentat auf Hitler am 20. Juli 1944, das das Signal für eine allgemeine Aufstandsbewegung setzen sollte, die jedoch nach einigen gelungenen Ansätzen schnell zusammenbrach. Es spricht viel für die Vermutung, daß es bei einem erfolgreichen Abschluß der von den Attentätern geplanten Aktionen ähnlich wie in Italien nach dem Putsch Badoglios zu einer breiten und auch erfolgreichen Widerstandsbewegung gekommen wäre, zumal die an der Vorbereitung des Attentates beteiligten Kreise über Kontakte zu Widerstandsgruppen aus dem kirchlichen, sozialistischen und kommunistischen Bereich verfügten.

Es darf aber auch nicht übersehen werden, daß die Repräsentanten dieser bürgerlich-militärischen Kreise Ziele verfolgten, die weitgehend nicht an demokratisch-parlamentarischen Vorstellungen orientiert waren. Dies gilt vor allem für die extrem konservative Gruppe um Carl Goerdeler, während sich die Mitglieder des Kreises, der sich auf dem Gut des Grafen Moltke im schlesischen Kreisau zusammenfand, sowohl an utopischen als auch an längst vergangenen und nicht wieder zu belebenden Gesellschaftsmodellen orientierten. Bei der Kritik an den in zahlreichen Denkschriften niedergelegten gesellschafts- und verfassungspolitischen Plänen antidemokratischen Inhalts darf man nicht zwei wichtige, vielleicht entscheidende Tatsachen übersehen. Zum einen die bereits erwähnte, zumindest ansatzweise vollzogene Vereinigung aller Gruppen des Widerstandes, von den Kommunisten bis zu den Konservativen, und ferner den erfolgreichen Versuch, auch hohe Offiziere für den geplanten Putsch zu gewinnen. Diese Widerstandskämpfer gingen nämlich von der nüchternen, durchaus realistischen Einschätzung aus, wonach ein erfolgreicher Versuch, die Herrschaft der Nationalsozialisten zu beseitigen, nur von einer militärischen Gruppe ausgehen könne. Leider ließen sich nur sehr wenige Offiziere davon überzeugen, daß sie trotz des Eides, den sie Hitler geleistet hatten, nicht dazu verpflichtet waren, die Massenmorde und die anderen Untaten des Dritten Reiches zu tolerieren. Auch wenn der Aufstandsversuch durch Zufälligkeiten und Planungsfehler, zu denen vor allen Dingen die nicht erreichte und auch kaum versuchte Mobilisierung der Öffentlichkeit gehörte, völlig scheiterte, darf seine historische und moralische Bedeutung nicht an dem Mißerfolg gemessen werden.[38]

Das trifft auch auf die gesamte deutsche Widerstandsbewegung zu. Obwohl sie im Grunde nur Niederlagen erlitten hat, war sie letztlich doch erfolgreich, weil sie und die zahlreichen Akte und Erscheinungsformen des nichtorganisierten Widerstandes und der Resistenz im Alltag den Siegermächten und nicht zuletzt den Deutschen selber zeigten, daß der Nationalsozialismus schließlich doch nicht so erfolgreich war, wie es die nationalsozialistische Propaganda immer wieder suggeriert hatte. Sicherlich jubelte eine im Laufe der Zeit allmählich kleiner werdende Mehrheit der deutschen »Volksgemeinschaft« ihrem Führer fast bis zum Schluß zu, dennoch gab es eben auch andere, die nicht jubelten, die sich nicht anpaßten, die sich als resistent erwiesen und in der einen oder anderen Form Widerstand leisteten.[39] Trotzdem sind die Bewertungen und Traditionen der deutschen Widerstandsbewegung insgesamt zwischen den beiden deutschen Staaten und den Parteien umstritten geblieben. Anders als in Italien wurden in Deutschland Erbe und Auftrag des Widerstandes nicht als ein einigendes Element empfunden. Diese Tatsache hat bis heute eine große Auswirkung auf den demokratischen Konsens, die Kompromißfähigkeit und das deutsche Nationalgefühl gehabt.[40]

4. Faschistische Bewegungen mit Massenbasis

4.1 Faschismus und Nationalsozialismus in Österreich

Österreich liegt nicht nur geographisch zwischen Italien und Deutschland, es weist mit seinem Zweig des Nationalsozialismus und dem Heimwehr-Faschismus, der sich mehr oder minder deutlich am italienischen Vorbild orientierte, auch die beiden Hauptvarianten des Faschismus überhaupt auf. Bedenkt man, daß auch das Regime von Dollfuß und Schuschnigg von vielen Zeitgenossen und einigen Forschern als ›faschistisch‹ charakterisiert wurde und wird, und berücksichtigt man schließlich die Tatsache, daß die österreichische »Deutsche Arbeiterpartei« (DAP), die sich seit Mai 1918 »Deutsche Nationalsozialistische Arbeiterpartei« (DNSAP) nannte, älter ist als die Partei Hitlers, wird schon deutlich, daß dieses Land über die größte Variationsbreite der Faschismen verfügte. Sie reicht vom »Frühfaschismus« der DAP über den »Normalfaschismus« der Heimwehren bis hin zum »Radikalfaschismus« der österreichischen NSDAP, während das Dollfuß-Regime nach der Typologie von Nolte als »philofaschistisch« bezeichnet werden könnte. Italien brachte den ›klassischen‹ Faschismus hervor, Österreich dagegen ist das Land der Faschismen, deren Geschichte und Struktur nur mit Hilfe einer vergleichenden Faschismusforschung dargestellt und erklärt werden können. Zunächst soll jedoch auf die Voraussetzungen eingegangen werden, die diese Faschismen in wirtschaftlicher, sozialer und politischer Hinsicht antrafen.[1]

Während viele andere europäische Länder durch die krisenhaften Erscheinungen nach dem Ende des Ersten Weltkrieges in ihrer Existenz gefährdet wurden, war die erste österreichische Republik von den Siegermächten zum Leben verurteilt worden.[2] Aus nationalen und wirtschaftlichen Gründen plädierten die Vertreter aller Parteien von den konservativen Christlichsozialen bis hin zu den Sozialdemokraten für einen Anschluß an Deutschland. Doch dieser auch von dem überwiegenden Teil der Bevölkerung getragene Wunsch wurde von den Alliierten entschieden zurückgewiesen, die in den Friedensvertrag von St.-Germain ein ausdrückliches Anschlußverbot aufnahmen. Bedenkt man, daß Deutschland, das schließlich den Krieg begonnen und verloren hatte, durch einen derartigen Anschluß Österreichs größer und stärker geworden wäre, als es 1914 war, wird diese eindeutige Mißachtung des vom amerikanischen Präsidenten Wilson verkündeten Prinzips der Selbstbestimmung politisch verständlich, aber nicht unbedingt gerechtfertigt.

Die aufgrund des Diktats der Siegermächte entstandene Republik Österreich sah sich mit wirtschaftlichen, sozialen und politischen Problemen konfrontiert, die kaum lösbar erschienen. Die nach ethnischen Gesichtspunkten gezogenen Grenzen Österreichs, wobei jedoch auch die machtpolitischen Interessen der Nachbarn Österreichs – der Tschechoslowakei, Jugoslawiens, Italiens – berücksichtigt wurden, hatten die geschaffenen und gewachsenen Verbindungen zwischen den einzelnen Wirtschaftszonen der österreichisch-ungarischen Monarchie willkürlich zerschnitten. Die Industriezweige im deutsch-österreichischen Kernland waren von ihren traditionellen Absatz- und Rohstoffgebieten abgeschnitten. Da viele Fabriken wegen des Kohlemangels die Produktion einstellen mußten, kam es zu einer Massenarbeitslosigkeit, die noch durch die Demobilisierung des Heeres und die Entlassung von zahlreichen Beamten, die für die Verwaltung des Kleinstaates Österreich nicht mehr benötigt wurden, verschärft wurde. Die wirtschaftliche und soziale Krise wurde durch die außenpolitische Bedrohung verschärft. Das galt einmal für die Bestrebungen Jugoslawiens, durch den Einsatz von Waffengewalt große Gebiete Kärntens zu annektieren, in denen eine slawische Minderheit lebte. Als äußerst bedrohlich wurden auch die Räterepubliken in Ungarn und Bayern empfunden.

Trotz dieser immensen wirtschaftlichen, sozialen und politischen Schwierigkeiten kam es zur Bildung einer handlungsfähigen und relativ starken Regierung auf parlamentarischem Wege.[3] Aus den schon am 16. Februar 1919 abgehaltenen Parlamentswahlen gingen die Sozialdemokraten mit 72 Abgeordneten als stärkste Partei hervor, die zusammen mit den Christlichsozialen, die 69 Mandate errangen, eine vom Sozialdemokraten Karl Renner geführte Koalitionsregierung bildete. Die österreichischen Sozialdemokraten bewiesen damit, daß sie genau wie ihre deutschen Genossen, denen sie sich verbunden fühlten, keine revolutionäre, sondern eine reformistische Politik betreiben wollten. Allerdings waren sie die konsequenteren und zunächst auch erfolgreicheren Reformisten. Dies gilt einmal für die vom sozialdemokratischen

Staatssekretär für soziale Verwaltung, Ferdinand Hanusch, eingeführten sozialen Verbesserungen, zu denen u. a. der Acht-Stunden-Tag, der Arbeiterurlaub, die Einführung einer Arbeitslosenversicherung und eines Betriebsrätegesetzes gehörten, und es gilt ferner für den vom Sozialdemokraten Julius Deutsch geleiteten und kontrollierten Aufbau einer »Volkswehr«. Die konsequent reformistische Politik war in den Reihen der österreichischen Sozialdemokraten zwar nicht unbestritten, führte jedoch nicht wie in Deutschland zur Spaltung der Partei. Während die Arbeiter- und Soldatenräte von der SPÖ nach und nach integriert und aufgelöst werden konnten, blieb die am 3. November 1918 gegründete KPÖ eine mehr oder minder einflußlose Splitterpartei. Das Mißtrauen der Christlichsozialen konnten die Sozialdemokraten dagegen nicht überwinden, zumal sie in ihrer Programmatik auf bestimmte marxistische Forderungen – etwa die verschleierte nach der »Diktatur des Proletariats« – nicht verzichten wollten und konnten.

Nachdem die Sozialdemokraten schon 1920 aus der Regierung herausgedrängt worden waren, errangen die Christlichsozialen bei den Wahlen vom 17. Oktober 1920 mit 79 Mandaten die Mehrheit, während die Sozialdemokraten nur mehr 62 Mandate erreichten. Die Sozialdemokraten gingen in die Opposition, die sie während der gesamten Zeit der ersten österreichischen Republik nicht mehr verlassen sollten. Um der katastrophalen Wirtschaftslage Herr zu werden, die noch im Winter 1920/21 zu einer äußerst schwierigen Ernährungssituation in Österreich geführt hatte, wandte sich der christlichsoziale Bundeskanzler Ignaz Seipel im Oktober 1923 mit der Bitte an die Regierungen von England, Frankreich, Italien und der Tschechoslowakei, Österreich eine Staatsanleihe zu gewähren. Dafür mußte Österreich jedoch einen sehr hohen Preis zahlen. Im Genfer Abkommen verpflichtete es sich, für den Zeitraum von 20 Jahren seine Unabhängigkeit nicht aufzugeben, im Inneren die Ruhe und Ordnung zu sichern und innerhalb von zwei Jahren den Staatshaushalt auszugleichen. Letzteres war ohne Massenentlassungen von Beamten nicht möglich. Von insgesamt 270 000 Staatsangestellten wurden 100 000 entlassen. Die Bestimmungen des Genfer Abkommens riefen innerhalb der Bevölkerung eine Woge der Empörung hervor, in der sich soziale mit nationalen Motiven mischten, denn gerade die internationale Kontrolle und das erneuerte Anschlußverbot stießen auf die Erbitterung vieler Österreicher. Bei den im Frühjahr 1921 in Tirol und Salzburg durchgeführten inoffiziellen Volksabstimmungen hatten fast 100% für den Anschluß an Deutschland plädiert. Die national und sozial zugleich geprägte Erregung über das Genfer Abkommen und seine Folgen wurde von den österreichischen Nationalsozialisten ausgenutzt, die mehr und mehr den Charakter einer völlig unbedeutenden Splitterpartei verloren.

Die »Deutsche Nationalsozialistische Arbeiterpartei« (DNSAP) war, wie bereits erwähnt, aus der 1903 gegründeten »Deutschen Arbeiterpartei« (DAP) hervorgegangen.[4] Sie hatte bei den Reichstagswahlen von 1911 über 26 000 Stimmen und drei Mandate errungen. Der Schwerpunkt dieser Partei, der tatsächlich überwiegend deutsche Arbeiter angehörten, lag im Sudetenland. Sie vertrat neben sozialen auch nationale, vor allem antitschechische und antisemitische Ziele. Obwohl sich die Abgeordneten dieser Partei im Reichstag der sozialdemokratischen Fraktion anschlossen, gehört die DAP wegen der Verbindung von sozialen und nationalen Forderungen weit mehr in die Gruppe der »frühfaschistischen« Bewegungen als die ausschließlich nationalistisch und antisemitisch orientierten »Alldeutschen« Schönerers, die wiederum mit den antiparlamentarischen Massenbewegungen des deutschen Kaiserreiches (Alldeutsche, Ostmarkenverein, Flottenverein usw.) und der italienischen »Assoziazione Nazionalista Italiana« verglichen werden können.

Während die Alldeutschen Schönerers in der aus verschiedenen Gruppierungen gebildeten Großdeutschen Volkspartei aufgingen, die bei den Wahlen vom 16. Februar 1919 26, bei den vom 24. Oktober 1923 dagegen nur noch 10 Mandate errang, wahrte die DAP, die sich seit Mai 1918 »Deutsche Nationalsozialistische Arbeiterpartei« (DNSAP) nannte, ihre Eigenständigkeit. Nach der Abtrennung ihres sudetenländischen Kerngebietes errang sie jedoch bei den Wahlen vom 16. Februar 1919 nur noch 1% der abgegebenen Stimmen. In einigen Stadtbezirken Wiens, wo ihr Führer, der Rechtsanwalt Walter Riehl, kandidierte, betrug ihr Stimmenanteil aber 4%. Obwohl zu den Wählern der DNSAP nach wie vor auch einige Arbeiter gehörten, hatte sie sich zu einer eher mittelständisch geprägten Partei entwickelt. Seit 1919 unterhielt die DNSAP enge Kontakte zu den deutschen Nationalsozialisten, die damit endeten, daß sich die Partei völlig der deutschen NSDAP anschloß. Diese Entwicklung hatte bereits 1923 dazu geführt, daß der bisherige Parteiführer Riehl austrat, um mit dem »Großdeutschen Sozialen Verein« eine eigene, aber bedeutungslos bleibende Splittergruppe ins Leben zu rufen. Auch sein Nachfolger Karl Schulz scheiterte bei dem Bestreben, eine einigermaßen selbständige Stellung gegenüber der deutschen NSDAP zu wahren und an den pseudo-sozialistischen Kurs der alten DAP anzuknüpfen, die mit ihren völkisch orientierten Gewerkschaften einen gewissen Rückhalt innerhalb der deutschen Arbeiterschaft der Doppelmonarchie besessen hatte. Die Unterstellung unter den Willen der Münchener Parteiführung ging schließlich so weit, daß die österreichische NSDAP über keinen eigenen Landesleiter verfügte, sondern von den verschiedenen Gauleitern angeführt wurde. Die Folge waren heftige Konkurrenzkämpfe innerhalb der Partei, die erst seit 1931 von dem von Hitler eingesetzten Landesinspekteur, Theo Habicht, teilweise geschlichtet werden konnten.

Trotz dieser innerparteilichen Streitigkeiten gelang es auch der österreichischen NSDAP nach dem Ausbruch der Weltwirtschaftskrise, einige Wahlerfolge zu erzielen. Während sie bei den Parlamentswahlen von 1930 nur 3% der Stimmen gewann, errang sie bei den Landtags- und Kommunalwahlen des Jahres 1932, an denen zwei Drittel der Österreicher teilnahmen, im Durchschnitt 16% der abgegebenen Stimmen. In Wien, Salzburg und in anderen Städten stieg ihr Stimmenanteil auf über 30%. Diese relativen Wahlerfolge gingen jedoch ausschließlich zu Lasten der »Großdeutschen Volkspartei« und des ebenfalls großdeutsch geprägten »Landbundes«, die in der Folgezeit weitgehend von der NSDAP absorbiert werden konnten, während sich die Wählerschaft der SPÖ und der Christlichsozialen als ziemlich resistent erwies. Auch bei den letzten vor der Zerschlagung des österreichischen parlamentarischen Systems im April 1933 durchgeführten Kommunalwahlen, bei denen die Nationalsozialisten bis zu 40% der abgegebenen Stimmen erringen konnten, gelang es ihnen nicht, Einbrüche in die Reihen der Arbeiterschaft und der christlich-konservativ geprägten Landbevölkerung zu erzielen. Die NSDAP blieb im wesentlichen auf ihre Hochburgen in den Städten und industrialisierten Regionen Österreichs beschränkt, wo sie neben Angehörigen des Mittelstandes auch relativ viele Arbeiter gewinnen konnte. In ihren Wehrorganisationen war der Arbeiteranteil sogar besonders hoch. Die soziale Zusammensetzung der österreichischen SA und – in geringerem Maße – auch der SS unterschied sich kaum von der des sozialdemokratischen »Republikanischen Schutzbundes«.

Insgesamt verlief der Aufstieg der österreichischen NSDAP, der im Januar 1933 40 000, im Juni 1934 87 000 und im Februar 1938 150 000 Mitglieder angehört haben sollen, weitaus langsamer und längst nicht so erfolgreich wie in Deutschland. Dies lag einmal an den relativ intensiven und zumindest temporär auch erfolgreichen Abwehrbemühungen der österreichischen Sozialdemokraten, zum anderen an der Tatsache, daß die österreichischen Nationalsozialisten auf die Konkurrenz des eng mit den Christlichsozialen verbündeten Heimwehr-Faschismus stießen.

Die Heimwehren waren nach dem Ende des Krieges aus ehemaligen Offizieren, Soldaten, Studenten, Angehörigen akademischer Berufe und Bauern gebildet worden, um die tatsächliche und vermeintliche Bedrohung der Grenzen und Integrität Österreichs von seiten Jugoslawiens sowie der ungarischen und bayerischen Räterepubliken abwehren zu können.[5] Insofern hatten sie große Ähnlichkeiten mit den deutschen Freikorps, zu denen sie auch, insbesondere zu der Organisation Escherich, zunächst enge Kontakte unterhielten. Im Unterschied zu den deutschen Freikorps wurden die Heimwehren jedoch auch dann nicht aufgelöst, als mit der weitgehenden Entspannung der außenpolitischen Lage die Ursachen ihrer Existenz beseitigt waren. Sie blieben in den einzelnen Bundesländern Österreichs als uniformierte und z. T. auch bewaffnete Wehrverbände bestehen, die von den christlichsozialen Regierungen mehr oder minder offen unterstützt und als außerlegales Machtinstrument für den innenpolitischen Kampf gegen die Sozialdemokratie ausgebaut wurden.

Angesichts der Existenz und der Funktion der Heimwehren zeigten sich auch die Sozialdemokraten nicht bereit, die von ihnen gebildeten und kontrollierten Arbeiterwehren aufzulösen, sondern bauten sie statt dessen zum »Republikanischen Schutzbund« aus, der 1923 gegründet wurde. Nach den Plänen von Julius Deutsch und Otto Bauer sollte der Schutzbund, der nach militärischen Gesichtspunkten organisiert war und ebenfalls über Waffen verfügte, die 1918/19 nicht abgegeben worden waren, eingesetzt werden, falls sich die bürgerlichen Kräfte nicht an die demokratischen Spielregeln hielten und den Versuch machten, der SPÖ die politische Macht zu nehmen, die sie auf parlamentarischem

Wege errungen hatte und noch erringen wollte.[6] Die Sozialdemokraten und die Christlichsozialen standen sich nach dem Bruch der Großen Koalition also nicht nur im politischen Bereich feindlich gegenüber, sondern verfügten mit den beiden Wehrorganisationen auch über die politischen Machtmittel, um einen Bürgerkrieg führen zu können.

Diese für den Bestand eines demokratisch-parlamentarischen Staates, der Österreich zweifellos war, äußerst gefährliche Situation wurde durch ein Ereignis verschärft, das von beiden Seiten zweifellos nicht gewollt worden war, durch das jedoch die Schaffung eines demokratischen Konsenses zwischen dem bürgerlichen und dem sozialistischen Lager auf lange Sicht verhindert wurde. Am 30. Januar 1927 war es in der burgenländischen Ortschaft Schattendorf zu einer Auseinandersetzung zwischen Sozialisten und »Frontkämpfern« gekommen, die einen achtjährigen Jungen und einen Kriegsinvaliden erschossen. Am 14. Juli 1927 fand in Wien ein Prozeß statt, der mit dem Freispruch der Mörder endete. Eine spontane Massendemonstration, die von den Sozialdemokraten nicht organisiert, aber auch nicht aufgehalten werden konnte, endete mit der Inbrandsetzung des Justizpalastes und einer blutigen Straßenschlacht, der 89 Menschen, meist Demonstranten, zum Opfer fielen. Die regierenden Christlichsozialen, die bei den Wahlen vom 27. April 1927 nur noch 73 Mandate errungen hatten, während die SPÖ auf 71 gekommen war, fühlten sich durch dieses Ereignis in ihrer panischen Angst vor der »roten Gefahr« bestätigt, die ihrer Ansicht nach von der »austromarxistischen« Sozialdemokratie repräsentiert wurde.

Sie reagierten, indem sie den Ausbau der Heimwehren forcierten. Sie wurden nun zu einer politischen Massenbewegung, die mehr und mehr bestrebt war, ihre Selbständigkeit zu betonen und das Abhängigkeitsverhältnis von den Christlichsozialen zu beseitigen. Der künftige politische Kurs der Heimwehren war und blieb unter den einzelnen Führern umstritten, die zwar in dem Haß auf die Sozialdemokratie weitgehend einig waren, in der politischen und ideologischen Orientierung jedoch stark differierten. Während sich der ausgeprägt konservativ-katholische Flügel für die weitere Unterstützung der Christlichsozialen einsetzte, rief der Führer der Heimwehr in der Steiermark, Pfrimer, dazu auf, ein Bündnis mit den österreichischen Nationalsozialisten zu schließen, um auf gewaltsamem Wege zur Macht zu kommen.

Der von ihm am 13. September 1931 inszenierte Putsch scheiterte jedoch völlig, weil ihm die übrigen Heimwehrführer die Gefolgschaft verweigerten.[7] Danach wurde der Prozeß der Annäherung zwischen der steierischen Heimwehr und der NSDAP fortgesetzt, der schließlich zu einer weitgehenden Verschmelzung der beiden Organisationen führte. Eine dritte Richtung wurde von Fürst Rüdiger v. Starhemberg repräsentiert, der im September 1930 zum Bundesführer der Heimwehren gewählt worden war; ihm gelang es jedoch nicht, seinen Führungsanspruch überall durchzusetzen. Er plädierte am entschiedensten für die Umwandlung des Wehrverbandes der Heimwehren in eine politische Partei, die sich am 18. Mai 1930 im Korneuburger »Gelöbnis« zu den Grundsätzen des italienischen Faschismus bekannte. Auf Betreiben v. Starhembergs, der als Innenminister der Regierung Vaugoin beigetreten war, beteiligten sich die Heimwehren als eigenständige Partei an den Parlamentswahlen vom November 1930. Da die Anhänger Pfrimers die Wahlen boykottierten und die konservativ-katholisch orientierten Mitglieder der Heimwehren offensichtlich die Christlichsozialen wählten, gewann v. Starhemberg nur 6% der abgegebenen Stimmen. Damit konnte der parteipolitisch organisierte Flügel der Heimwehren zwar die Nationalsozialisten übertrumpfen, die bei diesen Wahlen nur auf 3% kamen, aber dieser auf parlamentarischem Wege errungene Erfolg war unerwartet gering und täuscht über die tatsächliche zahlenmäßige und politische Stärke der Heimwehren insgesamt hinweg.

Gegenüber den zunehmend stärker werdenden Nationalsozialisten gerieten die Heimwehren immer mehr in die Defensive. Die Nationalsozialisten verfügten mit der kompromißlosen Forderung nach dem Anschluß Österreichs an Deutschland über ein propagandistisches Argument, das auch nach dem Ausbruch der Wirtschaftskrise wirksam war. Die Heimwehren dagegen nahmen in der Anschlußfrage eine vorsichtigere Haltung ein, weil sie die Unterstützung des faschistischen Italien und der Christlichsozialen nicht verlieren wollten, die sich energisch gegen den Anschluß an das nationalsozialistische Deutschland wandten. Die Abneigung der Christlichsozialen gegenüber der als heidnisch angesehenen rassenideologischen Doktrin der Nationalsozialisten wurde auch von Teilen der Heimwehren geteilt, die statt dessen einen gemäßigteren, religiös und sozial motivierten Antisemitismus vertraten. Den ideologischen Differenzen entsprachen Unterschiede in der sozialen Zusammensetzung der österreichischen NSDAP und der Heimwehren. Die Mitglieder- und die Wählerschaft der Heimwehren war überwiegend mittelständisch und bäuerlich geprägt. Nur in der Steiermark war es der Heimwehr gelungen, einen gewissen Rückhalt in Teilen der Arbeiterschaft zu gewinnen, der darauf zurückzuführen ist, daß häufig Arbeiter von ihren Arbeitgebern zum Eintritt in die Heimwehr gezwungen worden waren. Insgesamt wird der Anteil der Arbeiter an der Mitgliederschaft der Heimwehren nur auf 10% geschätzt; 20% kamen aus dem Mittelstand und 70% waren nach dieser allerdings sehr groben Schätzung Bauern.

Obwohl es den Nationalsozialisten gelang, ihren Einfluß auch auf Kosten der Heimwehren zu stärken, wirkte sich die von Bundeskanzler Dollfuß betriebene Zerstörung des parlamentarischen Systems in Österreich zunächst eher zugunsten der Heimwehren als der Nationalsozialisten aus.[8] Nachdem im März 1933 das Parlament weitgehend ausgeschaltet worden war, ergriff Dollfuß aufgrund des »kriegswirtschaftlichen Ermächtigungsgesetzes« weitere antidemokratische Maßnahmen, die sich sowohl gegen die Sozialdemokraten als auch gegen die Nationalsozialisten richteten. Das gilt für das schon sehr weit reichende Versammlungsverbot vom 8. März 1933, die Verhängung der Pressezensur, die am 30. März 1933 beschlossene Auflösung des »Republikanischen Schutzbundes« und für das am 19. Mai verkündete Uniformverbot der Organisationen der NSDAP, das schließlich im Juni 1933 durch die völlige Auflösung der NSDAP und der mit ihr verbündeten Steirischen Heimwehr ergänzt wurde. Am 21. September 1933 ließ Dollfuß sog. »Anhaltelager« errichten, von denen das in Wöllersdorf besonders bekannt und berüchtigt war. Hier wurden politische Gegner, und zwar Nationalsozialisten und Sozialisten gleichermaßen, ohne Gerichtsverfahren interniert.

Nachdem die Sozialdemokraten der Zerstörung der Demokratie durch Dollfuß fast tatenlos zugesehen hatten, kam es am 13. Februar 1934 unter Führung des oberösterreichischen Schutzbundführers Richard Bernaschek zu einem Aufstand, der jedoch auf die Städte Linz und Wien beschränkt blieb. Erst nach einigem Zögern verkündete auch der Parteivorstand der SPÖ den Generalstreik, der jedoch scheiterte. Die Bundestruppen konnten ungehindert mit der Eisenbahn nach Linz und Wien transportiert werden, obwohl die überwiegende Mehrheit der Eisenbahner gewerkschaftlich organisiert war. Der Aufstand selber endete mit dem Tod von 180 Soldaten und fast 200 Angehörigen des »Republikanischen Schutzbundes«. Die Führer der Sozialdemokratie und des »Schutzbundes« wurden, sofern ihnen nicht die Flucht gelang, verhaftet.

Am 25. Juli kam es dann zum Putsch der Nationalsozialisten, der nur von Angehörigen der SS ausgeführt wurde, während die österreichische SA als Reaktion auf den »Röhm-Putsch« passiv blieb.[9] Dieser Putsch scheiterte nach der Ermordung des Bundeskanzlers Dollfuß, weil die erwartete Unterstützung aus Deutschland ausblieb, das sich angesichts der drohenden Haltung Mussolinis nicht einmischen wollte. Der Nachfolger von Dollfuß, Kurt v. Schuschnigg, sah sich daher in seiner Ansicht bestätigt, daß allein das faschistische Italien willens und in der Lage sei, die Unabhängigkeit Österreichs zu garantieren und zu schützen. Auch im innenpolitischen Bereich wurde die bereits von Dollfuß begonnene Orientierung am italienischen Vorbild fortgesetzt. Zugunsten der »Vaterländische Front« genannten Einheitspartei wurden die noch verbliebenen Parteien aufgelöst und der Einfluß der Heimwehren Schritt für Schritt zurückgedrängt. Ihre Mitglieder mußten ähnlich wie viele Beamte der »Vaterländischen Front« beitreten. Dennoch war das neue System, das an die Stelle der Demokratie getreten war, keineswegs so stark und geschlossen, wie es sich darstellte. Die neue Einheitspartei und ihre nach deutschem Vorbild errichteten Unterorganisationen wie »Kraft durch Freude«, »Winterhilfswerk«, »Sturmkorps« usw. waren ebenso wie das von den ständestaatlichen Vorstellungen Othmar Spanns[10] und vom faschistischen Vorbild beeinflußte Korporativsystem künstlich von oben geschaffene Organisationen, die nicht über die innere Schwäche des neuen Systems hinwegtäuschen konnten.

Schuschnigg gelang es zwar noch, die Wirtschaftskrise weitgehend zu überwinden und im Juni 1936 mit Deutschland einen Vertrag abzuschließen, in dem es sich verpflichtete, den Wirtschaftskrieg gegen Österreich zu beenden und die österreichische Unabhängigkeit anzuerkennen. Diese wirtschaftlichen Erfolge und die Versprechungen Hitlers waren jedoch nichts mehr wert, als Italien sich mehr und mehr dem Dritten Reich annäherte. Hitler unterstützte nun nicht nur die Aktivitäten der österreichischen Nationalsozialisten, sondern drohte v. Schuschnigg am 12. Februar 1938 offen mit der Intervention.[11] Am 11. März 1938 mußte v. Schuschnigg unter dem Druck des nationalsozialistischen Deutschland die Vorbereitungen für die geplante Volksabstimmung abbrechen und seinen Rücktritt erklären. In den Morgenstunden des 12. März rückten die deutschen Truppen in Österreich ein, wo sie überall mit lautem Jubel begrüßt wurden. Selbst die Gegner des Anschlusses, zu denen inzwischen auch die in der Illegalität lebenden Sozialdemokraten gehörten, zeigten wenig Neigung, mit der Unabhängigkeit Österreichs auch das von Dollfuß geschaffene und von v. Schuschnigg ausgebaute Regime zu verteidigen. In ihren Augen galt es als »austro«- bzw. wegen der starken Unterstützung, die es von seiten der katholischen Kirche wenigstens bis zum »Anschluß« erfahren hatte, als »klerikalfaschistisch«.

Diese Bindestrichbezeichnung ist in mehr als einer Hinsicht problematisch. Das Dollfuß/v. Schuschnigg-Regime war zweifellos eine Diktatur. Es konnte sich jedoch nicht wie die faschistischen Diktaturen in Deutschland und Italien auf eine originär faschistische Massenbewegung stützen. Die »Vaterländische Front« war trotz ihrer zahlenmäßigen Stärke eine künstlich geschaffene und daher schwache Organisation, die durch den von oben angeordneten Zusammenschluß von Teilen des Staatsapparates und des weithin entmachteten Heimwehr-Faschismus entstanden war. Die Übernahme von Organisationen und Symbolen des faschistischen Italien (teilweise auch des nationalsozialistischen Deutschland) blieb mehr oder minder äußerlich. Dollfuß und v. Schuschnigg, die beide in keiner Weise dem ›Ideal‹ eines charismatischen faschistischen »Führers« entsprachen, waren ferner nicht in der Lage, eine zugkräftige Ideologie zu entwickeln, um die plebiszitäre Zustimmung von größeren Teilen des Volkes zu erringen. Während sie auf eine antikapitalistische und pseudosozialistische Ideologie ganz verzichteten, war die Ideologie des Nationalismus gewissermaßen von den großdeutschen Nationalsozialisten ›besetzt‹. Die Unterstützung der katholischen Kirche, die sich letztlich als sehr zweifelhaft erwies, war in keiner Weise geeignet, einen nachhaltigen Rückhalt innerhalb der österreichischen Bevölkerung zu gewinnen. Andererseits spricht die temporäre Unterstützung der katholischen Kirche für das autoritäre Dollfuß/v. Schuschnigg-Regime allein nicht gegen die Anwendung des Begriffs ›faschistisch‹. Schließlich wurden auch die faschistischen Regime in Italien und Deutschland relativ lange und stark von den jeweiligen Kirchen unterstützt.

Das Regime Dollfuß/v. Schuschnigg war zweifellos antidemokratisch und autoritär, es stellt jedoch keine faschistische oder »klerikalfaschistische« Diktatur dar. Obwohl es sich an sich von selbst versteht, soll abschließend ausdrücklich darauf hingewiesen werden, daß damit keine ›Aufwertung‹ aufgrund von politischen oder moralischen Motiven verbunden ist. Eine Differenzierung zwischen autoritären und faschistischen Regimen ist nicht nur aufgrund von wissenschaftlichen, sondern auch wegen der damit untrennbar verbundenen politischen Fragen notwendig. Andernfalls besteht die Gefahr, den terroristischen und tendenziell totalen Charakter von faschistischen Diktaturen zu verharmlosen und die antidemokratischen Züge von autoritären Diktaturen zu dämonisieren. Möglichkeiten und Grenzen der demokratischen Abwehr und der antifaschistischen Strategie hängen weitgehend von der Lösung dieses scheinbar ›nur‹ wissenschaftlichen Problems ab, das sich – wie noch zu zeigen ist – in ähnlicher Form auch bei der Bewertung anderer Diktaturen stellt.

4.2 Das Horthy-Regime und die ungarischen Pfeilkreuzler

Ähnlich wie Deutschösterreich mußte auch der selbständig gewordene ungarische Teil der Doppelmonarchie am 4. Juni 1920 im Schloß von Trianon bei Paris einen überaus harten Friedensvertrag unterzeichnen.[12] Ungarn verlor 71% seines Gebietes und 63% seiner Bevölkerung. Allerdings handelte es sich dabei um Territorien, die überwiegend nicht von Ungarn bewohnt waren. Dennoch war es das Bestreben aller ungarischen Regierungen, die ungarischen Minderheiten in Rumänien, Jugoslawien und der Tschechoslowakei wieder zu befreien und an den ungarischen Kernstaat anzuschließen.

Dabei waren die ungarischen Politiker allzuleicht geneigt, die Tatsache zu übersehen, daß auch im ›Rest-Ungarn‹ Minderheiten lebten. Dies waren die Deutschen und Juden, die in dem überwiegend agrarisch strukturierten Ungarn ein Ersatz-Bürgertum darstellten, das sich im Zuge der langsamen Industrialisierung und Modernisierung des Landes entwickelt hatte. Doch obwohl nicht nur die Deutschen, sondern vor allem auch die Juden weitgehend assimiliert und magyarisiert waren, wurden sie von Anfang an benachteiligt. Schon die ersten ungarischen Nachkriegsregierungen drängten die Juden völlig aus der Staatsverwaltung heraus und führten für jüdische Studenten einen Numerus clausus ein, der vorsah, daß der jüdische Anteil an der Studentenschaft den an der Gesamtbevölkerung nicht überstieg (6%). In der Folgezeit wurde die antisemitische Gesetzgebung noch verschärft. Damit reagierten die ungarischen Regierungen auf die Forderungen des noch sehr schwachen ungarischen Mittelstandes, die ökonomische Vorherrschaft der Juden einzuschränken, denn 80% der Rechtsanwälte, 50% der Ärzte und 37% der Industriellen sollen Juden gewesen sein, deren Anteil innerhalb des Offizierskorps 1,6% und unter der Industriearbeiterschaft nur 0,4% betrug. Der innerhalb der ungarischen Gesellschaft schon vor 1914 anzutreffende Antisemitismus war darüber hinaus durch die Tatsache verstärkt und angeheizt worden, daß viele Führer der ungarischen Räterepublik jüdischer Herkunft waren.

Die überaus brutalen Reaktionen auf diese Räterepublik waren es auch, die den Aufbau und die Struktur des autoritären Regierungssystems prägten, das zugleich im außenpolitischen Bereich eine revisionistische Zielsetzung verfolgte. Dabei war die am 21. März 1919 von der vereinigten sozialdemokratischen und kommunistischen Partei Ungarns ausgerufene Räterepublik zunächst auf wenig Widerstand innerhalb der Bevölkerung gestoßen, denn der von Bela Kun als Revolutionskrieg geführte Angriff gegen die ungarischen Nachbarstaaten war überwiegend als nationaler Befreiungskrieg empfunden und unterstützt worden. Erst als die Hilfe der Roten Armee ausblieb und die revolutionären ungarischen Truppen Niederlagen erlitten, kam es zur Bildung einer antirevolutionären Gegenregierung, der es mit Unterstützung tschechoslowakischer, jugoslawischer und vor allem rumänischer Truppen, die sogar bis Budapest vorstießen, gelang, die Räterepublik zu zerschlagen. Es folgte die Periode eines beispiellos brutalen »weißen Terrors«, dem viele Kommunisten und Sozialdemokraten zum Opfer fielen.

Obwohl im Januar 1920 Parlamentswahlen durchgeführt wurden, aus denen die Kleinlandwirtepartei als stärkste Fraktion hervorging, während sich die neuorganisierte Sozialdemokratische Partei aus Protest gegen den »weißen Terror« und das weiterbestehende Verbot aller kommunistischen Organisationen nicht beteiligte, kam es nicht zur Errichtung eines demokratisch-parlamentarischen Systems. Am 1. März 1920 wurde in dem von Truppen umstellten Parlament in Budapest Admiral Nikolaus v. Horthy zum »Reichsverweser« gewählt, weil der Fortbestand der Monarchie zunächst durch ein Gesetz ausdrücklich anerkannt worden war. Nach einem vergeblichen Putschversuch des Thronprätendenten Karl wurde jedoch ihm und dem gesamten Haus Österreich am 16. November 1921 das Anrecht auf die Königswürde entzogen. Auf Betreiben v. Horthys, der als »Reichsverweser« über eine verfassungsrechtlich garantierte, sehr starke Position verfügte, vereinigten sich die konservativen und liberalen Gruppierungen zur Regierungspartei, die alle Wahlen gewann und den jeweiligen Ministerpräsidenten stellte. Die Kleinlandwirtepartei wurde zusammen mit den sehr schwachen Sozialdemokraten, einer kleinen christlichen Partei und anderen Splittergruppen in die Opposition gedrängt. Da sich aufgrund des 1922 vom Ministerpräsidenten Bethlen eingeführten neuen Wahlrechtes nur die Hälfte der erwachsenen Bevölkerung an den Wahlen beteiligen konnte, die nur in Budapest und den größeren Städten geheim durchgeführt wurden, während auf dem Lande die offene und daher manipulierbare Stimmabgabe vorherrschte, hatte es die Regierungspartei nicht schwer, bei diesen Pseudo-Wahlen jeweils die Mehrheit zu erringen. Bethlen schaffte darüber hinaus die Pressefreiheit ab und schränkte die liberalen Freiheitsrechte weitgehend ein.

Der überaus harte Kurs gegenüber der Arbeiterbewegung und den Juden wurde von dem antisemitisch eingestellten Ministerpräsidenten Gömbös und seinem Nachfolger Béla Imrédy fortgesetzt. Die im Dezember 1938 erlassenen judenfeindlichen Verordnungen orientierten sich an dem Vorbild der Nürnberger Gesetze. Alle Juden, auch solche, die am Krieg teilgenommen hatten oder gar zum Christentum konvertiert waren, durften fortab verschiedene Berufe nicht mehr ausüben. Außerdem kam es zur ›Arisierung‹ jüdischen Eigentums. Die Übernahme der nationalsozialistischen Judengesetzgebung korrespondierte mit der immer engeren außenpolitischen Anlehnung an das Dritte Reich, nachdem die ungarischen Regierungen schon in den 20er Jahren engen Kontakt mit dem faschistischen Italien aufgenommen hatten, um ihre revisionistische Außenpolitik zu verwirklichen. Bedenkt man schließlich, daß auch die ungarische Wirtschaftspolitik ganz von den Interessen der Industriellen und Großagrarier – die dringend notwendige Agrarreform wurde nicht in Angriff genommen – geprägt war, spricht einiges für die These vieler zeitgenössischer marxistischer Theoretiker, das v. Horthy-Regime eine faschistische Diktatur zu nennen. Trotz der nicht zu verkennenden nationalistischen, antidemokratischen, antisozialistischen und antisemitischen Tendenzen und Zielsetzungen war das autoritäre Regime v. Horthys jedoch nicht faschistisch, weil das parlamentarische System nicht völlig beseitigt worden war und weil es sich nicht auf eine faschistische Partei stützen konnte und wollte. Die ungarischen faschistischen Parteien wurden nicht in die Regierung aufgenommen, sondern von ihr meist heftig bekämpft.

Ungarn war schon in den 20er Jahren Treffpunkt und Zufluchtsort von Rechtsradikalen und Faschisten aus verschiedenen europäischen Ländern, die z. T. von inoffiziellen und offiziellen Stellen unterstützt wurden.[13] Sicher steht dies für die österreichischen Heimwehren fest, die ähnlich wie von der faschistischen Regierung in Italien auch aus Ungarn materielle Zuwendungen erhielten. Den eigenen faschistischen Parteien stand die ungarische Regierung von Anfang an jedoch keineswegs so positiv gegenüber. Eine gewisse Ausnahme stellt die 1932 gegründete »Nationalsozialistische Ungarische Arbeiterpartei« dar, denn ihr Führer, Zoltan Böszörmény, unterhielt offensichtlich enge Kontakte zu Gömbös, dessen »Bewegung des erwachenden Ungarns« stark vom faschistischen bzw. nationalsozialistischen Vorbild beeinflußt war. Böszörménys »Nationalsozialistische Ungarische Arbeiterpartei« vertrat eine Zielsetzung, die sich betont sozialistisch gab. Viele der zeitweilig 20 000 Mitglieder stammten aus der Arbeiterschaft und dem ländlichen Proletariat. Nach einem Putschversuch wurde die Partei verboten, Böszörmény zu einer hohen Gefängnisstrafe verurteilt. Er hat den Krieg überlebt und nach 1945 innerhalb der Kommunistischen Partei Ungarns noch eine Rolle gespielt.

Die übrigen faschistischen Gruppierungen, die sich alle mehr oder minder offen zum deutschen Vorbild bekannten und eine betont nationalistische, antiliberale, antisozialistische und – meist rassenideologisch motivierte – antisemitische Zielsetzung vertraten, blieben ebenfalls bedeutungslos. Sie konnten bei den Parlamentswahlen von 1935 nur zwei Mandate erringen.

Größeren Zulauf erhielt dagegen die 1935 von Ferenc Szálasi gegründete »Partei des Nationalen Willens«, die sich nach mehrmaligem Namenswechsel schließlich nach ihrem Symbol »Pfeilkreuzler Partei« nannte. (Dieses Pfeilkreuz war an die Stelle des von den ungarischen Faschisten bzw. Nationalsozialisten zunächst verwandten Hakenkreuzes getreten, dessen Tragen jedoch von der ungarischen Regierung verboten worden war, weil es als Hoheitszeichen einer ausländischen Macht angesehen wurde.) Szálasi, der als aktiver Offizier zunächst mit Gömbös sympathisiert hatte, gelang es, die verschiedenen kleineren faschistischen und nationalsozialistischen Parteien zu vereinigen. Das gilt für die »Nationalsozialistische Landarbeiter- und Arbeiterpartei« Zoltán Meskós, die »Ungarische Nationalsozialistische Volkspartei« von Graf Alexander Festetic und die »Nationalsozialistische Partei« von Graf Fidel Pálffy. Im Unterschied zu diesen Gruppierungen, die sich als Volks- bzw. Arbeiterparteien bezeichneten, deren Mitglieder jedoch vornehmlich aus dem ungarischen Kleinadel, der Beamtenschaft, dem Offizierskorps und der Intelligenz stammten, haben die Pfeilkreuzler Szálasis ganz offensichtlich auch Anhänger aus den Kreisen der Arbeiterschaft und des Kleinbauerntums gewinnen können.

Nach eigenen Angaben sollen 1937 17% der Parteimitglieder Offiziere, 13% Bauern und nicht weniger als 41% Arbeiter gewesen sein. Tatsächlich haben die Pfeilkreuzler, wie aus neueren Untersuchungen hervorgeht, bei den Parlamentswahlen vom 28. Mai 1939 in den überwiegend von Arbeitern bewohnten Vorstädten Budapests sowie in den Industrie- und Bergwerkszentren des Landes auf Kosten der Sozialdemokraten und der Kleinlandwirtepartei besonders große Erfolge erzielen können. Bei diesen Wahlen wurden die Pfeilkreuzler mit 18% der abgegebenen Stimmen und 49 Mandaten zur zweitstärksten politischen Kraft nach der Regierungspartei, die aber 70% der Stimmen und 183 Mandate errang. In den Vorstädten von Budapest kamen die Pfeilkreuzler auf 41,7% der abgegebenen Stimmen, während die Regierungspartei nur 27,5%, die Sozialdemokraten 17,1% (sie gewannen in ganz Ungarn nur 5 Sitze) und die Christliche Partei 6,9% der abgegebenen Stimmen gewannen. Die »Pfeilkreuzler Partei«, der 1939 250 000 Mitglieder angehörten, verfügte also über eine Massenbasis, da sie Anhänger und Wähler aus allen Schichten der Bevölkerung, insbesondere aber aus der industriellen und ländlichen Arbeiterschaft gewinnen konnte.[14]

Trotz dieser bemerkenswerten Wahlerfolge wurden die Pfeilkreuzler jedoch nicht in die Regierung aufgenommen, sondern sehr scharfen Verfolgungsmaßnahmen ausgesetzt. Szálasi selber wurde zu einer langjährigen Zuchthausstrafe verurteilt, wobei der Anlaß – er hatte öffentlich den in Ungarn offensichtlich ehrenrührigen Verdacht geäußert, daß die Frau v. Horthys jüdischer Herkunft sei – nur der Vorwand war, um die Pfeilkreuzler von der Macht fernzuhalten. Erst 1940 wurde Szálasi auf deutschen Druck hin aus der Haft entlassen.

Inzwischen hatte sich Ungarn noch enger an das Dritte Reich angeschlossen.[15] Diese auch in Ungarn keineswegs unumstrittene Politik zahlte sich zunächst aus. 1939 erhielt Ungarn Teile der Tschechoslowakei; 1940 konnte es mit ausdrücklicher Zustimmung Deutschlands, das Ungarn noch enger an sich binden wollte, auch Gebiete zurückgewinnen, die 1920 an Rumänien abgetreten worden waren. Diese Erfolge, die nach dem deutschen Überfall im Frühjahr 1941 noch durch die Annexion jugoslawischer Territorien vergrößert wurden, veranlaßten die ungarische Regierung, an der Seite Deutschlands in den Krieg gegen die Sowjetunion einzutreten. Nach dem Sturz Mussolinis versuchte v. Horthy, Friedensverhandlungen mit den Alliierten aufzunehmen. Die Deutschen kamen ihm jedoch zuvor und besetzten das Land; Gestapo und SS begannen im Anschluß daran unter der Leitung Eichmanns mit der Deportation der ungarischen Juden nach Auschwitz.

Nach dem Sturz v. Horthys, der im Oktober 1944 einen Waffenstillstand mit der Sowjetunion abgeschlossen hatte, wurde Szálasi von den Deutschen als Regierungschef eingesetzt. Seine Pfeilkreuzler beteiligten sich an der Vernichtung der ungarischen Juden und am Abwehrkampf gegen die vorrückende Rote Armee. Obwohl Szálasis ebenso blutige wie kurze Herrschaft eher den Charakter eines bloßen Kollaborationsregimes trug, besteht doch kein Zweifel, daß es sich bei den Pfeilkreuzlern um eine eigenständige faschistische Partei mit Massenbasis gehandelt hat, die über einen bemerkenswert großen Rückhalt gerade in den Kreisen der industriellen und ländlichen Arbeiterschaft verfügte, deren ›Machtergreifung‹ allerdings von dem autoritären v. Horthy-Regime mit allen Mitteln verhindert wurde.

4.3 Die Eiserne Garde in Rumänien

Rumänien gehörte nicht nur zu den Siegern des Ersten Weltkrieges, sondern auch zu den großen Gewinnern, denn das 1858 aus der Vereinigung der Fürstentümer Moldau und Walachei hervorgegangene und erst 1878 von der Türkei unabhängig gewordene Königreich konnte sein Territorium von 139 000 Quadratkilometern auf 295 000 Quadratkilometer vergrößern.[16] Als Mitglied der Kleinen Entente und als Bündnispartner Frankreichs und Polens stellte es in den 20er und noch in den frühen 30er Jahren einen wichtigen politischen Faktor in Südosteuropa dar.

Dieser scheinbaren Stärke stand jedoch einmal eine für den Bestand des Staates sehr bedrohliche außenpolitische Situation gegenüber. Rumänien war von Staaten umgeben, die mit Ausnahme Polens mit der neuen Grenzziehung nicht einverstanden waren und bestimmte territoriale Ansprüche stellten. Das gilt vor allen Dingen für die Sowjetunion und für Ungarn, das zur Begründung seiner revisionistischen Politik auf die Existenz der starken ungarischen Minderheiten in Siebenbürgen hinwies, die nach rumänischen (wahrscheinlich zu geringen) Angaben 1,42 Millionen und 7,9% der Gesamtbevölkerung umfaßte. Die ebenfalls überwiegend in Siebenbürgen ansässige deutsche Minderheit stellte mit 750 000 Personen 4,1% der Staatsbürger Rumäniens. Gegenüber diesen Minderheiten verfolgte der zentralistisch aufgebaute rumänische Staat eine betont nationalistische Politik. Besonders feindselig war die Haltung der Regierungen und vor allem großer Teile des rumänischen Volkes gegenüber der jüdischen Minderheit.

Die rumänischen Juden stellten schätzungsweise 5% der Gesamtbevölkerung, verfügten jedoch in den schwach entwickelten Bereichen des Handels und der Industrie gerade des rumänischen Kernlandes über eine monopolartige Stellung. Während die überwiegend nicht assimilierten jüdischen Händler und Gewerbetreibenden auf dem Lande und in den kleinen Städten den Haß und die Verachtung der Landbevölkerung hervorriefen, die sich von ihnen ausgebeutet fühlte, fürchteten die rumänischen Akademiker und Studenten die Konkurrenz ihrer jüdischen Kollegen und Kommilitonen, die fast die Hälfte der gesamten Studentenschaft in Rumänien stellten. Der rumänische Antisemitismus, der bereits im 19. Jahrhundert zu verschiedenen Pogromen geführt hatte, die den Protest und das Eingreifen von Großmächten hervorgerufen hatten, war in großen Teilen der rumänischen Bevölkerung weit verbreitet. Er enthielt neben einer religiösen und sozialen auch eine nationale Komponente, denn die rumänischen Nationalisten sahen in der weitgehend nicht-assimilierten und vom Ausland unterstützten jüdischen Minderheit einen Fremdkörper, durch den das nationale und soziale Gefüge des rumänischen Volkes gestört würde. Die bereits im 19. Jahrhundert von Constantin Stere und A. C. Cuza gegründeten Bewegungen, die eine betont nationalistische, antisemitische und sozialrevolutionär-populistische Zielsetzung vertraten, konnten diese Situation ausnutzen und unter Studenten und Bauern einen immer stärker werdenden Zulauf verzeichnen. In politisch-ideologischer und selbst in personeller Hinsicht stellten diese populistisch-antisemitischen Organisationen Steres und Cuzas die direkten Vorläufer des rumänischen Faschismus dar.

Die rumänischen Faschisten konnten jedoch nicht nur die Minderheiten- und Judenfrage, sondern auch die wirtschaftlichen, sozialen und politischen Probleme und Krisenerscheinungen für ihre Zwecke ausnutzen. Das Rumänien der Zwischenkriegszeit war ein in vieler Hinsicht unterentwickeltes und noch dazu von ausländischen Kapitalkräften weitgehend abhängiges Land. 1930 lebten noch 80% der Gesamtbevölkerung in Dörfern. Nur 7,2% waren in Industriebetrieben beschäftigt, die häufig ausländischen Unternehmen gehörten. Das gilt vor allem für die Ölförderungsanlagen, die sich zu über 90% in ausländischer Hand befanden. Trotz ihrer Bemühungen gelang es den Regierungen nicht, den Rückstand der industriellen Entwicklung einigermaßen aufzuholen und die Abhängigkeit der rumänischen Wirtschaft von ausländischem (besonders englischem, französischem und deutschem) Kapital zu beseitigen. Auch die 1921 eingeleitete Bodenreform brachte nicht die erwünschten Erfolge. Von ihr waren vor allem die Großgrundbesitzer nicht-rumänischer Nationalität betroffen, während die rumänischen Bojaren, denen im rumänischen Kernland 60% des Bodens gehörten, obwohl sie nur 5% der Grundbesitzer stellten, weitgehend geschont wurden. Immerhin sind schließlich fast 6 Millionen ha an 1,4 Millionen Bauern verteilt worden. Allerdings erwiesen sich die neuentstandenen Bauernhöfe häufig als zu klein und nicht kapitalkräftig genug, um durch den Einsatz von Maschinen und Kunstdünger die Agrarproduktion steigern zu können. Meist wurde nur für den Eigenbedarf produziert. Wegen der sehr hohen Geburtenrate und der nicht ausreichenden Beschäftigungsmöglichkeiten innerhalb der Industrie konnte auch das Problem der ländlichen Überbevölkerung nicht gelöst werden. Durch die gerade im Agrarland Rumänien besonders fühlbaren Auswirkungen der Weltwirtschaftskrise kam es in den dreißiger Jahren zu einer zusätzlichen Verschärfung dieser strukturellen wirtschaftlichen und sozialen Probleme, die zu einer Krise und schließlich zur Zerstörung des ohnehin nur scheinparlamentarischen Regierungssystems führten.

Aufgrund der Verfassung von 1923 war Rumänien eine parlamentarische Monarchie. Allerdings verstand es der König, die ihm verfassungsmäßig zustehenden Rechte auszuschöpfen und auch auszudehnen. Da er jederzeit das Parlament auflösen konnte, lag die Regierungsbildung faktisch in seiner Hand. Hinzu kam, daß die Regierungen nicht durch Wahlen bestimmt wurden, sondern umgekehrt der Ausgang der Wahlen durch die jeweiligen Regierungen bestimmt wurde. Das lag einmal an den ungesetzlichen Wahlfälschungen, zum anderen an der verfassungsrechtlich abgesicherten Bestimmung, daß diejenige Partei, die über 40% der abgegebenen Stimmen errang, mehr als 50% der 380 nicht in direkter Wahl vergebenen Sitze erhielt, so daß sie in der Regel weit über 70% der Mandate bekam. Durch diese im damaligen Europa einmalige Regelung wurde das parlamentarische System zur Farce. Es führte dazu, daß die jeweils regierende Partei die ›Wahlen‹ haushoch gewann und sie dann ebenso haushoch verlor, wenn der König das Parlament aufgelöst und eine neue Regierung eingesetzt hatte. So kam es, daß sich die einzelnen Parteien, die sich in ihrer sozialen Zusammensetzung und z. T. selbst in ihrer Programmatik kaum unterschieden, in der Regierung ablösten. Die Parteien der nationalen Minderheiten und die Sozialisten – die Kommunisten wurden 1924 verboten und für 20 Jahre in den Untergrund gedrängt – stellten in dieser Hinsicht zwar eine Ausnahme dar, blieben jedoch äußerst schwach und konnten kaum in das scheinparlamentarische Leben eingreifen. So wurden die Liberalen Ionel Bratianus von der »Nationalen Bauernpartei«, die aus dem Zusammenschluß der »Nationalpartei« Juliu Manius und der »Bauernpartei« Mihalaches hervorgegangen war, abgelöst, die dann wiederum von der »Nationalen Volkspartei« Jorgas und Averescus verdrängt wurde. Seit 1931 kam es zu mehreren Aufspaltungen der Liberalen und der »Nationalen Bauernpartei«, durch die das rumänische Parteiensystem noch unübersichtlicher wurde.

Gleichzeitig wurde der geringe Einfluß des Parlaments vom König noch weiter eingeschränkt. König Carol II., der im Juni 1930 aus dem Exil zurückgekehrt war, in das er wegen seiner Wiederverheiratung mit einer nichtstandesgemäßen Frau hatte gehen müssen, ernannte seit den Wahlen vom 20. Dezember 1937 nur noch solche Regierungschefs, die völlig von ihm abhängig waren, weil sie über einen geringen Rückhalt in der Bevölkerung verfügten. Im Februar 1938 wurde dann die bisherige Verfassung außer Kraft gesetzt und die Stellung des Königs noch weiter gestärkt. Außerdem wurde das Wahlalter auf 30 Jahre heraufgesetzt, die Bürgerrechte wurden eingeschränkt. Nach einer ›Volksbefragung‹, die mit der erwarteten, fast 100%igen Zustimmung endete, wurden am 30. März 1938 alle politischen Parteien aufgelöst. Die Errichtung dieser absoluten Monarchie, die von den Zeitgenossen »Königsdiktatur« genannt wurde, erfolgte nicht als Reaktion auf die Angriffe liberaler und linker Kräfte. Die Aktivität der illegalen Kommunistischen Partei beschränkte sich auf die Anzettelung einiger lokal begrenzter Streiks und Demonstrationen. Die Königsdiktatur Carols II. richtete sich ganz eindeutig gegen den Aufstieg der faschistischen »Eisernen Garde« Codreanus.[17]

Codreanu wurde 1899 als Sohn eines aus der Bukowina stammenden rumänischen Nationalisten geboren, der seinen eigentlichen Namen Zielinski in Zelea rumänisiert und sich den zusätzlichen Beinamen Codreanu gegeben hatte. Wie sein Vater schloß sich der junge Codreanu zunächst der erwähnten antisemitisch-nationalistischen Organisation »Cuzas« an, von der er sich jedoch 1926 trennte, weil sie ihm nicht kämpferisch und diszipliniert genug erschien. 1927 gründete er mit einigen anderen Studenten die »Legion des Erzengels Michael«, die dann später »Eiserne Garde« genannt wurde.

Die für eine politische Bewegung merkwürdige religiöse Bezeichnung nach dem Erzengel Michael war nicht zufällig. Tatsächlich waren die extrem nationalistischen, antikommunistischen und vor allen Dingen antisemitischen Zielsetzungen dieser Partei durch mystisch verschwommene Elemente gekennzeichnet, durch die die Aggressivität jedoch in keiner Weise gemildert wurde. Gerade wegen der Übernahme bestimmter religiöser Symbole und Erscheinungsformen übten die Legionäre, die sich selber häufig auch »Kreuzfahrer« nannten, eine immer größer werdende Anziehungskraft auch auf ländliche Bevölkerungskreise aus. Dieses intensive Werben um das Landvolk rückt die »Eiserne Garde«, deren aktivistischer Kern von Studenten, jungen Akademikern und nur wenigen Arbeitern gebildet wurde, in die Nähe der russischen Narodniki. Ihre Kampfmethoden scheinen dagegen an den Anarchisten orientiert gewesen zu sein. Tatsächlich fielen dem Terror der »Eisernen Garde« zahlreiche Personen, die es wagten, sich den Legionären in den Weg zu stellen, zum Opfer. Diese gewaltsamen Aktionen, die von der Justiz kaum geahndet wurden, scheinen viele Rumänen mehr an- als abgestoßen zu haben. Jedenfalls stieg die Mitgliederzahl der »Eisernen Garde« sprunghaft, die nun überall im Lande Propagandaaktionen durchführte und politische Morde beging.

Nachdem sich der »Eisernen Garde« einige kleinere rechtsradikale und faschistische Gruppierungen angeschlossen hatten, erreichte sie bei den Wahlen von 1932 5 Mandate und im Dezember 1937 16% der abgegebenen Stimmen und 66 von insgesamt 390 Parlamentssitzen. Dieser Erfolg war zumindest einer der Gründe für den diktatorischen Kurs, den König Carol II. seither einschlug. Das gilt für die erwähnte Heraufsetzung des Wahlalters auf 30 Jahre, denn die Legionäre waren – wie die Mitglieder aller faschistischen Parteien im Anfangsstadium – sehr jung, und es gilt vor allem für das Verbot der »Eisernen Garde«, das bereits vor der allgemeinen Auflösung der Parteien ausgesprochen wurde. Zusammen mit anderen Führern der »Eisernen Garde« wurde Codreanu am 19. April 1938 verhaftet und zu zehn Jahren Zwangsarbeit verurteilt. Am 30. November ist er »auf der Flucht erschossen« worden. Doch dieser politische Mord konnte den weiteren Aufstieg der »Eisernen Garde«, die nun von Horia Sima angeführt wurde, nicht aufhalten. Hierbei wurde sie von den faschistischen Regimen in Deutschland und Italien unterstützt, zu denen bereits Codreanu enge Kontakte unterhalten hatte. Zunächst konnte die verbotene, aber keineswegs zerschlagene »Eiserne Garde« von ihrem Bekenntnis zum faschistischen Vorbild, das auch Codreanu mehrmals öffentlich betont hatte, profitieren. Das lag an der außenpolitischen Lage, die sich mehr und mehr zuungunsten des mit Polen, der Tschechoslowakei, Jugoslawien und Frankreich verbündeten Rumänien auswirkte.

Rumänien tolerierte nicht nur die Annexion des Sudetenlandes, sondern kam auch dem von Deutschland und der Sowjetunion angegriffenen Polen nicht zu Hilfe, obwohl es dazu vertraglich verpflichtet war.[18] Am 27. Mai 1940 wurde der sog. »Ölpakt« mit Deutschland abgeschlossen, in dem sich Rumänien verpflichtete, die gesamte staatliche Erdölproduktion an Deutschland zu liefern. Doch trotz dieser eindeutigen Annäherung an Deutschland konnte Rumänien nicht verhindern, daß die Sowjetunion gemäß den deutsch-russischen Vereinbarungen Bessarabien und die Nordbukowina besetzte. Nachdem sich König Carol II. noch dem »Zweiten Wiener Schiedsspruch« vom 30. August 1940, d. h. einer Entscheidung Hitlers, unterworfen hatte, aufgrund dessen große Teile Siebenbürgens, die Rumänien durch die Pariser Friedensverträge gewonnen hatte, wieder an Ungarn zurückgegeben werden mußten, kam es innerhalb der Bevölkerung zu einem Entrüstungssturm, der dazu führte, daß Carol II. zugunsten seines Sohnes auf den Thron verzichtete und ins Exil ging.

Damit war auch die Zeit der Königsdiktatur zu Ende, denn das Land wurde von nun an nicht von dem neuen König Michael, sondern von General Ion Antonescu regiert, der im Bündnis mit der »Eisernen Garde« ein Terrorregiment errichtete, das unter Kommunisten und vor allem Juden zahlreiche Opfer forderte. Mitte Januar 1941 kam es zum offenen Machtkampf zwischen Antonescu und den Legionären unter Führung Horia Simas, deren Aufstand blutig niedergeschlagen wurde. Horia Sima und die übrigen Führer der »Eisernen Garde« hatten vergeblich auf die Unterstützung Hitlers gehofft, der sich aus machtpolitischen Gründen für Antonescu entschied, weil er in ihm einen zuverlässigeren Bündnispartner sah als in den radikalen Legionären. Horia Sima konnte zusammen mit anderen Führern der »Eisernen Garde« auf Vermittlung des SD nach Deutschland fliehen, wo sie interniert wurden. Damit war das Schicksal der »Eisernen Garde« besiegelt. Ihre im Lande verbliebenen Mitglieder wurden verfolgt und verhaftet. Erst nach dem Sturz Antonescus am 26. August 1944, der Rumänien an der Seite Deutschlands in den sehr verlustreichen Krieg gegen die Sowjetunion geführt hatte, wurde Horia Sima aus dem Konzentrationslager Buchenwald entlassen und von Hitler als Chef einer rumänischen Exilregierung eingesetzt. Politische Bedeutung kam dieser Entscheidung nicht mehr zu, da Rumänien kurz darauf von der Roten Armee besetzt wurde.

Obwohl sie in einem sehr unterentwickelten Agrarland entstand, in dem es nur wenige Industriearbeiter und eine nahezu bedeutungslose Linke gab, gehört die »Eiserne Garde« wegen ihrer politischen und ideologischen Orientierung am faschistischen Vorbild und wegen ihrer nationalistischen, extrem antisemitischen, antikommunistischen und sozialrevolutionären Zielsetzung, die zugleich von einem radikalen Vernichtungswillen geprägt war, in die Gruppe der faschistischen Bewegungen. Nachdem sie eine Massenbasis erreicht hatte, wurde sie 1938 von der Königsdiktatur Carols II. verboten und verfolgt, von dem diktatorisch regierenden Antonescu erst in die Regierung aufgenommen und schließlich von ihm zerschlagen. Anders als die meisten anderen faschistischen Bewegungen entstand die »Eiserne Garde« jedoch nicht in der Situation einer Krise des parlamentarischen Systems, weil sich dieses in Rumänien noch gar nicht ausgebildet hatte. Mit der weitgehenden Rückständigkeit des Landes ist es auch zu erklären, daß die Mitglieder der »Eisernen Garde« außer aus Studenten, Akademikern und Offizieren sowie einigen Arbeitern vor allem aus den ländlichen Unterschichten stammten. Dies und die ausgesprochen sozialrevolutionär wirkende utopisch-reaktionäre Programmatik geben ihr ein spezifisches Gepräge. Doch während sich die »Eiserne Garde« darin wesentlich vom italienischen Faschismus und vom Nationalsozialismus in Deutschland unterscheidet, weist sie andererseits große Ähnlichkeiten mit der kroatischen Ustascha auf.

4.4 Die kroatische Ustascha

Nach dem Zusammenbruch der österreichisch-ungarischen Doppelmonarchie wurde Kroatien von der Fremdherrschaft befreit, aber gegen den Willen der überwiegenden Mehrheit der Bevölkerung dem 1918 gebildeten Königreich der Serben, Kroaten und Slowenen eingegliedert.[19] Die Kroaten, die wie die Slowenen der katholischen Religion angehörten, waren jedoch nicht die einzigen, die sich von den orthodoxen Serben unterdrückt fühlten, die fast die Hälfte des zwölf Millionen Einwohner zählenden, durch nationale und konfessionelle Gegensätze gespaltenen Gesamtstaates stellten. Auch die 1,3 Millionen Moslems in Bosnien, Herzegowina, Montenegro und Mazedonien fühlten sich nicht als

Angehörige eines ›südslawischen‹ Volkes. Die eigentlichen nationalen Minderheiten, die 500 000 Deutschen, 470 000 Ungarn, 440 000 Albaner und 230 000 Rumänen waren noch weniger geneigt, Jugoslawien als ›ihren‹ Staat anzusehen. Durch Grenzverträge mit Ungarn und Rumänien gelang es der jugoslawischen Regierung jedoch, die irredentistischen Bestrebungen der ungarischen und rumänischen Minderheiten weitgehend zu beseitigen. Die Deutschen verhielten sich bis zur Okkupation des Landes durch die deutsche Wehrmacht überwiegend loyal.

Das Hauptproblem stellte die Aussöhnung der Slowenen und vor allen Dingen der Kroaten mit dem Gesamtstaat dar, der von vielen als ein Groß-Serbien angesehen und bekämpft wurde. Tatsächlich hatten die serbischen Parteien, die bei den Wahlen vom 28. November 1920 die Mehrheit errungen hatten, ein Jahr später eine nach französischem Vorbild stark zentralistisch orientierte Verfassung verabschiedet, die den einzelnen Nationalitäten keine Autonomie und keinerlei regionale Sonderrechte zugestand. Da mit Ausnahme der Kommunistischen Partei, die 1920 mit 58 Mandaten zur drittstärksten Partei geworden war, dann jedoch verboten wurde, alle anderen Parteien nicht durch soziale oder allgemeine weltanschauliche, sondern durch nationale und konfessionelle Momente bestimmt waren, gab es im Königreich der Serben, Kroaten und Slowenen im Grunde keine politische Kraft, die fähig und bereit gewesen wäre, die separatistischen Tendenzen zu überwinden.

Während das parlamentarische System in Jugoslawien, das 1929 beseitigt und durch die Diktatur König Alexanders ersetzt wurde, bei der Behandlung der Nationalitätenfrage völlig scheiterte, konnte es bei der Lösung der ebenfalls bedrohlichen wirtschaftlichen und sozialen Probleme einige Erfolge erzielen. Das gilt einmal für den mit staatlicher Hilfe und durch Investitionen des Auslandskapitals vorangetriebenen Aufbau der Industrie, durch den jedoch das Gefälle zwischen dem weitgehend industrialisierten Slowenien und den überwiegend agrarischen Regionen im Süden Jugoslawiens nicht beseitigt wurde. Begrenzt blieben auch die Erfolge der nach langen Vorarbeiten am 20. Mai 1922 verkündeten Agrarreform. Sie sah vor, daß alle Güter, die – nach Gebieten unterschiedlich – 100 bis 500 ha überstiegen, gegen Entschädigung enteignet werden sollten. Insgesamt wurden etwa 2,5 Millionen ha in Parzellen von jeweils 5 ha aufgeteilt und an Bauern und Neusiedler verteilt. Auch nach der 1928 weitgehend abgeschlossenen Bodenreform war jedoch immer noch ein Drittel aller landwirtschaftlichen Betriebe keine 2 ha groß, während ein weiteres Drittel der Bauernhöfe über maximal 5 ha verfügte. Diese Klein- und Zwergbetriebe waren nicht in der Lage, zu einer nachhaltigen Steigerung der landwirtschaftlichen Produktion beizutragen. Wirtschaftlicher arbeiteten dagegen einige Kooperativen, die sich auf freiwilliger Basis gebildet hatten. Insgesamt wurde durch die Bodenreform das Problem der ländlichen Überbevölkerung nicht gelöst, zumal der Arbeitskräftebedarf der sich entwickelnden Industrie gering blieb.

Zu einer schweren Krise des parlamentarischen Systems in Jugoslawien kam es, als der Führer der »Kroatischen Bauernpartei«, Stjepan Radić, am 20. Juni 1928 zusammen mit drei weiteren Abgeordneten seiner Partei im Belgrader Parlament erschossen wurde. Die Bauernpartei war von der überwiegenden Mehrheit der Kroaten gewählt worden und stellte nach den serbischen Demokraten die zweitstärkste Fraktion im Parlament. Nachdem Radić im Sommer 1923 vergeblich versucht hatte, die Unterstützung Englands und Österreichs für seinen Plan zu gewinnen, ein unabhängiges Kroatien zu errichten, war die »Kroatische Bauernpartei« unter seiner Führung im Juni 1924 der kommunistisch gelenkten Bauern-Internationale beigetreten. Nach der Ermordung ihres Führers zeigte sich die »Kroatische Bauernpartei« noch weniger bereit, ihre separatistischen Bestrebungen aufzugeben, obwohl König Alexander nach der Zerschlagung des parlamentarischen Systems versuchte, dem Königreich der Serben, Kroaten und Slowenen, das erst am 3. Oktober 1929 offiziell in Jugoslawien umbenannt wurde, eine föderalistische Struktur zu geben. Durch die Bildung von neuen Verwaltungseinheiten (Banate) sollten die historisch gewachsenen, von nationalen und konfessionellen Momenten geprägten Landesgliederungen überwunden werden. Eine ähnliche, auf Versöhnung und Vereinigung ausgerichtete Zielsetzung lag auch dem 1929 ausgesprochenen Verbot aller national und konfessionell ausgerichteten Parteien zugrunde, das 1931 noch verschärft wurde.

Diese Politik des Ausgleichs der Nationalitätengegensätze stieß jedoch nicht nur auf die Kritik der in die Illegalität gedrängten Parteien, sondern wurde vor allem von der am 7. Januar 1929 vom Agramer Rechtsanwalt Ante Pavelić gegründeten »Ustascha«

(wörtlich: Der Aufständische, der Empörer) erbittert und mit allen Mitteln bekämpft.[20] Die Ustascha, die sich zunächst »Domobran« (= Heimwehr) genannt hatte, proklamierte den absoluten Kampf für die Unabhängigkeit Kroatiens, wobei sie sich vor allem gewaltsam-putschistischer und Methoden des individuellen Terrors bediente. Die »Ustascha« wurde finanziell und politisch von Ungarn und vom faschistischen Italien unterstützt. In beiden Ländern gab es Ausbildungslager der »Ustascha«, die hier ihre Mitglieder für die gewaltsamen und terroristischen Aktivitäten schulte. Während im August 1932 ein Aufstand der »Ustascha« von Militär und Polizei niedergeschlagen wurde, gelang es den Terroristen der »Ustascha« nach mehreren vergeblichen Attentatsversuchen, am 9. Oktober 1934 König Alexander in Marseille zu ermorden. Dieser Anschlag führte zwar nicht zu dem von Pavelić erwarteten Aufstand in Kroatien, rief jedoch eine politische Schwächung der jugoslawischen Königsdiktatur hervor, die nun von einem unter sich zerstrittenen Regentschaftsrat regiert wurde, da der Thronfolger noch minderjährig war. Immerhin konnte die neue Staatsführung den politischen Einfluß der »Ustascha« zurückdrängen, die sich in ideologischer und organisatorischer Hinsicht immer mehr am Vorbild des faschistischen Italien orientierte, ohne ihren mit gewaltsamen und terroristischen Methoden geführten Kampf für die kroatische Unabhängigkeit aufzugeben. Beides stand jedoch in einem unlösbar scheinenden Widerspruch, denn Italien hielt an seinem Anspruch auf die zu Kroatien gehörenden dalmatinischen Küstengebiete fest. Das wurde jedoch auch von der »Kroatischen Bauernpartei« strikt zurückgewiesen. Die jugoslawische Zentralregierung nutzte diese Widersprüche zwischen der nationalistischen »Kroatischen Bauernpartei« und der nationalistisch und faschistisch orientierten »Ustascha« aus und versuchte mit zunehmendem Erfolg, durch die Verheißung einer weitgehenden Autonomie für Kroatien die Bauernpartei von ihrem Obstruktionskurs abzubringen.

Nachdem am 26. September 1936 ein Gesetz über die Bauernentschuldung verkündet worden war, konnten auch die Auswirkungen der Weltwirtschaftskrise auf das zu 75% landwirtschaftlich strukturierte Jugoslawien überwunden werden. Eine wichtige Rolle spielte dabei Deutschland, das gerade während der Krise bereit war, die landwirtschaftlichen Produkte Jugoslawiens zu einem Preis aufzukaufen, der teilweise über dem Weltmarkt-Niveau lag. Nach dem Abschluß einiger Handelsverträge war Deutschland bereits 1935 mit 16,2% an den Ein- und mit 18,7% an den jugoslawischen Ausfuhren beteiligt. Während Italiens Anteil am jugoslawischen Außenhandel etwa 10% umfaßte, ging die Bedeutung der englisch-jugoslawischen Wirtschaftsbeziehungen immer mehr zurück. Nach dem »Anschluß« Österreichs und der zunächst (1938) teilweise erfolgten, dann völligen Annexion der Tschechoslowakei wurden über 50% des jugoslawischen Außenhandels mit Deutschland abgewickelt. Auf die wirtschaftliche folgte dann eine immer enger werdende politische Zusammenarbeit zwischen Deutschland und Jugoslawien, während England und Frankreich offensichtlich weder fähig noch bereit waren, Jugoslawien gegen den immer stärker werdenden außenpolitischen Druck Italiens zu unterstützen. Die wirtschaftliche und politische Konsolidierung Jugoslawiens stand daher ganz im Zeichen einer ebenfalls wirtschaftlich und politisch bedingten engen Zusammenarbeit mit dem Dritten Reich. Obwohl Jugoslawien als Mitglied der Kleinen Entente faktisch mit Frankreich verbündet war, blieb es beim Ausbruch des Zweiten Weltkrieges neutral. Im März 1941 entschloß sich die jugoslawische Regierung sogar, dem Drei-Mächte-Pakt (Deutschland, Italien und Japan) beizutreten. Diese Entscheidung stieß jedoch in Kreisen des Staatsapparates und des Militärs auf heftige Kritik, die am 27. März 1941 zu einem Militärputsch und zum Sturz der Regierung führte. Das nationalsozialistische Deutschland nahm dies zum Anlaß, um Jugoslawien am 6. April anzugreifen. Der Krieg endete mit der völligen Besetzung des Landes, an der sich neben Bulgarien auch Italien beteiligte, das nun die schon lange beanspruchten dalmatinischen Küstengebiete Kroatiens annektierte. Da der Führer der »Kroatischen Bauernpartei« Maček nicht zur Kollaboration mit den Deutschen und Italienern bereit war, konnte Ante Pavelić im Auftrag der beiden faschistischen Mächte in dem neugegründeten, scheinbar »Unabhängigen Kroatien« zur Macht kommen.[21]

Die »Ustascha« errichtete mit Hilfe ihrer uniformierten und bewaffneten Formationen ein nahezu totales Terrorregime, das mit ebenso grausamer wie fanatischer Konsequenz außer den Juden und den – allerdings wenigen – Kommunisten vor allem die Minderheit der 2 Millionen Serben in Kroatien verfolgte. Die zur alleinigen Staatspartei gewordene »Ustascha« rekrutierte sich aus Angehörigen der Intelligenz, des Mittelstandes und – in geringerem Maße – der Arbeiterschaft. Eine große und nachhaltige Unterstützung erfuhr sie von seiten der römisch-katholischen Kirche, die nichts gegen die Massenmorde und die nach dem Vorbild der mittelalterlichen Kreuzzüge durchgeführten Massentaufen von orthodoxen Serben und Juden unternahm.

Das Ziel der »Ustascha« war es, einen rein kroatisch geprägten Nationalstaat zu errichten, den es in dieser Form niemals gegeben hatte. Dennoch nahmen die Führer der »Ustascha« für sich in Anspruch, ›nur‹ einen Zustand wiederherstellen zu wollen, der vor der türkischen, österreichischen und serbischen Fremdherrschaft geherrscht habe.

Wegen dieser utopisch-reaktionären Zielsetzung und wegen ihres radikalen und kompromißlosen Vernichtungswillens weist die »Ustascha« gewisse Ähnlichkeiten mit dem deutschen »Radikalfaschismus« auf, von dem sie sich jedoch gleichzeitig in vieler Hinsicht deutlich unterschied: Vor allen Dingen fehlte weitgehend die antikapitalistische Komponente, und die antikommunistische Komponente ihres Programms war nur schwach ausgeprägt. Entstehung, soziale Struktur und Funktion der »Ustascha« waren nicht durch den Klassen-, sondern vornehmlich durch den Nationalitätenkampf geprägt. Darin unterscheidet sich die »Ustascha« wesentlich von den »normalfaschistischen« Bewegungen in Italien, Österreich und Ungarn, während sie andererseits gerade wegen der primär national-religiös geprägten Zielsetzung große Ähnlichkeiten mit der »Eisernen Garde« in Rumänien aufweist.

Entstehung und Struktur des kroatischen »Ustascha«-Staates beruhten auf der Unterstützung durch die faschistischen Mächte Deutschland und Italien einerseits, dem Einsatz eines schrankenlosen Terrors andererseits. Sein Ende war mit dem Zusammenbruch der faschistischen Mächte besiegelt und wurde mit terroristischen Mitteln vollzogen. Nach dem Abfall Italiens hatte Kroatien zwar die dalmatinischen Küstengebiete wieder zurückerhalten, mußte aber dafür an der Seite der deutschen Besatzungsmacht einen sehr verlustreichen Kampf gegen die Partisanen Titos führen. Die kroatischen Truppen zogen sich zusammen mit der deutschen Wehrmacht zurück und ergaben sich schließlich in Kärnten den Engländern. Während sich Pavelić nach Argentinien in Sicherheit bringen konnte, wurden die 150 000 von den Engländern gefangengenommenen kroatischen Soldaten an Tito ausgeliefert, der sofort 40 000 von ihnen erschießen ließ. Tausende von weiteren Mitgliedern der »Ustascha« wurden in der Folgezeit zum Tode oder zu langen Haftstrafen in Zuchthäusern und speziellen Lagern verurteilt. Die »Ustascha« wurde durch den Einsatz derartiger Methoden zerschlagen und aufgerieben. Dennoch haben einige ehemalige Mitglieder und neue Anhänger ihren Kampf gegen das kommunistische Jugoslawien fortgesetzt. In Jugoslawien selber und vor allen Dingen im Ausland kam es bis in die unmittelbare Gegenwart hinein zu verschiedenen Terroranschlägen, die von seiten der jugoslawischen Geheimpolizei wiederum mit teilweise ungesetzlichen, terroristischen Methoden beantwortet wurden.

4.5 Die Falange und der Francismus in Spanien

In wirtschaftlicher, sozialer und selbst in politischer Hinsicht wies die einstige Weltmacht Spanien zu Beginn des 20. Jahrhunderts große Ähnlichkeiten mit den zurückgebliebenen Ländern Südosteuropas auf. Spanien hatte im 19. Jahrhundert fast sein gesamtes Kolonialreich verloren.[22] Nur im Baskenland und in Katalonien war es zu einer Industrialisierung gekommen. Fast 70% der Bevölkerung waren in der Landwirtschaft beschäftigt. Während in den nördlichen Provinzen, den ländlichen Regionen des Baskenlandes, Asturiens und Kataloniens sowie in Navarra, Valencia und Murcia der bäuerliche Mittel- und Kleinbesitz vorherrschte, gehörte in Alt- und Neukastilien, LaMancha, Estremadura und Andalusien fast das gesamte landwirtschaftlich nutzbare Land der Kirche und einigen wenigen Großgrundbesitzern adliger und bürgerlicher Herkunft, die selber jedoch meist in den Städten lebten und ihre Güter von überaus armen und nahezu rechtlosen Landarbeitern bewirtschaften ließen. Die Produktivität der spanischen Landwirtschaft war insgesamt sehr gering. Die ländliche Überbevölkerung stellte in vielen Regionen ein großes soziales Problem dar, zumal der Arbeitskräftebedarf der Bergwerke in Asturien, der Eisenindustrie im Baskenland und der Textilindustrie in Katalonien nicht groß genug war, um den Bevölkerungsüberschuß aufzufangen (Spanien hatte 1900 eine Bevölkerung von 18 Millionen, 1940 dagegen von 25 Millionen[23]).

Der Staat hatte im 19. Jahrhundert wenig getan, um den wirtschaftlichen Rückstand Spaniens aufzuholen. Der Ausbau der Infrastruktur (Straßen, Eisenbahnen, Kanäle usw.) war weitgehend versäumt worden. Hinzu kam, daß die Madrider Regierung eine Freihandelspolitik betrieb, die ausschließlich im Interesse der adligen und bürgerlichen Großgrundbesitzer war, während die baskische Eisen- und die katalonische Textilindustrie im Grunde auf Schutzzölle angewiesen waren. Die wirtschaftlichen Gegensätze zwischen den exportorientierten agrarischen Regionen Spaniens und den industrialisierten Provinzen des Baskenlandes und Kataloniens wurden noch zusätzlich durch den ethnischen Unterschied verschärft, der dazu führte, daß Basken und Katalanen in zunehmendem Maße separatistische Zielsetzungen vertraten. Da auch das politische System Spaniens von polarisierenden Tendenzen gekennzeichnet war, erwies es sich als unfähig, die sozialen und nationalen Probleme zu lösen.

Im 19. Jahrhundert waren die innenpolitischen Auseinandersetzungen von dem Bestreben der liberalen »progressistas« gekennzeichnet, die schon 1812 verkündete, aber bald darauf von der monarchischen Restauration wieder beseitigte liberale Verfassung von Cadiz in Kraft zu setzen.[24] Dabei stießen die »progressistas« einmal auf den Widerstand der konservativen »moderados«, die mit einer gemäßigt konstitutionellen Monarchie zufrieden waren, zum anderen auf die grundsätzliche Ablehnung der extrem reaktionären Carlisten, die sich für die Wiederherstellung der alten, aus dem Mittelalter stammenden ständischen und regionalen Sonderrechte und Privilegien, der sog. »fueros«, und für die Wiedereinführung der Inquisition einsetzten. In drei sehr verlustreichen Bürgerkriegen (1834-39, 1847-49 und 1872-76), deren äußeren Anlaß eine dynastische Streitfrage bildete, wurden die politischen Ansprüche der Carlisten zurückgewiesen. Dennoch verfügten sie auch noch im 20. Jahrhundert über eine eigene Partei, die »Communión Traditionalista«, die aber auf die Provinz Navarra beschränkt blieb. In den 20er Jahren erhielt diese Partei eine nach italienischem Vorbild von faschistischen Offizieren ausgebildete Miliz, die »Requetés« genannt wurde. Die spanischen Carlisten nahmen wegen ihrer extrem reaktionären Zielsetzung im europäischen Parteiensystem des 19. Jahrhunderts eine einzigartige Stellung ein.

Ziemlich singulär war auch die Rolle und Funktion, welche die spanische Armee im innenpolitischen Bereich übernahm.[25] Da ein Regierungswechsel auf parlamentarischem Wege praktisch nicht möglich war, weil die Wahlen von der jeweiligen Regierungspartei meist gefälscht wurden, versuchten die in der Opposition stehenden politischen Kräfte, und zwar Konservative wie Liberale, mit Hilfe der Armee an die Macht zu kommen. Einzelne Generäle begnügten sich jedoch nicht mit der Rolle, Handlanger der konservativen und liberalen Parteien zu sein, sondern strebten selber danach, durch einen derartigen Militärputsch (span.: pronunciamiento) die Macht zu ergreifen. Um diese ständigen Pronunciamientos zu vermeiden, durch die eine planmäßige Regierungsarbeit so gut wie unmöglich gemacht wurde, verständigten sich in den 70er Jahren des 19. Jahrhunderts die Parteiführer der Liberalen, Sagasta, und der Konservativen, Cánovas del Castillo, darauf, in regelmäßigen Abständen das Regierungsamt zu tauschen. Doch auch diese merkwürdige und in der Geschichte des Parlamentarismus einzigartige Maßnahme trug nicht zur Verminderung des innenpolitischen Einflusses der Armee bei. Sie wurde nämlich gebraucht, um die zahlreichen, aber meist regional begrenzten Bauernrevolten und Aufstände der Anarchisten niederschlagen zu können. Bewaffnung und Organisation der spanischen Armee, in der es bei einer Gesamtstärke von 200 000 bis 250 000 Mann über 20 000 Offiziere gab, orientierten sich an dieser innenpolitischen Funktion.

Die relativ starke Stellung der Anarchisten und der 1910 gegründeten anarchosyndikalistischen »Confederación Nacional del Trabajo« (CNT) war eine weitere Besonderheit des spanischen Parteiensystems.[26] Die Anarchisten und Anarchosyndikalisten verfügten unter den Landarbeitern Andalusiens und dem Industrieproletariat Kataloniens über eine große Anhängerschaft und waren zahlenmäßig weitaus stärker als die Sozialisten, deren 1877 gegründete Partei (»Partido Democrática Socialista«) und deren Gewerkschaft (»Unión General de Trabajadores«, UGT) lange Zeit von Pablo Iglesias, dem »spanischen Bebel«, angeführt wurden. Der im März 1922 gegründete »Partido Comunista de España«, der aus der Verschmelzung zweier aus der Sozialistischen Partei abgespaltenen Gruppierungen entstanden war, war und blieb bis zum Bürgerkrieg weitaus schwächer. Aus Protest gegen den strikt prosowjetischen Kurs der spanischen KP gründeten 1934 einige oppositionelle Kommunisten den »Partido de Obrero de Unificación Marxista« (POUM). Der POUM, der während des Spanischen Bürgerkrieges u. a. von der deutschen

SAP und KPO unterstützt wurde, wurde von spanischen Kommunisten und sowjetischen Geheimpolizisten grausam verfolgt, weil er als trotzkistisch angesehen wurde.

Die zahlenmäßige Stärke der gesamten Linken stand jedoch zunächst im umgekehrten Verhältnis zu ihrem tatsächlichen politischen Einfluß, da sie sich nicht auf ein gemeinsames Vorgehen einigen konnte und da sich die Anarchisten und Anarchosyndikalisten nicht an den Wahlen beteiligten. Dennoch kam es auch in Spanien zu dem Mythos von der ›roten‹, ja ›bolschewistischen Gefahr‹. Äußerer Anlaß für diese Furcht, die zu einer weiteren Polarisierung des politischen Lebens in Spanien führte, waren die sozialen Unruhen, die im Sommer 1917 in Madrid und Barcelona ausbrachen. Da sich die Lebenshaltungskosten stark erhöht hatten, während die Gewinne der Unternehmer dank der kriegsbedingten Nachfrage immens angestiegen waren, hatte die anarchosyndikalistische CNT zu einem Generalstreik aufgerufen, der blutig niedergeschlagen wurde. Im Sommer 1919 kam es zu einer ebenfalls von der CNT organisierten größeren Streikbewegung der Landarbeiter in Andalusien. Ähnlich wie bei vielen anderen vorausgegangenen, aber immer eng begrenzten Aufständen der Anarchisten wurden auch diesmal zahlreiche Gutshäuser und Kirchen zerstört und in Brand gesetzt. Der auf diese Aufgabe spezialisierten Guardia Civil gelang es jedoch bald, auch diesen Aufstand zu unterdrücken. Dennoch zeigten diese Vorfälle, daß Spanien, das vom Krieg verschont geblieben war, von denselben revolutionären Unruhen erfaßt wurde, von denen auch andere europäische Länder erschüttert wurden. Die politische Krise wurde noch durch die Tatsache verstärkt, daß die separatistischen Organisationen im Baskenland und in Katalonien immer nachhaltiger und energischer autonome Sonderrechte verlangten, die ihnen von der Madrider Zentralregierung verweigert wurden.

In dieser Krisensituation kam es am 13. September 1923 zum Putsch des Generals Miguel Primo de Rivera, der sieben Jahre lang das Land mit diktatorischen Vollmachten regierte, ohne jedoch die Monarchie anzutasten. Während die Kommunistische Partei und die anarchosyndikalistische CNT verboten wurden, blieben die Partei und die Gewerkschaft UGT der Sozialisten erhalten. Primo de Riveras Bestreben war es, den Industrialisierungsprozeß durch staatliche Unterstützung und mit Hilfe von ausländischen Kapitalinvestitionen voranzutreiben. Infrastrukturelle Maßnahmen wie der Ausbau der Verkehrswege, die Errichtung von Staudämmen und die Regulierung der Flüsse trugen ebenfalls in direkter und indirekter Weise zu einer Verbesserung der wirtschaftlichen Situation bei. Allerdings wurde die dringend notwendige Agrarreform ebensowenig verwirklicht, wie die Autonomie-Wünsche der Katalanen erfüllt wurden. Insgesamt gesehen handelte es sich bei dem Regime Primo de Riveras, das von vielen zeitgenössischen Faschismustheoretikern fälschlich als ›faschistisch‹ klassifiziert wurde, um eine Art Entwicklungsdiktatur. Nachdem Primo de Rivera wegen der Verringerung der Heeresgröße von 250 000 auf 200 000 Mann und der 10%igen Reduzierung des Offizierskorps von der nach wie vor sehr mächtigen Generalität heftig angegriffen worden war, trat er am 26. Januar 1930 zurück.[27]

Die Verwirrung und Uneinigkeit, die nun im bürgerlich-konservativen Lager herrschte, wurde von den Sozialisten, Republikanern und den linksgerichteten Katalanen ausgenutzt, die sich im August 1930 im sog. Pakt von San Sebastián auf ein gemeinsames Vorgehen einigten. Bei den Gemeindewahlen vom April 1931 errangen sie einen großen Sieg über die rechten und monarchistischen Kräfte, der selbst von der Mehrheit des Offizierskorps akzeptiert wurde. Daraufhin entschloß sich König Alfons XIII. am 13. 4. 1931, auf den Thron zu verzichten und ins Ausland zu fliehen. Spanien wurde eine Republik. Bei den Wahlen vom 28. Juni 1931 wurden die Sozialisten mit 117 Mandaten zur stärksten Partei. Sie bildeten zusammen mit den linksrepublikanischen Parteien, die 80 Sitze gewonnen hatten, und den Repräsentanten der regionalen Parteien die Regierung, die von dem Sozialisten Manuel Azaña angeführt wurde. Sie begann sofort mit der Verwirklichung eines weitgehenden Reformprogramms. Die Zivilehe wurde eingeführt und weitere antiklerikale Maßnahmen ergriffen ebenso wie soziale Verbesserungen, die vor allem der Industriearbeiterschaft zugute kamen. Das im September 1932 verabschiedete Agrargesetz, das die weithin entschädigungslose Enteignung der großen Latifundien vorsah, wurde dagegen nur sehr langsam und unvollkommen verwirklicht. Das führte zur Unzufriedenheit der besitzlosen Landarbeiter, die von der anarchosyndikalistischen CNT zu Streiks und Aufständen aufgerufen wurden. Diese Gewaltaktionen wurden von der Regierung jedoch genauso bekämpft wie ein Militärputsch des Generals Sanjurjo, der am 18. August 1932 innerhalb von 24 Stunden zusammenbrach. Von anarchischen Zuständen oder gar von einer unmittelbar bevorstehenden sozialistischen bzw. kommunistischen Revolution konnte also in keiner Weise die Rede sein.

Dennoch fühlte sich die spanische Rechte, die sowohl die sozialen Reformen als auch das im September 1932 an Katalonien verliehene Autonomiestatut heftig kritisiert hatte, aufs äußerste bedroht. Dem konservativen Politiker José Maria Gil Robles gelang es, die verschiedenen rechten Parteien unter seiner Führung zur »Confederación Española de Derechas Autónomas« (CEDA) zu vereinigen. Dadurch kam es zu einer weiteren Verschärfung des innenpolitischen Antagonismus. Während die Rechte unter Führung von Gil Robles ihre extrem nationalistische und antisozialistische Agitation verschärfte, wobei sie auch an lobenden Worten für das faschistische Regime Mussolinis nicht sparte, wehrten sich die Linken und Linksliberalen mit einer vergleichbaren Heftigkeit gegen die, wie sie meinten, »faschistische« CEDA von Robles. Diese Charakterisierung war zweifellos nicht berechtigt, heizte jedoch das ohnehin schon stark antagonistisch geprägte innenpolitische Klima Spaniens noch zusätzlich an, was von den wirklichen faschistischen Parteien ausgenutzt werden konnte, die in dieser mehr von politischen als wirtschaftlichen Momenten geprägten Krisensituation entstanden.[28]

Das gilt einmal für die im Februar 1931 von dem Philosophiestudenten Ramiro Ledesma Ramos in Madrid gegründete faschistische Partei, die sich »Juntas de Ofensiva Nacional Sindicalista« (JONS) nannte. Ihr gehörten neben Studenten, Offizieren und Beamten auch einige Arbeiter an, die aus der anarchosyndikalistischen Bewegung stammten. Tatsächlich versuchte Ramos, nationalistische mit syndikalistischen Zielsetzungen zu vereinbaren. Von den spanischen Anarchisten wurde ferner die Kampfmethode der »direkten Aktion«, d. h. des individuellen Terrors, übernommen. Diese Form der politischen Auseinandersetzung forderte bald die ersten Todesopfer. Einen anderen eher katholisch-traditionalistisch geprägten Charakter hatte dagegen die im Juni 1931 von dem Juristen Onésimo Redondo Ortega in Valladolid ins Leben gerufene zweite faschistische Partei. Ortegas »Juntas Castellanas de Actuación Hispanica« vereinigten sich im Oktober 1931 mit der JONS von Ledesma Ramos. Der Opfer auf beiden Seiten fordernde Kampf gegen Anarchisten, Sozialisten und Separatisten wurde fortgesetzt. Dennoch gelang es der Partei nicht, aus dem Schattendasein einer politisch bedeutungslosen Splittergruppe herauszutreten.

Das trifft auch auf die dritte faschistische Gruppierung zu, die »Falange Española«, die am 29. Oktober von José Antonio Primo de Rivera, dem Sohn des Diktators, gegründet wurde. Sie fand in der Öffentlichkeit schon deshalb stärkere Beachtung, weil ihr Führer als Abgeordneter einer monarchistischen Partei im Parlament saß und sich durch die Publikation von einigen politisch-philosophischen Artikeln einen gewissen Namen gemacht hatte. José Antonio Primo de Rivera gelang es, am 13. Februar 1934 die drei faschistischen Splittergruppen zur »Falange Española de las Juntas de Ofensiva Nacional Sindicalista« zu vereinigen. Die Falange, wie sie meist genannt wurde, baute eine uniformierte und z. T. bewaffnete Parteimiliz auf und orientierte sich auch in ideologischer Hinsicht am Vorbild des faschistischen Italien. Das gilt auch für ihre nationalistischen Ziele, die sich jedoch mehr auf den innenpolitischen Bereich, auf die Bekämpfung der separatistischen Tendenzen der Basken und Katalanen, konzentrierte; es gilt ferner für die ›linken‹ Programmpunkte, wie die Forderungen nach einer Einschränkung des ausländischen wirtschaftlichen Einflusses, die Errichtung von Wirtschaftssyndikaten und nach der Enteignung von Großbetrieben sowie des gar nicht oder nicht intensiv genutzten Landes der Großgrundbesitzer. Letzteres war jedoch Ramos, der eine Enteignung des gesamten Großgrundbesitzes proklamiert hatte, nicht radikal genug. Er trat aus der Partei aus. Trotz der Abschwächung der syndikalistischen und der fast völligen Streichung der ursprünglich bei der JONS vorhandenen antiklerikalen Forderungen gehörten jedoch auch der Falange neben Intellektuellen, Studenten, Offizieren und Beamten nach wie vor einige Arbeiter an. Insgesamt gesehen behielt die Falange einen sektenhaften Charakter.[29]

Daher wurde sie auch nicht in das Wahlbündnis der Rechten aufgenommen, die bei den Wahlen vom 19. November 1933 mit 217 Mandaten einen sehr großen Erfolg errangen, denn die Parteien der Linken gewannen nur 93 und die der Mitte 163 Sitze. Die Falange erhielt kein einziges Mandat. Sie profitierte aber von der weiteren Polarisierung des politischen Lebens in Spanien. Wiederholt kam es zu Streiks und Aufständen, die wie 1934 in Asturien nur nach langen und blutigen Kämpfen durch die Guardia

Civil und die Armee niedergeworfen werden konnten. Nachdem die Rechtsregierung aufgrund interner Auseinandersetzungen auseinandergefallen war, gelang den zur Volksfront vereinigten Parteien der Linken und Liberalen bei den Wahlen vom 16. Februar 1936 ein überwältigender Sieg. Während die Rechten nur 132 und die Mitte 32 Mandate gewonnen hatten, erzielte die Volksfront 277 Sitze. Stärkste Fraktion waren die Sozialisten mit 90 Abgeordneten, die mit Azaña auch den Ministerpräsidenten stellten. Die Kommunisten zogen mit 16 Abgeordneten in das Parlament ein.

Zum Wahlerfolg der »Volksfront« hatte vor allem die Entscheidung der Anarchisten beigetragen, den von ihnen bisher geübten Wahlboykott aufzugeben, um die »Volksfront« in ihrem Kampf gegen den »Faschismus« zu unterstützen. Die einzige Gruppierung, die tatsächlich »faschistisch« genannt werden konnte, war jedoch die Falange, die wiederum kein einziges Mandat errungen hatte. Genauso unberechtigt war die sich zur Panik steigernde Angst der Rechten vor einer angeblich unmittelbar bevorstehenden bolschewistischen Revolution. Tatsächlich waren sowohl Azaña, der schließlich zum Präsidenten der spanischen Republik gewählt wurde, als auch der Ministerpräsident Casares Quiroga und der Sozialminister Largo Caballero, der häufig als »spanischer Lenin« apostrophiert wurde, an sozialen Reformen und nicht an der Revolution interessiert. Durch dieses wechselseitige Mißtrauen wurde die Krise noch weiter geschürt, die nach wie vor einen primär innenpolitischen Charakter hatte, denn die Auswirkungen der Weltwirtschaftskrise auf Spanien waren relativ gering. Diese Krisenstimmung wurde vor allem von den Anhängern der Falange ausgenutzt, die verschiedene Streiks und Gewaltaktionen von Anhängern der Volksfront zum Anlaß nahmen, um die Regierung und ihre Repräsentanten mit Methoden des individuellen Terrors zu bekämpfen. Nach verschiedenen Mordanschlägen der Faschisten auf republikanische Politiker und Polizeibeamte ermordeten Angehörige der Polizei am 13. Juli 1936 den führenden Monarchisten Calvo Sotelo. Dies nahmen einige Generäle unter der Führung Francisco Francos zum Anlaß, um mit ihrem schon lange geplanten und gut vorbereiteten Militärputsch zu beginnen.[30]

Dieser Militärputsch, der am 18. Juli 1936 begann, war jedoch nicht überall erfolgreich. Die republikanische Regierung konnte die Kontrolle über große Teile des Landes sichern und zurückgewinnen, wobei sie auch von einigen republiktreuen Offizieren, insbesondere der Luftwaffe, unterstützt wurde. Ein großes Problem stellte für die aufständischen Militärs die Tatsache dar, daß Franco von der Volksfrontregierung auf die Kanarischen Inseln versetzt worden war. Es gelang ihm zwar, nach Spanisch-Marokko zu gelangen und die dort stationierten marokkanischen Truppen und die spanische Fremdenlegion seinem Kommando zu unterstellen, er war jedoch nicht in der Lage, diese Truppen auf das Festland zu schaffen, weil er nicht über genügend Flugzeuge und Schiffe verfügte. In dieser Situation wandte er sich mit der Bitte an die Regierungen des faschistischen Italien und des nationalsozialistischen Deutschland, ihm Flugzeuge und andere Ausrüstungsgegenstände zu schicken. Hitler und Mussolini willigten ein und sandten zunächst Flugzeuge und Waffen und schließlich, da sich die militärische Lage der Aufständischen nach wie vor schwierig gestaltete, auch Truppen. Auf diese Weise wurde der Militärputsch Francos zu einem Bürgerkrieg, der von beiden Seiten im Zeichen des Faschismus und Antifaschismus geführt wurde.

Antifaschisten aus fast allen europäischen Ländern und auch aus den Vereinigten Staaten strömten nach Spanien, um die gewählte und rechtmäßige republikanische Regierung gegen den Faschismus zu verteidigen. So anerkennenswert der Enthusiasmus dieser Antifaschisten auch war, die in den Internationalen Brigaden opferbereit und zunächst auch erfolgreich gegen die Truppen Francos und gegen die italienischen Divisionen sowie gegen die deutsche »Legion Condor« kämpften, so problematisch war und ist jedoch die These, wonach es sich beim Spanischen Bürgerkrieg um eine globale Auseinandersetzung zwischen »Faschismus« und »Antifaschismus« gehandelt habe. Hitler und Mussolini sandten ihre Boden- und Lufttruppen keineswegs mit dem primären Ziel nach Spanien, dieses Land gewissermaßen von außen zu ›faschisieren‹. Militärische – Erprobung der neuen Luftwaffe –, wirtschaftliche – Sicherung des spanischen Rohstoff- und Absatzmarktes – sowie allgemein politische Motive – Schwächung der demokratischen Staaten Frankreich und England – waren weitaus wichtiger als ideologische. Das gilt vor allen Dingen für die Politik des Dritten Reiches. Es war kein Zufall, daß der deutsche Botschafter Faupel, der aus dem Parteiapparat der NSDAP kam und den mehr oder minder vergeblichen Versuch machte, die Falange in politischer und organisatorischer Hinsicht zu stärken, von einem ›normalen‹ Karrierediplomaten abgelöst wurde, als sich Franco gegen die Eingriffe Faupels in den innenpolitisch-ideologischen Bereich energisch wehrte. Durch die Feststellung, daß gerade die deutsche Politik gegenüber Spanien primär von militärischen, wirtschaftlichen und politischen und weit weniger von parteipolitisch-ideologischen Zielsetzungen geprägt war, wird sie natürlich in keiner Weise gerechtfertigt. Das gilt auch für die Art und Weise, wie gerade die Legion Condor den Luftkrieg führte. Erinnert sei hier nur an die Bombardierung Guernicas, die unter der ausschließlich zivilen Bevölkerung große Opfer forderte. Doch so verbrecherisch und völkerrechtswidrig die deutsche Intervention im Spanischen Bürgerkrieg auch war, die von den Westmächten im Sinne der schon deutlich werdenden Appeasement-Politik toleriert wurde, so unzutreffend ist die Behauptung, Italien und Deutschland hätten in den Spanischen Bürgerkrieg eingegriffen, um den Faschismus nach Spanien zu exportieren.

Die These, wonach es sich beim Spanischen Bürgerkrieg um eine globale Auseinandersetzung zwischen Faschismus und Antifaschismus gehandelt hat, ist auch noch aus einem anderen Grunde fragwürdig. Zu Beginn des Militärputsches war die Falange immer noch eine relativ unbedeutende Splitterpartei. Zusammen mit José Antonio Primo de Rivera wurde nahezu die gesamte Führung von den republikanischen Behörden verhaftet und kurz darauf erschossen. Dennoch verfügte die Falange gegenüber allen anderen rechten Parteien über einen Vorteil. Sie besaß eine Parteimiliz, die sich sofort den aufständischen Truppen Francos anschloß. Diese bestand zwar nur aus 4000 Personen, wurde jedoch von Franco mit der Rekrutierung von weiteren Freiwilligen beauftragt, nachdem sich herausgestellt hatte, daß sich der als bloßer Militärputsch geplante Aufstand zum Bürgerkrieg entwickelte, der nur durch den Einsatz von militärischen und politischen Mitteln zu gewinnen war. Die Falange nutzte die unerwartete Chance aus, ihre Mitglieder- und Anhängerschaft zu vergrößern. Innerhalb weniger Monate wurde sie zu einer politisch und militärisch wichtigen Kraft. Obwohl keine konkreten Zahlen vorliegen, kann nicht bezweifelt werden, daß es der Falange nach dem Ausbruch des Bürgerkrieges gelungen ist, eine Massenbasis zu gewinnen. Während mit Ausnahme der Carlisten in Navarra, die ihre Parteimiliz, die »Requetés«, ebenfalls den Franco-Truppen unterstellt hatten, alle übrigen konservativen und monarchistischen Parteien bedeutungslos geworden waren, entwickelte sich die Falange zu der politischen Kraft, auf deren Mitarbeit Franco beim von der republikanischen Regierung ausgerufenen Volkskrieg angewiesen war.

Daher wurde die mit den »Requetés« vereinigte »Falange Española Tradicionalista y de las Juntas de Ofensiva Nacional Sindicalista« von Franco am 19. April 1937 zur alleinigen Staatspartei erklärt. Das schon von der JONS angenommene Parteisymbol, ein Joch mit gebündelten Pfeilen, das aus dem Wappen der katholischen Könige Spaniens übernommen worden war, wurde zum neuen Staatsemblem. Den Vorsitz der neuen Staatspartei, der auch viele Beamte und Militärs ›freiwillig‹ beitreten mußten, übernahm der Oberbefehlshaber der aufständischen Truppen, Franco. Das stieß auf die erbitterte Kritik zahlreicher Alt-Falangisten, die sich selber »camisas viejas« (wörtlich: Althemden) nannten. Zum Wortführer dieses Protestes der ›Alten Kämpfer‹ der Falange machte sich der Nachfolger Primo de Riveras, Hedilla. Er wurde daraufhin von Franco abgesetzt und zum Tode verurteilt. Wegen der Intervention des schon erwähnten deutschen Botschafters Faupel wurde das Urteil jedoch nicht vollstreckt. Diese Vorgänge zeigen, daß es Franco mit Unterstützung des Heeres und der Kirche, die schon die antiklerikalen Forderungen der JONS scharf zurückgewiesen hatte, gelungen war, die Falange weitgehend gleichzuschalten.[32]

Insofern verlief die Entwicklung in Spanien völlig anders als in Deutschland, wo der Staatsapparat, die Kirchen und das Militär von Hitler und der NSDAP weitgehend gleichgeschaltet wurden. Diese strukturellen Differenzen wurden jedoch von den Antifaschisten in Spanien und in anderen Ländern übersehen. Der erbarmungslose Terrorfeldzug, den die Falange zusammen mit den Franco-Truppen während und nach Beendigung der Kampfhandlungen gegen die Anhänger der kommunistischen, sozialistischen und demokratischen sowie der Parteien der nationalen Minderheiten der Basken und Katalanen führte, schien sie in der Ansicht zu bestätigen, daß es sich bei dem Franco-Regime um eine faschistische Diktatur handelte. Tatsächlich sind viele der insgesamt 500 000 Toten, die der Bürgerkrieg in Spanien, das damals etwa 25

Millionen Einwohner zählte, forderte, dem konterrevolutionären Terror der Falangisten zum Opfer gefallen. Dabei darf jedoch nicht übersehen werden, daß auch der revolutionäre Terror viele Tote gefordert hat. Das galt nicht nur für Angehörige bürgerlicher Parteien, sondern auch für zahlreiche Anarchisten und Mitglieder der POUM, die von den moskautreuen Kommunisten und der sowjetischen Geheimpolizei ebenfalls erbarmungslos verfolgt wurden. Für die Charakterisierung Franco-Spaniens als faschistisch spricht jedoch nicht nur die zunächst äußerst brutale und exzessive Anwendung des Terrors, sondern auch die innere Struktur des Regimes.

Während alle anderen Parteien verboten waren, blieb die Falange die offizielle Staatspartei, die von dem Caudillo (= Führer) genannten Franco geleitet wurde, der darüber hinaus als Generalissimus Oberbefehlshaber der spanischen Streitkräfte blieb. Als Staatschef führte er nicht nur ein dem faschistischen Vorbild entlehntes Korporativsystem ein, sondern verkündete auch am 17. Juni 1942, daß die ›Abgeordneten‹ des spanischen Parlaments (Cortes) nicht mehr gewählt, sondern von ihm und den einzelnen Syndikaten, Gemeinden, Handelskammern und wissenschaftlichen Institutionen ernannt werden sollten. Parallel zur völligen Ausschaltung des Parlaments wurden die bürgerlichen Freiheitsrechte beseitigt und eine zunächst sehr rigide Pressezensur eingeführt. Mit unnachsichtiger Härte wandte sich das Regime gegen sozialistische und demokratische Kräfte sowie gegen die separatistischen Bestrebungen der nationalen Minderheiten im Baskenland und in Katalonien. Während die ursprünglich bei der JONS vorhandenen antikapitalistischen Programmpunkte trotz der Kritik der Alt-Falangisten immer mehr eingeschränkt wurden, fehlte die antisemitische Zielsetzung. Allerdings hatten sich nach der Vertreibung durch die Inquisition nur verschwindend wenige Juden wieder in Spanien angesiedelt. Die ohnehin schon sehr zurückhaltend formulierten nationalistischen und revisionistischen Forderungen der Falange wurden dagegen von Franco nicht verwirklicht, obwohl er dazu nach dem deutschen Sieg über Frankreich durchaus in der Lage gewesen wäre. Spanien war im April 1939 dem Antikominternpakt beigetreten, Franco lehnte jedoch 1940 die auf dem gemeinsamen Treffen in Hendaye von Hitler ultimativ vorgetragene Aufforderung ab, an der Seite Deutschlands am Zweiten Weltkrieg teilzunehmen. Die Entsendung einer Division, die nach der Farbe der Uniform der Falange »Blaue Division« genannt wurde, hatte einen eher symbolischen Charakter. Für die deutsche Kriegswirtschaft äußerst wichtig war dagegen die Lieferung von verschiedenen Rohstoffen. Die deutsche Flugzeugindustrie war auf das spanische Wolfram angewiesen. Ebenfalls bedeutungsvoll waren die Erdölexporte nach Deutschland, die Spanien selber aus den USA importierte.

Obwohl Franco-Spanien von einer Besetzung durch alliierte Truppen verschont blieb, wurde es nach 1945 von Ost und West einhellig als faschistisch charakterisiert und konsequent boykottiert. Die Generalversammlung der Vereinten Nationen forderte am 12. Dezember 1946 ihre Mitgliedsstaaten auf, das Franco-Regime nicht anzuerkennen und ihre Botschafter abzuziehen. Im Zuge des kalten Krieges kam es dann jedoch wieder zu einer Annäherung. Die Boykotterklärung wurde 1950 von den Vereinten Nationen aufgehoben. Die USA schlossen mit Spanien einen Militärvertrag ab. Mit dem Vatikan kam es zu Konkordats-Verhandlungen, die 1953 erfolgreich beendet wurden. 1952 wurde Spanien in die UNESCO und 1955 in die Vereinten Nationen aufgenommen. Nach diesen militärischen und politischen Vereinbarungen, die dazu dienten, Spanien in die antikommunistische Front der ›freien Welt‹ einzureihen, kam es seit Mitte der 50er Jahre zu einer immer intensiver werdenden wirtschaftlichen Zusammenarbeit mit dem Westen. Sie trug wesentlich zum Aufschwung Spaniens bei, das nun in der Lage war, nicht nur die während des Bürgerkriegs angerichteten Schäden zu beseitigen, sondern auch den Prozeß der Industrialisierung und Modernisierung voranzutreiben, der zusätzlich durch staatliche Eingriffe gefördert wurde.

Hand in Hand mit dem wirtschaftlichen Aufschwung ging eine gewisse Liberalisierung im innenpolitischen Bereich vor sich. Die Grenzen wurden geöffnet und die Pressezensur wurde gelockert. Diese Situation wurde von der im Untergrund operierenden kommunistischen und sozialistischen Opposition sowie von einigen separatistischen Gruppierungen ausgenutzt. Doch während das Regime gegen die Terroranschläge der baskischen ETA mit beispielloser Brutalität vorging, wandte es gegenüber den in der Illegalität entstehenden neuen Gewerkschaften (»comisiones obreras«) eine flexiblere Taktik an, zumal diese oppositionellen Kräfte in zunehmendem Maße auch von Teilen der Kirche unterstützt wurden. Diese allerdings relative Nachgiebigkeit – verschiedene

Mitglieder und Funktionäre der illegalen Arbeiterbewegung wurden nach wie vor verfolgt und zu sehr hohen Zuchthausstrafen verurteilt – war jedoch primär von der Einsicht geprägt, daß allzu brutale und terroristische Maßnahmen den wirtschaftlichen Aufschwung beeinträchtigen würden, von dem außer den Industriellen auch die politischen Eliten des Landes profitierten. Die Kirche, auf deren Unterstützung das Franco-Regime angewiesen war, scheint sich ebenfalls für eine gewisse Mäßigung des innenpolitischen Kurses ausgesprochen zu haben, während die führenden Kreise des Militärs zögerten, mit aller Entschiedenheit und Brutalität gegen die von einzelnen Geistlichen unterstützten oppositionellen Regungen vorzugehen.

Dieser relativ zurückhaltende innenpolitische Kurs wurde von den Alt-Falangisten heftig kritisiert, die mit ansehen mußten, wie die millionenstarke Staatspartei, allgemein »Movimiento« (= Bewegung) genannt, mehr und mehr an Einfluß verlor, während die von ihnen schon immer argwöhnisch betrachtete Macht des Militärs und der Kirche nicht angetastet wurde. Wie schwach die zahlenmäßig starke francistische Staatspartei, die sich aus sehr heterogenen und keineswegs nur autochthon faschistischen Elementen zusammensetzte, tatsächlich war, zeigte sich, nachdem Franco am 20. November 1975 gestorben war. Prinz Juan Carlos, der zwei Tage nach dem Tode Francos zum König und zum Oberbefehlshaber der Streitkräfte ernannt wurde, konnte die Parteien wieder zulassen und die Politik einer schrittweisen Demokratisierung betreiben, ohne dabei von der ehemaligen Staatspartei gehindert zu werden. Anfang April 1977 löste Juan Carlos den »Movimiento« auf, ohne auf ernsthaften Widerstand der Führung und der in die Millionen gehenden Mitgliederschaft dieser einstmals so mächtig scheinenden Staatspartei zu stoßen.

Zwar ist es dem Politiker Manuel Fraga Iribarne inzwischen gelungen, die verschiedenen rechtsradikalen und faschistischen Kräfte wieder zu einigen, doch seine »Alianza Popular« (= Volksallianz) hat es bisher nicht verstanden, ihre internen Konflikte zu überwinden und den Kern einer neuen faschistischen Partei mit Massenbasis zu bilden. Andererseits zeigen die sprunghaften und überraschenden Entwicklungen der spanischen Innenpolitik der letzten Zeit, wie problematisch, ja unmöglich es ist, in dieser Hinsicht irgendwelche Prognosen auszusprechen. Auch die Falange war vor dem Militärputsch von 1936 eine kleine und relativ unbedeutende faschistische Splitterpartei.

Obwohl es gerade angesichts der Haltung der Armee, die auf ihre traditionelle Rolle als innenpolitischer ›Ordnungs‹-Faktor allem Anschein nach nicht verzichten will, problematisch ist, das neuerrichtete demokratische System in Spanien als gefestigt anzusehen, weist andererseits der überraschend schnelle und nahezu problemlos verlaufende Zusammenbruch des francistischen Systems darauf hin, daß dieses Regime von Anfang an zwischen Autoritarismus und Faschismus einzuordnen ist. Aus der rückschauenden Perspektive spricht viel für die Vermutung, daß die nicht zu verkennenden faschistischen Züge im Grunde nur die autoritären Strukturen verdeckt haben. Das Franco-Regime hat zwar gerade in den ersten Phasen eine extrem antisozialistische, antidemokratische Politik und – gegenüber den nationalen Minderheiten – auch nationalistische Ziele verfolgt. Sie wurden jedoch im Laufe der Zeit ebenso abgeschwächt wie die in den übrigen faschistischen Diktaturen anzutreffenden antikapitalistischen Bestandteile der Programmatik, während antisemitische Tendenzen niemals vertreten worden sind. Die francistische Staatspartei, die aus einem Zusammenschluß von teilweise nicht originär faschistischen Kräften entstand, ist von Franco nicht nur gleichgeschaltet worden, sondern sie konnte sich auch nie gegenüber dem vorherrschenden Einfluß des Militärs und der Kirche behaupten. Als Teile der Kirche dem autoritären Kurs des Regimes ihre Zustimmung versagten, während das Militär weitgehend passiv blieb, erwies sich die häufig als dritte Säule des Regimes angesehene Staatspartei als ganz ungeeignet, um ihm die notwendige plebiszitäre Zustimmung zu verschaffen. Die zahlenmäßig so mächtig erscheinende Staatspartei versuchte noch nicht einmal, die autoritären Strukturen des von Franco geschaffenen und von ihm repräsentierten Systems zu verteidigen. Alles scheint für die allerdings sehr globale These zu sprechen, wonach sich die ›halbfaschistische‹ Diktatur Francos zu einem autoritären Regime zurückentwickelte, das dann ebenfalls schrittweise und ohne eine revolutionäre Umwälzung demokratisiert werden konnte.

Der ›Fall Spanien‹ unterstreicht noch einmal, wie notwendig es aus wissenschaftlichen und politischen Gründen war und ist, zwischen dem Faschismus (und seinen einzelnen Formen) und dem Autoritarismus zu differenzieren. Dabei kommt dem Zeitfaktor, d. h. der Tatsache, daß sich auch faschistische bzw. autoritäre

Regime in beide Richtungen entwickeln können, eine große Bedeutung zu. Wenn sich das Franco-Regime trotz einiger Ansätze nicht zu einer faschistischen Diktatur ausbildete, sondern im Gegenteil die faschistischen und selbst die autoritären Züge nach und nach abschwächte, lag dies auch an der nach 1945 wesentlich veränderten weltpolitischen Situation. Sie hat, wie im Kapitel über den sog. Neofaschismus noch näher auszuführen ist, die Voraussetzungen und die Existenzmöglichkeiten von faschistischen Diktaturen erschwert.

4.6 Die französischen Faschismen

Seit der Machtübernahme Mussolinis haben sozialistische und kommunistische Faschismustheoretiker immer wieder versucht, Entstehung und Struktur des Faschismus mit Hilfe von Kriterien zu erklären, die Marx und Engels bei der Analyse des bonapartistischen Regimes Napoleons III. in Frankreich gewonnen hatten.[33] Ähnlich wie der Bonapartismus, wurde argumentiert, sei auch der Faschismus in der Situation eines Gleichgewichts der Klassenkräfte zur Macht gekommen, wobei sich die Bourgeoisie nicht mehr, das Proletariat dagegen als noch nicht fähig erwiesen habe, die Macht zu gewinnen und zu behaupten. In dieser Situation hätten die Parteien und Schichten der Bourgeoisie zugunsten der Exekutive auf die Ausübung der politischen Macht verzichtet, um ihre soziale Macht, die Verfügung über die Produktionsmittel, um so sicherer behaupten zu können. Im Besitz dieser politischen Macht habe sich die von den Faschisten kontrollierte Exekutive weitgehend verselbständigen und über alle Klassen erheben können.

Es ist hier nicht der Ort, näher auf diese bonapartismustheoretisch orientierten Interpretationen des Faschismus einzugehen. Doch so entschieden eine gerade von August Thalheimer vorgenommene, weitgehend realhistorische Gleichsetzung von Faschismus und Bonapartismus abzulehnen ist, so auffällig sind dennoch einige Parallelen und Ähnlichkeiten, die zwischen faschistischen und bonapartistischen Regimen bestehen. Immerhin stellten das erste und vor allen Dingen das zweite französische Kaiserreich den Versuch dar, die Revolution mit revolutionär wirkenden Methoden einzudämmen und zu überwinden. Dem bonapartistischen System Napoleons I. und Napoleons III. ist es gelungen, große, vor allem ländlich geprägte Massen zu integrieren und als Gegengewicht zu der revolutionären Bewegung einzusetzen, die wiederum selber sowohl durch repressive als auch integrative Methoden pazifiziert wurde. Gerade Napoleon III. hat es verstanden, eine plebiszitäre Zustimmung zu erreichen, indem er soziale Verbesserungen durchführte und zunächst mit Erfolg danach strebte, durch die Erringung äußerer Ersatzerfolge von den inneren gesellschaftlichen Problemen abzulenken. Insgesamt wurde auf diese Weise der Übergang von der agrarischen zur industriellen Massengesellschaft vorbereitet und erreicht, der in Frankreich zwar spät einsetzte und langsam verlief, durch den jedoch größere soziale Unruhen vermieden wurden. Der spätere Faschismus hat auf diese vom ambivalent wirkenden Bonapartismus entwickelten und eingesetzten repressiv-integrativen Herrschaftsmethoden zurückgegriffen. Obwohl die im Zeichen des Bonapartismus erfolgten Konterrevolutionen immer wieder (1830, 1848, 1870) durch Revolutionen von unten beseitigt wurden, blieb in Frankreich die bonapartistische Tradition erhalten, durch die die revolutionäre ergänzt und teilweise ersetzt wurde.

Das zeigte sich 1887/88, als es General Boulanger während einer wirtschaftlichen und politischen Krise der Republik gelang, verschiedene Wahlen gerade in den industrialisierten Regionen Frankreichs zu gewinnen, wobei er ebenfalls antiparlamentarische und plebiszitäre Methoden verwandte.[34] Die Boulanger-Krise, in der Friedrich Engels schon eine neue, die »dritte Periode des Bonapartismus« sehen wollte, führte zwar nicht zum Untergang der Republik, zeigte aber den rechten und monarchistischen Kräften in Frankreich, wie wichtig und erfolgversprechend es war, die ihnen so verhaßten revolutionären Traditionen Frankreichs mit Ideologien zu bekämpfen, die gerade wegen ihrer revolutionären Herkunft besonders massenwirksam waren. Dies galt für die Ideologien des Nationalismus, eines rückwärts gewandten und reaktionären Antikapitalismus und vor allem für den Antisemitismus, der gerade während der Dreyfus-Affäre am Ende des 19. Jahrhunderts seine die Massen mobilisierende und zugleich polarisierende Kraft und Wirkung zeigte.

Diese ideologischen Strömungen wurden dann 1899 auf dem Höhepunkt der Dreyfus-Affäre von einer Organisation aufgenommen und zugleich ausgenutzt, die neben nationalistischen und antisemitischen auch bestimmte antikapitalistische und selbst syndikalistische Zielsetzungen vertrat. Das war die »Action Française«, die mit Charles Maurras über einen bedeutenden Ideologen und mit den »Camelots du Roi« zudem über eine Parteitruppe verfügte, die bereit war, ihre politischen Ziele auch mit Gewalt durchzusetzen. Insofern nahm die »Action Française« in organisatorischer und ideologischer Hinsicht vieles von dem vorweg, was den italienischen Faschismus später auszeichnen sollte.[35] Die Faschismen, die seit den 20er Jahren in Frankreich entstanden, weisen zudem nicht nur eine ideologische Kontinuität und Affinität auf, sie waren in realgeschichtlicher und selbst in personeller Hinsicht eng mit der »Action Française« verbunden, die daher mehr war als bloß ein Vorläufer des Faschismus. Dennoch kam es in Frankreich nicht zu dem angesichts dieser Vorgeschichte an sich zu erwartenden schnellen und erfolgreichen Aufstieg des Faschismus. Das lag an den wirtschaftlichen, sozialen und politischen Verhältnissen, die in Frankreich nach 1918 herrschten.

Wegen des Aufschwungs der Weltwirtschaft und dank der deutschen Reparationen konnte sich die französische Industrie bald von den Verlusten erholen, die sie durch den Krieg und durch die Umstellung von der Kriegs- auf die Friedenswirtschaft erlitten hatte.[36] Während die Industrieproduktion 1920 das Vorkriegsniveau nur zu 67% erreicht hatte, stieg dieser Index bis 1924 auf 114% und erreichte 1930 schließlich 133%. Im gleichen Zeitraum wurden die Produktionsmethoden modernisiert und der Konzentrationsprozeß innerhalb der Wirtschaft fortgesetzt. Allerdings stieg die landwirtschaftliche Produktion weitaus langsamer an. In den Gebieten südlich der Loire waren die Anzeichen einer schleichenden Agrarkrise nicht zu übersehen. Die Nachkriegsinflation, die erst 1926 überwunden werden konnte, wies ebenfalls auf die krisenhafte Struktur des französischen Wirtschaftssystems hin. Da die deutschen Reparationen vor allem zur Bezahlung der französischen Kriegsschulden in England und den USA benutzt werden mußten, konnten sie nicht zu der an sich notwendigen grundlegenden Modernisierung der französischen Industrie und Landwirtschaft verwandt werden.

Als zunächst nur potentiell krisenanfällig erwiesen sich auch die sozialen Verhältnisse in Frankreich. Das gilt einmal für das weder in Angriff genommene, geschweige denn gelöste Problem der ländlichen Überbevölkerung gerade in den mittleren und südlichen Regionen. Das gilt vor allem für die soziale Lage der Industriearbeiterschaft. Sie hatte zwar noch 1918 kollektive Arbeitsverträge und den Acht-Stunden-Tag erhalten, jedoch ein Sozialversicherungsgesetz wurde ebensowenig verwirklicht wie der Anspruch der Arbeiter auf unbezahlten Urlaub. Die im Vergleich zur deutschen relativ rückständige Sozialgesetzgebung in Frankreich war die Folge der Tatsache, daß die Linke zunächst aufgrund innerer Konflikte sehr schwach war, während die zum »Bloc National« vereinigten rechten Parteien bei den Wahlen vom November 1918 137 von 613 Mandaten erringen konnten.

Die sozialistische Partei, die bei diesen Wahlen nur 68 Parlamentssitze gewonnen hatte, spaltete sich 1920 auf ihrem Kongreß in Tours.[37] Der linke Flügel, der mit 3000 gegenüber 1000 Delegierten der innerparteilichen Opposition auf diesem Kongreß über die Mehrheit verfügte, bildete die neue »Parti Communiste Français«, die sich dann der kommunistischen Dritten Internationale anschloß. Die Minderheit baute unter Führung Léon Blums eine neue sozialistische Partei auf, der es bald gelang, die Kommunisten aus ihrer führenden Position zu verdrängen. Während die Sozialisten bei den Parlamentswahlen von 1932 98 Mandate gewannen, konnten die Kommunisten nur 10 Abgeordnete ins Parlament schicken. Auch die trotz aller revolutionären Rhetorik reformistisch ausgerichtete »Confédération Générale du Travail« (CGT) konnte ihre führende Position gegenüber der kommunistischen Abspaltung »Confédération Générale de Travail Unitaire« behaupten. Beide Gewerkschaftsorganisationen, denen noch die christlichen Gewerkschaften gegenüberstanden, haben sich 1936 im Zeichen des Volksfront-Kurses wieder vereinigt.

Die rechten Parteien, die mit wenigen Unterbrechungen – 1924/25 Kabinett Herriot – bis 1932 die Regierung bildeten, konnten die relativ schwache Stellung der Linken im innenpolitischen Bereich sowie im außenpolitischen Bereich die Tatsache nutzen, daß der ›Erbfeind‹ Deutschland nicht nur besiegt, sondern auch auf lange Sicht geschwächt worden war. Daher fand die Agitation der extremen Rechten zunächst wenig Anknüpfungspunkte. Die »Action Française« verlor zum guten Teil ihre vor 1914 errungene Bedeutung. Dafür war einmal die Verurteilung der »Action Française« und ihrer die Unabhängigkeit der französischen katholischen Kirche von Rom proklamierenden gallikanischen Ideologie durch Papst Pius XI. maßgebend. Aufgrund dieses 1926 ausgesprochenen Verbotes verlor die »Action Française« nicht nur die Unterstützung des französischen Klerus, sondern darüber hinaus auch viele ihrer konservativ-katholisch orientierten Mitglieder. Als noch entscheidender erwies sich jedoch die Tatsache, daß die nach wie vor monarchisch geprägte Ideologie und Zielsetzung der »Action Française« von einigen Personen und Gruppen abgelehnt wurde, die sich an dem moderneren und wirkungsvolleren Vorbild des italienischen Faschismus orientierten.[38]

Zu ihnen gehörte Georges Valois, der Mitglied der »Action Française« und des nationalistisch-syndikalistisch geprägten »Cercle Proudhons« gewesen war. Er trat 1925 aus der »Action Française« aus, um einen eigenen Kampfbund, den »Faisceau«, zu gründen, der sich nicht nur mit dem Namen, sondern auch in der Ideologie und politischen Praxis ganz am Vorbild der italienischen »fasci« orientierte. Valois trat für eine Vereinigung der Frontkämpfer und Produzenten im Zeichen eines nationalen Sozialismus ein, die zur Überwindung des Klassenkampfes und des internationalen Marxismus führen sollte. Er bemühte sich intensiv, aber letztlich wenig erfolgreich, auch innerhalb der Arbeiterschaft Anhänger für seine Organisation zu gewinnen, die eine Mittelstellung zwischen einem Kampfbund und einer politischen Partei einnahm. Während Valois zur Zeit der kurzfristigen Linksregierung unter Herriot noch einige Erfolge errungen hatte, führte der erneute Sieg der Rechten unter Poincaré direkt und indirekt zum Niedergang der »Faisceau«, die von Anfang an von den »Camelots du Roi« der »Action Française« erbittert bekämpft wurde. Valois selber zog aus der Erkenntnis, daß seine Bewegung mit der extrem rechts orientierten Politik eines Poincaré nicht konkurrieren konnte, die Konsequenz, indem er die ›linken‹ Züge seines Programmes verschärfte. Das verband er mit einer zunehmenden Kritik am Faschismus, dem er nun eine reaktionäre Grundhaltung vorwarf, und mit einer deutlichen Ablehnung des Antisemitismus. Im Zweiten Weltkrieg ist Valois, der sich von einem Faschisten fast zum Antifaschisten gewandelt hat, in einem deutschen Konzentrationslager umgekommen.[39]

Die Angst des französischen Bürgertums vor dem Sozialismus, die sich schon angesichts des kurzfristigen Erfolges der Linken bei den Wahlen von 1924 zeigte, ist auch von einem anderen Kampfbund ausgenutzt worden, der jedoch von Anfang an viel weiter rechts stand als der »Faisceau« von Valois. Gemeint sind die »Jeunesses Patriotes«, die 1924 von dem Industriellen und konservativen Abgeordneten Pierre Taittinger gegründet wurden. Die »Jeunesses Patriotes« ragen insofern aus dem Kreis der anderen Ligen der Rechten heraus, als sie sich nicht auf die Propaganda und den Wahlschutz für Abgeordnete der Rechten konzentrierten, sondern darüber hinaus ein eigenes, allerdings vage formuliertes politisches Programm vertraten, in dem die Errichtung eines starken Staates und eine Sozialpolitik im antisozialistischen Sinne gefordert wurden. Insgesamt gehören die »Jeunesses Patriotes« zusammen mit den anderen Ligen der Rechten jedoch eher in die traditionelle bonapartistische Tradition Frankreichs als in den Bereich der neuen, vom modernen italienischen Vorbild geprägten faschistischen Parteien.

Das gilt auch für die »Croix de Feau« des Obersten de la Rocque, die 1927 aus einem Frontkämpferverband hervorgegangen war, der ursprünglich nur wegen militärischer Verdienste ausgezeichnete Frontkämpfer aufgenommen hatte. Der Bund dieser »Feuerkreuzler« bildete sich zwar seit 1931 zu einer eigenständigen Partei mit einer konservativ und sozialreformerisch geprägten Zielsetzung heraus und verfügte mit schätzungsweise 150 000 Mitgliedern über eine Massenbasis, dennoch gehört er wegen des weitgehenden Fehlens von antisozialistischen und antikapitalistischen Zielsetzungen und seines relativ gering ausgeprägten Vernichtungswillens gegenüber den politischen Gegnern mehr in den konservativ-bonapartistischen als in den faschistischen Bereich. Die Existenz und die Massenaufmärsche der »Feuerkreuzler« wurden allerdings gerade von den Linken als Beweis ihrer These angesehen, wonach nur eine vereinigte Volksfront mit der drohenden Gefahr des Faschismus fertig werden könne. Die Stärke dieser antifaschistischen Strömung bildete dann wiederum die Voraussetzung für das neuerliche Anwachsen der rechten Ligen und für das Entstehen von anderen faschistischen Bewegungen. Beides, das Anwachsen des Faschismus und des Antifaschismus, die das politische Leben Frankreichs in den 30er Jahren prägen sollten, war wiederum das Resultat einer tiefgehenden wirtschaftlichen, sozialen und politischen Krise.[40]

Die Weltwirtschaftskrise wirkte sich auf Frankreich zwar erst relativ spät aus, ihre Folgen hielten jedoch viel länger an als in den benachbarten europäischen Ländern.⁴¹ Noch 1938 lag die französische Industrieproduktion um 25% unter dem Stand von 1929. Diese lang andauernde Wirtschaftskrise, durch die die strukturellen Krisenerscheinungen in Teilen der französischen Industrie und der Landwirtschaft noch zusätzlich gesteigert wurden, führte zu einer Verschärfung der ebenfalls schon vorher zu erkennenden sozialen und politischen Krise der Dritten Republik. Weder die Parteien der Rechten und Mitte noch die der Linken waren in der Lage, stabile und handlungsfähige Regierungen zu bilden. Vom Mai 1932 bis zum Februar 1934 gab es in Frankreich nicht weniger als sechs Kabinette. Da die einzelnen Parteien von den jeweiligen Interessenverbänden – Gewerkschaften, Unternehmern, Bauern, Verbänden der Steuerzahler und der Veteranen – weitgehend abhängig waren, waren sie nicht in der Lage, zu einem für eine stabile Regierungsbildung notwendigen Kompromiß zu gelangen. Nach den Massendemonstrationen der »Feuerkreuzler« und anderer Ligen, die am 6. Februar 1934 nur mit Mühe von den Ordnungskräften am Sturm auf das Parlament gehindert worden waren, fanden sich die Kommunisten und Sozialisten zur Bildung einer Einheitsfront bereit, um den angeblich unmittelbar bevorstehenden Sieg des Faschismus zu verhindern. Auch die liberalen Radikalsozialisten meinten, aus der Geschichte des Untergangs der Demokratie in Italien und Deutschland die einzig richtige Lehre zu ziehen, als sie dem antifaschistischen Bündnis von Sozialisten und Kommunisten beitraten.

Die Parlamentswahlen vom Mai 1936 endeten mit einem überwältigenden Erfolg der Volksfront. Die Sozialisten erreichten 156 statt der bisherigen 97 Mandate, die Kommunisten 72 statt bisher 12. Der Sozialist Blum bildete zusammen mit den Radikalsozialisten die Regierung der Volksfront, die von den Kommunisten toleriert und unterstützt wurde. Die Volksfront-Regierung versuchte, durch Arbeitsbeschaffungsmaßnahmen, durch die staatliche Garantie des Getreidepreises und durch andere Methoden des deficit spending die Kaufkraft zu erhöhen und die Wirtschaftskrise zu überwinden. Diese Politik hatte jedoch nur einen sehr bedingten Erfolg. Die Arbeitslosenzahlen gingen kaum zurück, und die von den Arbeitern während der Streikwelle vom Mai und Juni errungenen Lohnerhöhungen wurden durch die sprunghaft ansteigenden Preise weitgehend zunichte gemacht. Die wirtschaftlichen Mißerfolge der Volksfront-Regierung – diese führten zu einer Desillusionierung ihrer Anhänger, die auch nach dem Rücktritt Blums anhielt – sind wenigstens zum Teil auf die Obstruktionspolitik der Unternehmer zurückzuführen, von denen nicht wenige mehr oder minder offen die neuentstehenden faschistischen Bewegungen finanziell unterstützten.

Dies gilt vor allem für den Parfümfabrikanten Coty, der nicht nur mehrere Gruppen der extremen Rechten in materieller Hinsicht förderte, sondern schließlich selber mit der »Solidarité Française« eine eigene, allerdings bedeutungslose faschistische Partei ins Leben rief.[42] Bedeutung gewann dagegen der 1933 von einem früheren Mitglied des »Faisceau«, Marcel Bucard, gegründete »Francisme«, obwohl seine Mitgliederzahl nie über 10 000 stieg. Ihm gehörten neben Handwerkern, Angestellten und Angehörigen des gewerblichen Mittelstandes auch einige Arbeiter an. Während Bucard das Vorbild des italienischen Faschismus bis ins Detail hinein kopierte, verfügte der 1936 von Jacques Doriot gegründete »Parti Populaire Français« trotz der Übernahme von faschistischen Symbolen und Ideologemen von Anfang an in seiner Politik und Programmatik über eine eigenständige Position, die ihn in der Skala der verschiedenen Faschismen in Frankreich und Europa auf den äußersten linken Rand verweist.[43]

Doriots faschistische »Volkspartei« war im Grunde als eine rechte Abspaltung der kommunistischen Partei mit einer gewissen nationalbolschewistisch wirkenden Zielsetzung entstanden. Doriot selber war kommunistischer Bürgermeister von St. Denis und gehörte zu den führenden Persönlichkeiten der KP Frankreichs. Er wurde aus dieser Partei ausgeschlossen, nachdem er sich zur Unzeit und gegen den Willen Moskaus und der Kominternführung für die Bildung einer antifaschistischen Volksfront eingesetzt hatte. Obwohl die Kommunistische Partei Frankreichs wenige Monate nach dem Ausschluß Doriots ihren ultralinken Kurs zugunsten der bereits erwähnten und vorher von Doriot geforderten Volksfrontpolitik aufgab, kam es nicht zu einer Versöhnung zwischen der KP und dem »Renegaten« Doriot, der nun den französischen Kommunismus nicht nur kritisierte, sondern in einer immer schärfer werdenden Form kompromißlos ablehnte.

Obwohl der am 28. Juni 1936 gegründete PPF von Teilen der Industrie als antikommunistisches Instrument und als nationale Sammlungsbewegung begrüßt und unterstützt wurde, gelang es Doriot, viele ehemalige Kommunisten und Syndikalisten zum

Beitritt in seine Partei zu überreden, die im Hinblick auf ihre Erscheinungsform und Programmatik einen eindeutig faschistischen Charakter trug. Obwohl die Angaben der Partei, wonach ihre Mitgliedschaft zu 65% aus Arbeitern bestünde, unglaubwürdig sind, besteht doch kein Zweifel daran, daß der Anteil an Arbeitern tatsächlich relativ hoch war. Während der PPF neben antikommunistischen und nationalistischen zunächst auch bestimmte sozialreformerische Ziele vertrat, die auf eine Modernisierung und Rationalisierung der Produktion hinausliefen, führte der fanatische Haß gegen die Kommunisten bei Doriot und einigen seiner Anhänger schließlich dazu, daß sie mehr oder minder bedingungslos mit der deutschen Besatzungsmacht kollaborierten. Damit hat er sich und seine Partei völlig desavouiert.

Dieses Schicksal mußten auch die übrigen faschistischen Gruppierungen sowie die Repräsentanten eines literarischen Faschismus erleiden, über die Frankreich mit Figuren wie Brasillach, Céline und vor allem Drieu la Rochelle verfügte, die den nationalsozialistischen Blut-und-Boden-Literaten in Deutschland in künstlerischer Hinsicht turmhoch überlegen waren.[44] All diese Kräfte und Personen scheiterten an dem grundlegenden Charakter des Faschismus, der trotz seines internationalen Anspruchs eine zutiefst national geprägte Bewegung war und bleiben mußte. Die primär von nationalen Motiven geprägte Politik der deutschen Besatzungsmacht mußte zwangsläufig auf die Kritik und Ablehnung des französischen Nationalismus stoßen, was wiederum zur Isolierung derjenigen französischen Faschisten führte, die ihre Bewunderung für das durch Italien und vor allen Dingen durch Deutschland repräsentierte faschistische Vorbild nicht aufgeben konnten und wollten. An diesem Dilemma ging der französische Faschismus insgesamt schließlich zugrunde. Dennoch war diese Entwicklung nicht zwangsläufig.

Nach der völligen Niederlage der französischen Truppen hat Marschall Pétain als Chef de l'Etat Français in den nicht von den Deutschen besetzten Gebieten Frankreichs den Versuch gemacht, das Land, das wirtschaftlich geschwächt und in sozialer und politischer Hinsicht gespalten in den Krieg eingetreten war, wieder zu einigen.[45] Diese Bestrebungen scheiterten wegen der brutalen Machtpolitik Deutschlands einerseits, des Widerstandes der französischen Résistance andererseits, die zu einer Massenbewegung wurde, nachdem auch die Kommunisten ihre bis zum deutschen

Überfall auf die Sowjetunion gezeigte Zurückhaltung aufgaben. Dem Führer der zunächst wenig beachteten Exilregierung in London, General de Gaulle, gelang es schließlich im Mai 1943, alle Widerstandsorganisationen, auch die kommunistische, im »Conseil National de la Résistance« (CNR) zu vereinigen. Das eher konservativ-patriarchalisch als faschistisch geprägte Vichy-Regime geriet zunehmend in die Defensive, weil die Versuche, Pétain als den Führer des nationalen und zugleich bürgerlich geprägten Frankreich darzustellen, nicht über die Tatsache hinwegtäuschen konnten, daß dieses Regime freiwillig und gezwungen mit den Deutschen landesweit kollaborierte und sie sogar aktiv bei der Verfolgung der französischen Widerstandsbewegung und bei der Deportation der französischen Juden unterstützte. Auch das bürgerlich-nationale Frankreich fühlte sich mehr und mehr von der Exilregierung unter de Gaulle repräsentiert, die sich mit dem Hinweis auf den nationalen Widerstandskampf gegen den in- und ausländischen Faschismus legitimieren konnte.

Obwohl die Charakterisierung des Vichy-Regimes als ›faschistisch‹ mehr als zweifelhaft ist und obwohl die Erfolge der Résistance keineswegs so groß waren (immerhin sind 20 000 Mitglieder der Résistance von den Deutschen erschossen, 60 000 deportiert worden), bildete der sowohl von nationalen als auch von antifaschistischen Motiven geprägte Widerstandskampf ein alle Parteien einigendes Fundament für den demokratischen Wiederaufbau Frankreichs. Insofern gibt es Parallelen zur Situation Italiens nach dem Niedergang des Faschismus, aber große Unterschiede zur Lage im Nachkriegsdeutschland. Andererseits darf nicht übersehen werden, daß die einzelnen faschistischen Bewegungen in Frankreich zwar über eine Massenbasis verfügten, sich aber weder vereinigen noch die Macht ergreifen konnten. Das Kollaborationsregime Pétains gehört nicht in die Gruppe der faschistischen Diktaturen.

5. Kleinere faschistische Bewegungen, faschistische Sekten und Grenzfälle

5.1 Probleme der Gliederung

Obwohl es, wie in der Zusammenfassung noch näher ausgeführt wird, keine sinnvolleren Alternativen gibt, ist eine Gliederung und Differenzierung der faschistischen Bewegungen nach ihrer Größe äußerst problematisch. Dies zeigte bereits der ›Fall Spanien‹, wo es der Falange in einer besonderen Situation gelang, innerhalb von wenigen Monaten von einer faschistischen Splitterpartei zu einer bedeutenden innenpolitischen Macht zu werden. Dennoch weisen die quantitativen Unterschiede, die zwischen den im vierten Kapitel behandelten faschistischen Bewegungen in Österreich, Ungarn, Rumänien, Jugoslawien, Spanien und Frankreich und den im folgenden zu analysierenden Faschismen in England, Finnland, Belgien und Holland bestehen, auch auf qualitative Differenzen hin.

Der Einfluß der zuletzt genannten faschistischen Bewegungen, die bei Wahlen maximal 10% der abgegebenen Stimmen gewannen, auf das innenpolitische Leben dieser Länder war vergleichsweise gering. Andererseits wird durch die Existenz von faschistischen Parteien in so unterschiedlich strukturierten Ländern die Universalität des europäischen Faschismus noch einmal bestätigt. Man kann sich kaum einen größeren Unterschied denken als den zwischen dem industriellen England, das über eine lange und gefestigte demokratische Tradition verfügte, und dem überwiegend agrarisch geprägten Finnland, das gerade in einem blutigen Befreiungs- und Bürgerkrieg entstanden war. Dennoch gab es in beiden Ländern faschistische Bewegungen, die sich in ihrer Struktur, Programmatik und Praxis jedoch weitgehend unterschieden. Ähnliches gilt für die benachbarten Länder Belgien und Holland, wo es ebenfalls sehr unterschiedliche faschistische Parteien gab.

Durch den Blick auf diese kleineren faschistischen Bewegungen wird aber nicht nur die Universalität des Faschismus, sondern auch seine Variationsbreite deutlich. Sie hing von den wirtschaftlichen, sozialen und politischen Verhältnissen in den einzelnen Ländern einerseits und von der Programmatik und den Zielen der hier entstehenden faschistischen Parteien andererseits ab.

Wenn schließlich noch die faschistischen Parteien in Dänemark, Schweden und der Schweiz behandelt werden, die über ein bloßes Sektendasein nicht hinausgekommen sind, geschieht dies nicht mit der Absicht, eine lexikalische Vollständigkeit bei dem Überblick über die Geschichte des Faschismus in Europa zu erreichen. Bei diesen Parteien interessiert nicht so sehr die Tatsache, daß sie sich mehr oder minder deutlich am faschistischen Vorbild orientiert haben, sondern vielmehr die Frage, warum es ihnen nicht gelungen ist, größere Bedeutung und eine Massenbasis zu gewinnen. Durch diesen kontrastierenden Vergleich werden die für den Aufstieg einer faschistischen Partei notwendigen Bedingungen deutlich. Das gilt sowohl für die Voraussetzungen, die die übrigen ›klassischen‹ Faschismen antrafen und ausnutzen konnten, als auch für die, welche die sog. neofaschistischen Bewegungen vorfinden, denn Dänemark, Schweden und die Schweiz wiesen bereits in der Zwischenkriegszeit soziale und politische Verhältnisse auf, die große Ähnlichkeiten mit denen haben, die in den westlichen Demokratien der Nachkriegszeit herrschen.

Die Geschichte des Faschismus in Norwegen stellt dagegen in vieler Hinsicht einen Sonderfall dar. Da die Partei Quislings auf die mehr oder minder einhellige Ablehnung der ungebrochenen und starken demokratischen Parteien in Norwegen stieß, konnte sie bei Wahlen nie mehr als 3% der abgegebenen Stimmen erzielen. Insofern gehört der »Nasjonal Samling« in die Gruppe der faschistischen Sekten. Dennoch gelang es Quisling, nach der Okkupation Norwegens durch deutsche Truppen zur Macht zu kommen. Dieses Quisling-Regime war jedoch mehr oder minder von der deutschen Besatzungsmacht abhängig. Daher ist es eher als ein unselbständiges Kollaborations-Regime denn als eigenständige faschistische Diktatur anzusehen und den ›Grenzfällen‹ zuzuordnen, die abschließend behandelt werden. Das gilt für das slowakische Satellitenregime wie für die autoritären Diktaturen in Polen und Portugal, die wie zahlreiche andere vergleichbare Herrschaftsformen im Europa der Zwischenkriegszeit von vielen Beobachtern fälschlich als ›faschistisch‹ charakterisiert wurden.

In diesem eher skizzenhaften Kapitel soll mithin noch einmal die Universalität und Spannbreite des europäischen Faschismus in der Zwischenkriegszeit verdeutlicht, differenziert und gleichzeitig von anderen politischen Erscheinungen abgegrenzt werden.

5.2 England

England gehörte zu den wenigen Ländern Europas, deren wirtschaftliche, soziale und politische Strukturen kaum von dem Ersten Weltkrieg und seinen Folgen tangiert zu sein schienen.[1] England hatte den Krieg gewonnen und konnte, gestützt auf sein weiträumiges und unangetastetes Imperium die kriegsbedingten wirtschaftlichen Verluste – allein 40% der Schiffstonnage waren verlorengegangen – rasch wieder ausgleichen. Ähnlich schnell und erfolgreich wurde die Umstellung von der Kriegs- auf die Friedenswirtschaft durchgeführt. Das gilt für die Abschaffung der während des Krieges verordneten staatlichen Kontrollmaßnahmen im wirtschaftlichen Bereich sowie für die Reprivatisierung von einigen Industriezweigen und der Eisenbahnen. Dennoch war nicht zu übersehen, daß England seine einstmals führende weltwirtschaftliche Stellung an die USA verloren hatte. Dringend notwendige Modernisierungen innerhalb der Kohle- und Stahlindustrie sowie im Schiffbau wurden nicht durchgeführt. Die relativ hohe Arbeitslosenquote, die in diesen Branchen und in der Textilindustrie, schließlich auch im Bergbau anzutreffen war, deutete darauf hin, daß sich das englische Wirtschaftssystem in einer strukturellen Krise befand. Diese allerdings eher verdeckten Krisenerscheinungen führten zunächst noch nicht zu größeren sozialen Spannungen, obwohl das nach 1918 ausgedehnte System der Sozialversicherung kaum mit dem im damaligen Deutschland verglichen werden konnte.

Die am 14. Dezember 1918 abgehaltenen Parlamentswahlen, an denen zum ersten Mal alle Männer über 21 und alle Frauen über 30 Jahre – diese diskriminierende Bestimmung wurde erst 1928 revidiert – teilnahmen, endeten mit einem eindeutigen Sieg der Konservativen und Liberalen.[2] Dennoch gelang es der Labour Party, die erst Ende des 19. Jahrhunderts als Spitzenorganisation der verschiedenen Gewerkschaften entstanden war, eine straff geführte Organisation aufzubauen und die Liberalen schon bei den Wahlen von 1922 zu überflügeln. Während die 1920 gegründete Kommunistische Partei mehr oder minder bedeutungslos blieb, vertrat die Labour Party eine betont sozialistische Zielsetzung: sie forderte die Verstaatlichung bzw. Nationalisierung der Eisenbahnen, Kohlengruben, Elektrizitätswerke usw. Während die konservativen Regierungen die irische Frage mit der Entlassung der

Republik Irland in die Unabhängigkeit lösen konnten – andere Minderheitsprobleme existierten (noch) nicht –, sahen sie sich nun mit dem Machtanspruch der Labour Party und der mit ihr verbündeten Gewerkschaften konfrontiert. Während die Gewerkschaften verschiedene erfolgreiche Streiks führten, gelang es dem sozialistischen Politiker Ramsay MacDonald am 21. Januar 1924, eine Minderheitsregierung zu bilden, die von den Liberalen toleriert wurde. Das erste Kabinett MacDonald wurde zwar schon im Oktober 1924 zum Rücktritt gezwungen, nachdem von konservativer Seite ein angeblich von Sinowjew stammender Brief veröffentlicht worden war, der Pläne für einen Umsturz enthielt, dennoch war es sicherlich kein Zufall, daß die erste faschistische Partei Englands gerade in dieser angespannten innenpolitischen Situation entstand.

Diese Partei, der schon 1924 100 000 Mitglieder angehört haben sollen, orientierte sich bis ins Detail hinein an dem erfolgreichen faschistischen Vorbild Italien.[3] Darauf deutete bereits der zwar sprachlich korrekte, aber für eine nicht-italienische Partei doch mehr als merkwürdige Name dieser »British Fascisti« hin. Die Partei sah ihre Aufgabe darin, Hilfstruppe der Konservativen im Kampf gegen die »rote Gefahr« zu sein. 1926 boten die englischen Faschisten der konservativen Regierung, die inzwischen nach einem überlegenen Sieg über die Labour Party wieder an die Macht gekommen war, ihre Hilfe bei der gewaltsamen Niederschlagung eines Generalstreiks an. Die Konservativen lehnten dieses Anerbieten jedoch ab. Die »British Fascisti« versanken genauso wie eine zweite faschistische Gruppierung, die sich »Imperial Facist League« nannte, in der Bedeutungslosigkeit. Die noch verbliebenen Mitglieder dieser beiden faschistischen Splittergruppen schlossen sich dann der im Herbst 1932 von Sir Oswald Mosley gegründeten »British Union of Fascists« (BUF) an. Entstehung und temporärer Aufstieg dieser dritten und zugleich bedeutendsten englischen faschistischen Partei waren direkt und indirekt mit dem Ausbruch und den Folgen der Weltwirtschaftskrise verbunden.

Durch die Weltwirtschaftskrise wurden die ohnehin schon vorhandenen strukturellen Krisenerscheinungen des englischen Wirtschaftssystems noch weiter verschärft. Es kam zu einer Massenarbeitslosigkeit, gegen welche die englische Regierung nichts unternahm, weil sie – ähnlich wie Brüning in Deutschland – die Folgen der Weltwirtschaftskrise mit Hilfe einer strikten Sparpolitik überwinden wollte. Verantwortlich für diese Wirtschaftspolitik war der Sozialist MacDonald, der 1929 nach einem Sieg der Labour Party die Regierung gebildet hatte, in die dann 1931 auch die Konservativen und Liberalen eintraten. MacDonald blieb auch Ministerpräsident dieses »nationalen Kabinetts«, nachdem die Wahlen vom Oktober 1931 mit einer verheerenden Niederlage der Labour Party geendet hatten, die über 200 der 1929 errungenen 287 Parlamentssitze verlor. Trotz dieses Votums und trotz der immer schärfer werdenden innerparteilichen Kritik blieb MacDonald bis 1935 Ministerpräsident dieses im Grunde von den Konservativen beherrschten Koalitionskabinetts. Er ist daher innerhalb der Publizistik der Kommunistischen Internationale als besonders verabscheuungswürdiges Beispiel eines »Sozialfaschisten« angegriffen worden. Doch zum Faschisten wurde ein anderes sehr bekanntes Mitglied der Labour Party.

Dies war der 1890 als Sohn einer aristokratischen und innerhalb der englischen Adelsgesellschaft sehr geachteten Familie geborene Sir Oswald Mosley. Mosley, der als Offizier am Krieg teilgenommen hatte, schloß sich zunächst der konservativen Partei an, um dann 1920 als Abgeordneter zur Labour Party überzuwechseln. Im Januar 1930 legte er dem Kabinett MacDonald einen Plan vor, wie durch eine Erhöhung der Kaufkraft, die Intensivierung der staatlichen Kontrollmaßnahmen im wirtschaftlichen Bereich und durch eine wirtschaftliche Autarkiepolitik die Krise und die Massenarbeitslosigkeit zu überwinden seien. Mosleys Plan wurde jedoch sowohl von MacDonald als auch von den konservativen Fachministern, die 1931 in das Kabinett eingetreten waren, entschieden abgelehnt. Daraufhin gründete Mosley im Herbst 1932 eine eigene Partei, um seine wirtschaftspolitischen Vorstellungen, von deren Richtigkeit und Praktikabilität er in geradezu fanatischer Weise überzeugt war, dennoch durchzusetzen.

Die Orientierung am faschistischen Vorbild, die sich nicht nur im Namen der »British Union of Fascists«, sondern auch im äußeren Erscheinungsbild dieser Partei zeigte, die über schwarzuniformierte und z. T. bewaffnete Abteilungen verfügte, war jedoch von Anfang an mehr als nur ein Mittel zum Zweck. Mosleys wirtschaftspolitische, auf die Überwindung der Arbeitslosigkeit abzielenden Pläne wurden mehr und mehr durch seine aggressiv vorgetragenen nationalistischen, antisozialistischen und antisemitischen Ziele verdrängt. Wenn Mosley dazu aufrief, das British Empire zu stärken, seine im Grunde schon vergangene Größe wiederherzustellen, war dies ebensowenig mit wirtschaftspolitischen Erwägungen zu rechtfertigen wie seine immer heftiger und gewaltsamer werdenden Angriffe gegen die kleine jüdische Minderheit in England, die durch den Zuzug von Flüchtlingen aus Deutschland verstärkt wurde. Seine temporären Erfolge verdankte Mosley jedoch sowohl seinen rational wirkenden wirtschaftspolitischen Vorstellungen als auch seinen immer aggressiveren und irrationaleren nationalistischen, imperialistischen, antisozialistischen und antisemitischen Zielen.

Während die Angehörigen des Mittelstandes, aus denen sich die Mitgliederschaft der »British Union of Fascists« zu 58% zusammensetzte, von seinen Plänen zur Überwindung der Arbeitslosigkeit angesprochen wurden, scheinen diejenigen Arbeiter, die sich der BUF anschlossen, vor allem von den antisemitischen Zielen und Aktionen beeindruckt worden zu sein. Dafür spricht die Tatsache, daß die BUF Mosleys in dem von Arbeitern und vielen Juden bewohnten Londoner East End, wo sie 1937 bei Lokalwahlen 19% der abgegebenen Stimmen erreichte, einen regionalen Schwerpunkt besaß. Gerade in diesem Londoner Stadtteil wurden viele der Massenkundgebungen und Aufmärsche der Partei veranstaltet, die von dem englischen Gegenstück zur SA, der »Fascist Defence Force«, geschützt wurden. Diese ganz im faschistischen Stil durchgeführte Propagandaaktivität stieß jedoch nicht nur auf den zunehmenden Widerstand von Antifaschisten, insbesondere von Mitgliedern der Labour Party, die in Mosley einen aristokratischen Verräter an der Sache der Arbeiterklasse sahen, sondern rief auch das Mißfallen von bürgerlich-konservativen Kreisen hervor.

In Deutschland wurde von den Nationalsozialisten erfolgreich die Taktik angewandt, durch selbstinszenierte Unruhen ein Klima der Angst und Unsicherheit zu schaffen, das dann von Hitler – als dem ›starken Mann‹ – ausgenutzt werden konnte, da er allein in der Lage sei, ›Ruhe und Ordnung‹ wiederherzustellen. In England dagegen scheiterte diese Taktik: hier konnte die von einem Sozialisten geführte und zugleich von Konservativen getragene demokratische Regierung ihren Anspruch behaupten, allein für die Ruhe und Ordnung im Lande verantwortlich zu sein. Hinzu kam, daß die Sparpolitik bald Erfolge zeigte. Schon Ende 1933 waren die wirtschaftlichen Produktionsziffern von 1929 erreicht. Die Zahl der Arbeitslosen fiel unter die Millionengrenze, stieg aber bis 1938 wieder auf 2 Millionen an. Die wirtschaftliche Konsolidierung des Landes war jedoch nicht der einzige Grund, weshalb die Bedeutung der »British Union of Fascists« schrittweise zurückging, bis sie nach Ausbruch des Krieges verboten und aufgelöst wurde. Es ist unbezweifelbar, daß sich auch die langen und ungebrochenen parlamentarischen und demokratischen Traditionen Englands gegen den Aufstieg der BUF ausgewirkt haben. Allerdings blieb diesem nur schwer beschreibbaren demokratischen Potential in England auch eine wirklich tiefgehende Belastungsprobe erspart, weil die BUF erst relativ spät entstand, während die Wirtschaftskrise vor allem auch dank der Existenz des riesigen Rohstoff- und Absatzmarktes des Empire relativ schnell eingedämmt werden konnte. Obwohl die Geschichte der »British Union of Fascists« bisher nur unzureichend erforscht ist, da die einschlägigen Archivalien noch auf Jahrzehnte hinaus gesperrt sind, spricht doch alles dafür, daß Mosleys Bewegung keine bloße Episode in der Entwicklung des parlamentarischen Systems Englands gewesen ist.

5.3 Finnland

Finnland hatte bis 1808 zu Schweden gehört, danach war es als relativ autonomes Großfürstentum an Rußland gefallen.[4] Erst gegen Ende des 19. Jahrhunderts entstand eine nationale finnische Bewegung, die sich einmal gegen den bis dahin vorherrschenden kulturellen und gesellschaftlichen Einfluß der schwedischen Minderheit in Finnland, zum anderen aber gegen die zaristische Verwaltung richtete, die mehr und mehr von national-russischen Momenten bestimmt wurde. Während des Ersten Weltkrieges wurde die finnische Unabhängigkeitsbewegung von Deutschland unterstützt. 2 000 finnische Freiwillige nahmen auf deutscher Seite im 27. Preußischen Jägerbataillon am Krieg teil. Diese »Jäger« sollten dann die finnische Armee aufbauen, wobei sie wiederum von Deutschen unterstützt wurden.

Seit dem Sommer 1917 wurde jedoch der Kampf um die nationale Unabhängigkeit auch von innenpolitischen und sozialen Momenten geprägt. Ähnlich wie in Rußland war es in Finnland zu wilden Streiks und zu einer Radikalisierung des politischen Lebens gekommen. Nachdem die Sozialisten »Rote Garden« gebildet hatten, riefen die bürgerlichen Kräfte »Weiße Garden« ins Leben. Eine Einigung zwischen den bürgerlichen Parteien, die im Parlament über 108 Mandate verfügten, und den Sozialisten, die nur 92 Sitze errungen hatten, schien nicht mehr möglich zu sein. Nach dem Ausbruch der Oktober-Revolution in Rußland kam es im November 1917 in Finnland zu einem Generalstreik, der zu gewaltsamen Auseinandersetzungen und Toten führte. Die vom Generalleutnant Gustav Mannerheim befehligten bürgerlichen Schutzkorps wurden zur offiziellen finnischen Armee erklärt und ausgebaut. Nachdem sie mit der Entwaffnung der noch im Lande stehenden russischen Truppen begonnen hatten, riefen die finnischen »Roten Garden« im Januar 1918 eine Revolutionsregierung aus. Aus dem nationalen Befreiungskampf der Finnen war ein Bürgerkrieg geworden, den die Weißen schließlich nach blutigen Schlachten gewannen. Ebenso furchtbar war die Rache der bürgerlichen Kräfte unter Mannerheim. Von den 70 000 Rotgardisten, die nach der Eroberung ihres Stützpunktes Tampere gefangengenommen worden waren, wurden 8000 sofort hingerichtet, weitere 12 000 starben in den Gefangenenlagern an Hunger und Krankheiten.

Der Bürgerkrieg und seine Folgen sollten sich als schwere Belastung für die neuerrichtete finnische Republik erweisen. Die wirtschaftlichen und sozialen Probleme des noch weitgehend agrarisch geprägten Landes – 60% der finnischen Erwerbstätigen waren in der Landwirtschaft beschäftigt – konnten durch eine Bodenreform gelöst werden. Die zahlreichen Pächter, die sich im Bürgerkrieg überwiegend den Weißen angeschlossen hatten, konnten nun das Land käuflich erwerben, das sie bewirtschafteten. Allerdings mußten sich diese Pächter und viele andere Kleinbauern hoch verschulden, um ihre Höfe aufzubauen. Nach dem Ausbruch der Weltwirtschaftskrise sollte ihre Lage besonders kritisch werden.

Zu einer weitgehenden, aber keineswegs zufriedenstellenden Einigung kam es in der Grenzfrage. 1920 schloß Finnland mit der Sowjetunion einen Friedensvertrag, der vorsah, daß das Petsamo-Gebiet an Finnland fallen sollte, während das überwiegend von Finnen bewohnte Ostkarelien bei der UdSSR blieb. Ein wirklicher und dauerhafter Friedenszustand zwischen Finnland und seinem großen Nachbarn im Osten wurde durch diesen Vertrag jedoch nicht geschaffen. Dagegen konnte der Streit mit Schweden um die Åland-Inseln friedlich beigelegt werden, nachdem der Völkerbund 1921 diese Inselgruppe Finnland zusprach, das sich jedoch verpflichten mußte, die Autonomie der schwedischsprachigen Einwohner zu garantieren. Schweden akzeptierte diese Entscheidung des Völkerbundes und verzichtete darauf, irredentistische Bestrebungen der schwedischen Minderheit in Finnland zu wecken und zu fördern.

Dennoch sahen sich die schwedischsprachigen Finnen, die 11% der Gesamtbevölkerung stellten, starken Fennisierungsbestrebungen ausgesetzt, die von rechten Kräften und von der größten finnischen Studentenorganisation ausgingen, die sich »Akademische-Karelien-Gesellschaft« (AKS) nannte.[5] Die Sprachenfrage, die schließlich durch einen Kompromiß (wenn auch nicht zur völligen Zufriedenheit beider Seiten) beigelegt wurde, war deshalb so kompliziert und problematisch, weil die Schweden nicht nur in geschlossenen Siedlungsgebieten im Westen des Landes lebten, sondern darüber hinaus gerade im schwedischen oder schwedisierten Bürgertum und in der Oberschicht des Landes stark vertreten waren. Dies stieß auf die Kritik vieler Finnen, wobei sich nationale mit sozialen Motiven mischten. An den Universitäten des Landes kam es zu scharfen Auseinandersetzungen. Während in Turku zwei getrennte Universitäten errichtet wurden, eine schwedische und eine finnische, wurde die Fennisierung der Universität Helsinki systematisch fortgesetzt, obwohl hier 25% der Studenten und 50% der Professoren schwedischer Herkunft waren. Dennoch konnte die Sprachenfrage schließlich gelöst werden und entwickelte sich nicht zu einer anhaltenden schweren innenpolitischen Belastungsprobe des jungen finnischen Staates. Die Polarisierung zwischen den bürgerlichen und sozialistischen Kräften konnte dagegen auch nach dem Ende des Bürgerkrieges nicht beseitigt werden.

Während die sozialdemokratische Partei unter Führung von Väinö Tanner eine reformistische Politik verfolgte und bereits 1926 eine Minderheitsregierung bilden konnte, die von der »Schwedischen Volkspartei« zunächst toleriert wurde, gründeten einige Sozialdemokraten, die mit dem reformistischen Kurs Tanners nicht zufrieden waren, eine eigenständige Partei. Diese Sozialistische Arbeiterpartei Finnlands vereinigte sich mit der Kommunistischen Partei Finnlands (SKP), die im sowjetischen Exil von Otto Kuusinen angeführt wurde. Die Linkssozialisten gewannen bei den Wahlen von 1920 10% der abgegebenen Stimmen. Sie wurden in der finnischen Öffentlichkeit als eine von Moskau ferngesteuerte ›Fünfte Kolonne‹ angesehen. Kam es unter den Waldarbeitern Nordostfinnlands oder unter den Hafenarbeitern Helsinkis zu Streiks, wurde sogleich die Vermutung geäußert, daß diese Arbeitskämpfe von der Sowjetunion angezettelt worden seien, die den sozialen Frieden in Finnland gefährden und ihre Holzexporte steigern wolle. Alle nicht-sozialistischen Parteien Finnlands waren extrem antikommunistisch eingestellt. Das gilt sowohl für die »Nationale Fortschrittspartei« als auch für die noch weiter rechts stehende »Nationale Sammlungspartei« und für den »Bund des Landvolkes«, der 1919 aus einer Vereinigung von verschiedenen Bauernparteien hervorgegangen war und sich zur stärksten nicht-sozialistischen Partei entwickelte.

Angesichts der antikommunistischen Stimmung, die in den bürgerlichen Parteien und in großen Teilen der Öffentlichkeit herrschte, verwundert es nicht, daß ein Ereignis, das sich im November 1929 im ostbottnischen Dorf Lapua abspielte, große Beachtung und weitgehende Zustimmung fand.[6] Hier waren Bauern über eine Versammlung von Jungkommunisten hergefallen, um sie mit Schlägen aus dem Dorf zu vertreiben. Eine kleine und bis dahin weithin unbekannte Organisation, die sich »Türschloß Finnlands« nannte, übernahm in programmatischer Absicht den Namen dieser finnischen Ortschaft. Tatsächlich verfolgte die von Vihturi Kosola angeführte »Lapua-Bewegung« (nach dem schwedischen Namen des Ortes auch »Lappo-Bewegung« genannt) von Anfang an eine extrem antikommunistische Zielsetzung, die nationalistisch und religiös zugleich fundiert war. Der Kommunismus wurde von den Mitgliedern dieser neuen Massenbewegung nicht nur als eine innenpolitische Bedrohung, sondern darüber hinaus als Gefahr für die nationale und religiöse Integrität des finnischen Volkes angesehen. Gerade wegen ihrer religiösen, nationalistischen und vor allen Dingen antikommunistischen Ziele wurde die Lapua-Bewegung von der (lutherischen) Kirche sowie von den konservativen und bäuerlichen Parteien unterstützt.

Auf Drängen der Lapua-Bewegung fand sich die Regierung 1930 bereit, dem Parlament ein Staatsschutzgesetz vorzulegen, das die Auflösung und das Verbot aller kommunistischen Gruppierungen im Lande vorsah. Nachdem die rechten Parteien bei den Neuwahlen große Erfolge erzielt hatten, fand diese antikommunistische Gesetzgebung die verfassungsrechtlich notwendige Zweidrittelmehrheit. Nur die Sozialdemokraten stimmten dagegen. Mit diesem Erfolg war die Lapua-Bewegung jedoch noch keineswegs zufrieden. Sie setzte ihre terroristischen Aktionen gegen Kommunisten fort, die häufig über die sowjetische Grenze getrieben wurden. Selbst der ehemalige Präsident Finnlands, Stahlberg, wurde von Mitgliedern der Lapua-Bewegung entführt. Die Regierung schritt jedoch erst ein, als sich im Februar 1932 Tausende von Angehörigen der Lapua-Bewegung in dem in der Nähe Helsinkis gelegenen Dorf Mäntsälä versammelten, um von dort aus den Marsch auf die Hauptstadt anzutreten. Angesichts der entschlossenen Haltung des konservativen Präsidenten Svinhufvud, der mit dem Einsatz von Truppen drohte, scheiterte dieser Putschversuch der Lapua-Bewegung. Sie wurde aufgelöst und ging in der schon im Juni 1932 gegründeten »Vaterländischen Volksbewegung« (IKL) auf.

Im Grunde handelte es sich bei der IKL um eine bloße Fortsetzung der Lapua-Bewegung. Viele Mitglieder, unter ihnen auch die Führer Vihturi Kosola und Vilho Annala, waren vorher in der Lapua-Bewegung organisiert. Dennoch gibt es auch einige Unterschiede zwischen der Lapua-Bewegung und der IKL, die von Anfang an als Partei auftrat. Das gilt vor allem für die ideologischen Ziele der IKL, die ebenfalls einen nationalistisch und religiös fundierten Antikommunismus vertrat, darüber hinaus jedoch auch eine antikapitalistisch geprägte Programmatik entwarf, die deutlich am faschistischen Vorbild orientiert war. Sie war bemüht, nicht nur Bauern, die von den Folgen der Weltwirtschaftskrise betroffen waren, sondern auch Arbeiter zu gewinnen. Zu diesem Zweck legte die IKL ein Programm zur Überwindung der Arbeitslosigkeit vor, das u. a. ländliche Siedlungsmaßnahmen und die Einführung von Kurzarbeit vorsah. Dennoch scheint es der IKL nicht gelungen zu sein, eine ins Gewicht fallende Zahl von Arbeitern zu gewinnen. Andererseits riefen die antikapitalistisch wirkenden Forderungen der »Vaterländischen Volksbewegung« das Mißtrauen der Konservativen hervor, die der IKL ›linke‹ Tendenzen und die Orientierung am ausländischen faschistischen Vorbild vorwarfen. Dennoch fand die IKL nicht nur innerhalb der Bauernschaft, sondern auch in den Kreisen des städtischen

Mittelstandes und der Akademiker und Studenten Unterstützung. Das führte dazu, daß der regionale Schwerpunkt der Partei mehr in Helsinki und seiner Umgebung lag, während die fast ausschließlich bäuerlich geprägte Lapua-Bewegung besonders stark in den ländlichen Regionen vertreten gewesen war. Anders als die Lapua-Bewegung, die in der Sprachenfrage eine eher neutrale Haltung eingenommen hatte, unterstützte die IKL die Fennisierungsbestrebungen der »Akademischen-Karelien-Gesellschaft«. Abgesehen von dieser finnischen Studentenorganisation, mit der die IKL eng zusammenarbeitete, wurde die »Vaterländische Volksbewegung«, wiederum ähnlich wie die Lapua-Bewegung, auch von der Kirche unterstützt. Der mächtige »Bund des Landvolks« dagegen grenzte sich in zunehmendem Maße von der IKL ab. Auch der Vorsitzende der konservativen Partei und Präsident der Republik, Paasikivi, warnte vor einer Zusammenarbeit mit der IKL.

Das geschah jedoch erst, nachdem die »Vaterländische Volksbewegung«, der über 100 000 Mitglieder angehört haben sollen, bei den Parlamentswahlen von 1936 14 der insgesamt 200 Mandate errang. Seitdem wurde die IKL von den bürgerlichen und konservativen Parteien als ernstzunehmende politische Konkurrenz angesehen und bekämpft. In diesem Zusammenhang wurde immer wieder der Vorwurf erhoben, die »Vaterländische Bewegung« sei von einer ausländischen Macht abhängig. Damit war das nationalsozialistische Deutschland gemeint, dessen Politik trotz der traditionell deutschfreundlichen Einstellung auch in Finnland kritisiert wurde. Gerade die pietistisch orientierte lutherische Kirche Finnlands wandte sich öffentlich und sehr energisch gegen die antichristlichen Zielsetzungen der Deutschen Christen. Die IKL teilte zwar diese Kritik, konnte jedoch nicht verhindern, daß sich neben den konservativen Kräften auch die Kirche immer mehr von der »Vaterländischen Volksbewegung« abwandte, deren immer deutlicher werdende Orientierung am faschistischen bzw. nationalsozialistischen Vorbild abgelehnt wurde. Da außerdem die Folgen der Weltwirtschaftskrise weitgehend überwunden werden konnten, sank die zahlenmäßige und politische Bedeutung der IKL. Am 22. November 1938 wurde sie sogar von Innenminister Urho Kekkonen verboten. Dieses allerdings auch mit außenpolitischen Rücksichtnahmen auf die Westmächte einerseits, die Sowjetunion andererseits motivierte Verbot wurde jedoch kurz darauf von den

Gerichten aufgehoben. Die IKL konnte an den Parlamentswahlen von 1939 teilnehmen, bei denen sie nur noch 8 von insgesamt 200 Mandaten errang. In der Zeit von 1941 bis 1943, als Finnland an der Seite Deutschlands gegen die Sowjetunion kämpfte, trat das führende Mitglied der IKL, Vilho Annala, sogar als Verkehrsminister in die Regierung ein. Nach der Unterzeichnung des Waffenstillstands mit der Sowjetunion im Jahr 1944 wurde die Partei endgültig aufgelöst, obwohl sie offensichtlich niemals von Organisationen des nationalsozialistischen Staates oder der NSDAP unterstützt worden ist.

Insgesamt gesehen weisen die IKL und vor allem die vorausgehende Lapua-Bewegung in vieler Hinsicht einen spezifisch finnischen Charakter auf, obwohl gerade bei der IKL die Orientierung am faschistischen, insbesondere nationalsozialistischen Vorbild in ideologischer und organisatorischer Hinsicht nicht zu übersehen ist. Trotz der eigenständigen Wurzeln der Lapua-Bewegung, die als antikommunistisch orientierte bäuerliche Protestbewegung entstand, gehört sie und vor allem ihre Nachfolgerin, die »Vaterländische Volksbewegung«, in die Gruppe der faschistischen Bewegungen, denen es jedoch nicht gelungen ist, eine Massenbasis zu erreichen. Ihre antikommunistischen, nationalistischen und – in geringerem Maße – auch antikapitalistischen Ziele, die gerade die IKL mit den anderen faschistischen Bewegungen gemeinsam hatte, erwiesen sich schließlich in einem Lande als wenig erfolgreich, dessen politisches Klima zwar durch einen vehementen Antikommunismus geprägt war, das aber zugleich darauf bedacht war, neben der nationalen Unabhängigkeit auch seine demokratisch-parlamentarischen Strukturen zu behalten. Der durch die Sprachenfrage und durch die tatsächliche oder nur vermeintliche kommunistische Bedrohung nicht entscheidend tangierte demokratische und nationale Konsens der Finnen erwies sich gegenüber der Anziehungskraft, die vom internationalen Faschismus ausging, als widerstandsfähig.

5.4 Belgien

Auch Belgien wurde von den Folgen der Weltwirtschaftskrise schwer getroffen, nachdem es in den 20er Jahren gelungen war, die durch den Ersten Weltkrieg sehr in Mitleidenschaft gezogene

Wirtschaft wieder aufzubauen.[7] Dennoch waren es nicht ausschließlich oder primär wirtschaftliche Faktoren, die dazu führten, daß auch das politische System Belgiens in den 30er Jahren in eine schwere Krise geriet. Weitaus wichtiger als die wirtschaftlichen und sozialen Probleme war die Sprachenfrage, die zu der Entstehung von zwei innerbelgischen, sich feindlich gegenüberstehenden Nationalismen geführt hatte. Das galt für den Nationalismus der französisch sprechenden Wallonen einerseits, den der Flamen andererseits.

Die flämischen Nationalisten wandten sich energisch gegen den vorherrschenden Einfluß der französischen Sprache innerhalb der Kultur, der Verwaltung und des Militärs in Belgien. Einige von ihnen hatten während des Ersten Weltkrieges mit den Deutschen kollaboriert, die ihnen die Errichtung eines unabhängigen Flanderns versprochen hatten. Da sie nach dem Krieg von den Behörden verfolgt und bestraft wurden, zeigten sie jetzt wenig Neigung zu einer loyalen Mitarbeit im belgischen Staatsverband. Auch die weitaus zahlreicheren Flamen, die im belgischen Heer gegen die Deutschen gekämpft hatten, mußten enttäuscht feststellen, daß ihre loyale Haltung nicht durch Konzessionen in der Sprachenfrage honoriert wurde. Der Anspruch der Flamen auf eine stärkere Berücksichtigung ihrer Sprache innerhalb der Verwaltung und des öffentlichen Lebens in Belgien stieß dagegen auf die scharfe Kritik der wallonischen Nationalisten. Erst in der Zeit von 1932 bis 1938 konnte die Sprachenfrage zur weitgehenden Zufriedenheit der Flamen geregelt werden. Wenn es erst so spät zu einer auch dann nur vorläufigen Lösung des Sprachenproblems kam, lag das vor allem an der Aufsplitterung und Polarisierung des belgischen Parteiensystems.

Bis zum Ersten Weltkrieg war das ausschließlich von Katholiken bewohnte Land von der großen und mächtigen Katholischen Partei regiert worden. Nach der Einführung des allgemeinen Männerwahlrechts im Jahre 1919 verlor diese Partei jedoch ihre dominierende Position. Hatte sie 1912 noch 51,5% der abgegebenen Stimmen gewonnen, mußte sie sich bei den Wahlen von 1919 mit 38,8% der Stimmen und 73 Mandaten begnügen. Die Sozialistische Partei konnte dagegen ihren Stimmenanteil verdoppeln und mit 70 statt der bisherigen 37 Abgeordneten ins Parlament einziehen. Bei den Wahlen von 1925 gewann sie noch 8 Mandate hinzu. Die Liberalen, die bei diesen Wahlen nur noch 16,6% der abgegebenen Stimmen gewannen, waren damit endgültig auf den dritten Platz verdrängt worden. Obwohl die Kommunistische Partei, die 1925 zum ersten Mal zwei Abgeordnete ins Parlament entsenden konnte, relativ bedeutungslos blieb – sie gewann nie mehr als 6% der abgegebenen Stimmen –, erwies sich die notwendig gewordene Bildung von Koalitionsregierungen zwischen der Katholischen und der Liberalen sowie zwischen der Katholischen und der Sozialistischen Partei immer als sehr schwierig. Häufig wurden sie sehr bald wieder gestürzt. In der Zwischenkriegszeit gab es nicht weniger als 18 Regierungen in Belgien.

Diese Uneinigkeit und Instabilität des politischen Systems konnte vor allem von der flämischen nationalistischen Bewegung ausgenutzt werden.[8] Ihre »Vlaamsche Front« oder »Frontpartij« genannte Partei errang bei den Wahlen zwischen 5 und 10 Mandaten und erreichte 1939 mit 17 Sitzen ihren Höhepunkt. Die »Frontpartij« war eine demokratische Partei, deren Mitglieder aus dem städtischen und bäuerlichen Mittelstand Flanderns stammten. 1931 trat jedoch ihr führendes Mitglied, Joris van Severen, aus der »Frontpartij« aus, um den »Verband van Dietsch National-Solidaristen« (Verdinaso) zu gründen. Der Verdinaso vereinigte sich mit anderen kleineren flämischen Gruppierungen zum »Vlaamsch Nationaal Verband« (VNV).

Die Charakterisierung dieses Verbandes ist schwierig und innerhalb der Forschung umstritten. Während ein Teil der Mitglieder nach wie vor demokratisch und parlamentarisch, ja sogar antimilitaristisch eingestellt war, wurde der andere, von Joris van Severen angeführte Teil mehr und mehr vom Faschismus beeinflußt. Das gilt vor allen Dingen für die Parteimiliz des VNV, die »Vlaamsche Nationaal Militie« und dann »Dietsche Militanten Orde« genannt wurde und der 800 Mitglieder angehörten. Nachdem van Severen zunächst die Unabhängigkeit Flanderns propagiert hatte, vertrat er seit 1937 eine ›groß-belgische‹ Konzeption. Belgien sollte zum Kernstaat eines nach dem Vorbild des mittelalterlichen Burgund errichteten Großreiches werden, das außer Belgien auch die Niederlande, Luxemburg und Französisch-Flandern sowie Burgund umfassen sollte. Allerdings waren viele flämische Nationalisten mit diesen ebenso imperialistischen wie phantastischen Plänen van Severens nicht einverstanden. Sie verließen die Partei, die bei den Wahlen ganz erfolglos war. Während van Severen im Mai 1940 von französischen Soldaten ermordet wurde, fanden sich einige Anhänger des VNV und der flämischen »Frontpartij« trotz der bitteren Erfahrungen, die sie in dieser Hinsicht im und nach dem Ersten Weltkrieg gemacht hatten, wiederum bereit, mit der deutschen Besatzungsmacht zu kollaborieren, weil sie hofften, ihrem Ziel, einem unabhängigen Flandern, auf diese Weise näherzukommen. Damit hatten sich der flämische Faschismus und Nationalismus weitgehend, aber noch keineswegs endgültig diskreditiert.

Auch innerhalb der wallonischen nationalistischen Bewegung fand das Vorbild des Faschismus große Beachtung. Das gilt vor allen Dingen für eine Gruppierung, die sich seit 1924 »Action Nationale« nannte und eine ausgeprägt antidemokratische, antibolschewistische, antisozialistische und antiflämische Zielsetzung vertrat. Außerdem propagierte sie die Errichtung eines starken Staates und die Einführung eines Korporativsystems nach italienischem Muster. Auch hier fällt die Einordnung dieser nationalistischen Bewegung, die über eine Jugendorganisation, die »Jeunesses Nationales«, verfügte, der etwa 3000 Oberschüler angehörten, schwer. Eindeutig faschistisch war dagegen die »Légion Nationale«, der sich der größere Teil der »Action Nationale« anschloß, während die Minderheit von der Katholischen Partei absorbiert wurde. Die »Légion Nationale« war ursprünglich von belgischen Kriegsveteranen gegründet worden und wurde in ideologischer und organisatorischer Hinsicht mehr und mehr vom faschistischen Vorbild beeinflußt. In besonderem Maße gilt dies für die uniformierte und z. T. bewaffnete Parteimiliz, die »Jeunes Gardes« genannt wurde. Nach der Okkupation Belgiens durch deutsche Truppen schlossen sich die meisten Mitglieder der faschistischen »Légion Nationale« der Widerstandsbewegung an. Ihr Führer, Hoonaert, starb 1944 in einem deutschen Konzentrationslager.

Die nach dem flämischen VNV (mit ihrem Kern, dem Verdinaso) und nach der wallonischen »Légion Nationale« dritte und zugleich bedeutendste faschistische Partei Belgiens nahm dagegen eine andere Entwicklung. Sie wurde 1935 von dem Studenten Léon Degrelle unter dem Namen »Front Populaire« gegründet, aber allgemein nach dem Verlag der Katholischen Aktion »Rex-Bewegung« genannt.

Ähnlich wie der Führer des VNV (bzw. des Verdinaso) van Severen entstammte Degrelle einer wohlhabenden Familie. Nachdem er sich als Redakteur einer Studentenzeitschrift einen gewissen Namen gemacht hatte, übernahm er 1930 die Leitung des schon erwähnten katholischen Verlages, der nach dem Christus-König-Kult genannt wurde, den die katholische Kirche seit den 20er Jahren in Belgien pflegte, wobei sie in ihrer nationalistischen und scharf antikommunistischen Haltung vom Vorbild des italienischen Faschismus beeinflußt war. Das gilt vor allen Dingen für die teilweise paramilitärisch organisierten Jugendverbände der katholischen Kirche in Belgien. Degrelle, der 1932 von der Katholischen Partei mit der Organisation des bevorstehenden Wahlkampfes beauftragt worden war, scheint sich für eine Intensivierung des nationalistischen und antikommunistischen Kurses innerhalb der Katholischen Partei und der katholischen Laienbewegung eingesetzt zu haben. Als er mit diesem Kurs auf Widerstand stieß, griff er die Katholische Partei offen und scharf an; nachdem er führende Politiker der Katholischen Partei der Korruption bezichtigt hatte, brach diese alle Beziehungen zu ihm ab. Degrelle ließ sich davon aber nicht einschüchtern und baute zusammen mit anderen früheren Mitgliedern der Katholischen Partei und der katholischen Laienorganisation eine eigene, die Rex-Bewegung auf.

Sie forderte die weitgehende Abschaffung des als korrupt und schwach angesehenen parlamentarischen Systems sowie die Einschränkung des allgemeinen Wahlrechts, das mit den elitären und hierarchischen Vorstellungen Degrelles nicht zu vereinbaren war. Obwohl die Rex-Bewegung auch ein Programm zur Überwindung der Arbeitslosigkeit vorlegte, in dem die Reduzierung der Zahl der ausländischen Arbeitskräfte in Belgien gefordert wurde, waren die Ziele des Rex zunächst eher konservativ und katholisch als offen faschistisch geprägt. Da Degrelle von einigen belgischen Finanzkreisen unterstützt wurde, konnte er einen intensiven und aufwendigen Wahlkampf führen. Der Erfolg blieb nicht aus: bei den Parlamentswahlen von 1936 erreichte die Rex-Bewegung mit einem Schlag 11,5% der abgegebenen Stimmen und 21 Mandate. Damit hatte sie fast die Liberale Partei aus der dritten Position verdrängen können. Obwohl Degrelle in der Sprachenfrage keine dezidiert antiflämische Haltung eingenommen hatte, wurde seine Partei gerade in den ländlichen Teilen Walloniens, wo sie über 25% der Stimmen erreichte, besonders stark unterstützt. In Brüssel und Umgebung, wo Flamen und Wallonen wohnten, erreichte die Partei zwischen 15% und 20%. In den meisten Gebieten Flanderns lag ihr Stimmenanteil dagegen nur bei 5%. Ähnlich wie die Mitgliederschaft der Rex-Bewegung kamen auch ihre Wähler vornehmlich aus dem Mittelstand und dem Beamtentum. Die meisten hatten vorher die Katholische Partei unterstützt.

Nach diesem Wahlerfolg versuchte Degrelle ständig, politische Unruhe zu schaffen, indem er die Durchführung von verschiedenen Nachwahlen erzwang, die deshalb nötig wurden, weil Abgeordnete des Rex ihr Mandat niederlegten. Degrelle, dessen Stellung innerhalb der Rex-Bewegung unumstritten war, wollte diese Nachwahlen zu Plebisziten umgestalten. Die übrigen Parteien erkannten jedoch die Gefahr und nahmen die Herausforderung an. Bei einer erzwungenen Nachwahl in Brüssel trat der junge und energische Ministerpräsident Paul van Zeeland gegen Degrelle an. Da van Zeeland nicht nur von seiner eigenen, der Katholischen Partei, sondern auch von den Sozialisten, Liberalen und selbst von den Kommunisten unterstützt wurde, gewann er 75% der abgegebenen Stimmen, während Degrelle nur auf knapp 19% kam. Diese Nachwahl vom April 1937 wurde allgemein als entscheidende Niederlage Degrelles angesehen. Von da ab ging der Einfluß des Rex spürbar zurück. Viele, auch führende Mitglieder verließen die Partei.

Maßgebend für den Rückgang des Rex war jedoch auch die Tatsache, daß die katholische Kirche, deren Unterstützung Degrelle sicher zu sein glaubte, deutlich von ihm abrückte. Der Erzbischof von Malines bezeichnete den Rex in aller Öffentlichkeit als Gefahr für das Land und die katholische Kirche. Der Episkopat in Belgien hatte offensichtlich aus dem in Deutschland einsetzenden Kirchenkampf gelernt, daß eine allzu enge Zusammenarbeit mit dem Faschismus doch nicht so vorteilhaft war, wie es nach dem Abschluß der Konkordate mit dem faschistischen Italien (1929) und dem nationalsozialistischen Deutschland (1933) zunächst ausgesehen hatte.

Degrelle antwortete auf die Abwehrbemühungen der Katholischen Partei und der katholischen Kirche, indem er sich noch eindeutiger zum Vorbild des faschistischen Italien bekannte. Die Rexisten suchten und fanden nun die gewaltsame Auseinandersetzung mit ihren politischen Gegnern. Doch durch derartige Aktionen war der schwindende politische Einfluß des Rex, der sich schon bei den Kommunalwahlen vom Oktober 1938 ankündigte, nicht mehr aufzuhalten. Bei den Parlamentswahlen von 1939 gewann die Rex-Bewegung nur noch 4,4% der abgegebenen Stimmen und 4 Mandate. Damit war sie zu einer politisch gänzlich einflußlosen Splittergruppe geworden. Die Austrittsbewegung setzte sich fort, da Degrelle jetzt auch eine offen antisemitische Zielsetzung vertrat, die in Belgien wenig Anklang fand. (Auch der Verdinaso und die »Légion Nationale« waren nicht antisemitisch orientiert.) Dennoch setzte Degrelle seine öffentliche Verherrlichung Hitlers fort, an dessen Partei er sich mehr und mehr orientierte, während er vorher das Vorbild des faschistischen Italien gepriesen hatte. Nachdem Degrelle auch noch den deutschen Überfall auf Polen, Dänemark und Norwegen gutgeheißen hatte, war seine Bewegung in Belgien nahezu gänzlich isoliert und geächtet. Dies hinderte Degrelle und die wenigen noch verbliebenen Mitglieder seiner Partei jedoch nicht, nach der Okkupation Belgiens mit der deutschen Besatzungsmacht zu kollaborieren. Zusammen mit einigen anderen Rexisten, unter denen sich auch jüngere Männer befanden, die der Bewegung erst nach 1940 beitraten, beteiligte sich Degrelle in der Waffen-SS am Krieg gegen die Sowjetunion.

Keine der drei faschistischen Bewegungen in Belgien ist als faschistische Partei gegründet worden. Der Verdinaso und der VNV entstanden aus der nicht-faschistischen flämischen Nationalbewegung. Erst später kam es unter der Führung von Joris van Severen zu einer immer deutlicher werdenden »Faschisierung« dieser zunächst ausschließlich nationalistisch geprägten Bewegung. Eine ähnliche Entwicklung nahmen auch die wallonischen Nationalisten der »Action Nationale«, die nach ihrem Eintritt in den Veteranenbund der »Légion Nationale« diese Organisation in ideologischer und organisatorischer Hinsicht immer mehr an das faschistische Vorbild anglichen.

Die Rex-Bewegung trat dagegen zunächst als eine extrem konservative und militant katholische Partei auf, die dann jedoch ihre nationalistischen, antidemokratischen, antikommunistischen und schließlich auch antisemitischen Ziele immer mehr verschärfte. Auch in organisatorischer Hinsicht kam es zu einer Angleichung an das faschistische und schließlich das nationalsozialistische Vorbild. Doch gerade das trug wesentlich zum Niedergang der Rex-Bewegung bei, die von allen Parteien, auch von der Katholischen Partei, als Parteigänger ausländischer faschistischer Mächte angesehen und bekämpft wurde. Das Schicksal der »Légion Nationale«, deren Mitglieder in der belgischen Widerstandsbewegung gegen die Deutschen kämpften, zeigt, daß eine faschistische Orientierung nicht unbedingt zur Kollaboration führen mußte.

Alle drei faschistischen Gruppierungen in Belgien sind, soweit man dies angesichts der unzureichenden Quellen- und Literaturlage feststellen kann, mehr oder minder ausschließlich von Angehörigen des flämischen bzw. wallonischen Mittelstandes unterstützt und gewählt worden. Obwohl zumindest der Rex finanzielle Unterstützung aus der belgischen Geschäftswelt erhielt, stand in der Programmatik aller faschistischen Gruppierungen nicht die soziale, sondern die nationale Frage im Vordergrund.

5.5 Holland

Die Industrialisierung und Urbanisierung Hollands, das durch den Ersten Weltkrieg überhaupt nicht in Mitleidenschaft gezogen worden war, war bereits in der Zwischenkriegszeit weit fortgeschritten.[9] 1930 arbeiteten nur mehr 26% der Erwerbstätigen innerhalb der Landwirtschaft. Die Weltwirtschaftskrise wirkte sich relativ spät, dann jedoch gravierend und langanhaltend aus. Besonders die Landwirtschaft wurde getroffen, weil sie sich schon vorher in einer strukturellen Krise befand.

Das Parteiensystem war ebenso kompliziert wie stabil. Der großen Römisch-Katholischen Staatspartei standen einmal zwei protestantische Parteien gegenüber, von denen die eine eher konservativ, die andere eher liberal geprägt war. Die zwei liberalen Parteien verloren im Laufe der Zeit immer mehr an Einfluß. Hatten sie 1918 noch 20% der abgegebenen Stimmen errungen, erreichten sie 1939 nur noch 10%. Die »Sozialdemokratische Arbeiterpartei« (SDAP) war nach der Einführung des allgemeinen Wahlrechts zur zweitstärksten Partei des Landes geworden, wurde jedoch erst 1939 an einer Koalitionsregierung beteiligt. Abgesehen von der unbedeutend bleibenden Kommunistischen Partei gab es schließlich noch andere liberal und regional geprägte Splittergruppen.

Ähnlich wie in Deutschland waren die Sozialdemokraten und die Katholiken nicht nur in parteipolitischer Hinsicht organisiert, sondern verfügten darüber hinaus über eigene Gewerkschaften,

Vereine, gesellschaftliche Einrichtungen sowie selbst über eigene Radiostationen und Schulen. Diese Segmentierung (niederländisch: »Verzuiling«) des politischen und gesellschaftlichen Systems Hollands umfaßte, anders als in Deutschland, auch das protestantische Lager, das ebenfalls über eigene Parteien, Vereine und andere Organisationen verfügte. Nur den beiden liberalen Parteien war es nicht gelungen, ein vergleichbares ›Milieu‹ zu schaffen. Durch diese »Verzuiling« des politischen und gesellschaftlichen Systems wurde naturgemäß die Bildung der angesichts der Parteienvielfalt notwendigen Koalitionsregierungen erschwert. Hinzu kam, daß es neue Parteien äußerst schwer hatten, die festgefügte Segmentierung zu durchbrechen und Wähler sowohl aus dem sozialdemokratischen als auch katholischen und protestantischen ›Lager‹ zu gewinnen. Diese Erfahrung mußte auch die einzige bedeutendere faschistische Partei Hollands machen.

Dabei handelte es sich um die am 14. September 1931 in Utrecht von A. Mussert und C. van Geelkerken gegründete »Nationaal Socialistische Beweging« (NSB).[10] Mussert und van Geelkerken stammten aus den liberalen Parteien, hatten aber schon vorher Kontakt zu den kleineren faschistischen und rechtsradikalen Gruppierungen in Holland aufgenommen, die sich dann der NSB anschlossen. In organisatorischer und ideologischer Hinsicht war die NSB ganz vom deutschen Vorbild geprägt. Sie vertrat nationalistische, antisozialistische und antiparlamentarische Ziele und forderte die Errichtung eines korporativen Wirtschaftssystems. Antisemitische Tendenzen fehlten dagegen fast völlig. Die ersten Anhänger gewann die Partei in den größeren Städten des Landes. Dabei handelte es sich vorwiegend um Mitglieder des oberen Mittelstandes – Beamte, Kaufleute, Offiziere, Akademiker, Rentner usw. Die Partei war ausgesprochen bürgerlich. Der in fast allen anderen faschistischen Parteien zu beobachtende hohe Anteil an jungen Menschen ist bei der NSB nicht anzutreffen.

Die Partei nahm zunächst nicht an Parlamentswahlen teil und konzentrierte sich darauf, den Parteiapparat auszubauen. Im Januar 1934 sollen der NSB bereits 21 000 und im Januar 1936 sogar 47 000 Mitglieder angehört haben. Bedenkt man, daß die große Katholische und die Sozialdemokratische Partei jeweils nur über knapp 100 000 Mitglieder verfügten, wird deutlich, daß es der NSB in kurzer Zeit gelungen war, eine relativ starke Position zu erreichen. Dies zahlte sich bei den Provinzwahlen von 1934 und vor allen Dingen bei den Parlamentswahlen von 1935 aus. Die NSB erreichte mit einem Schlage 8% der abgegebenen Stimmen. Angesichts des festgefügten niederländischen Parteiensystems war das ein bemerkenswerter Erfolg, der auch in der damaligen holländischen Öffentlichkeit Überraschung hervorrief.

Dennoch zeigt eine genauere Wahlanalyse, daß es der NSB nicht gelungen war, in die Segmente der Sozialdemokraten, Katholiken und Protestanten einzubrechen. Die Stimmengewinne der nationalsozialistischen Partei erfolgten fast ausschließlich auf Kosten der Liberalen und einiger kleinerer Protestparteien. Die regionalen Schwerpunkte dieser in sozialer Hinsicht immer noch nahezu ausschließlich bürgerlich geprägten Partei lagen nach wie vor in den großen Städten. Bemerkenswerte Stimmengewinne konnte die NSB aber auch in den ländlich geprägten Provinzen entlang der deutschen Grenze gewinnen. Dies trifft selbst für die von Katholiken bewohnte Provinz Limburg zu, wo die NSB allerdings das Erbe von einigen kurzlebigen Protestbewegungen antreten konnte. Das katholische »Verzuiling« war hier nicht sehr stark ausgeprägt. In den übrigen Regionen profitierte die NSB offensichtlich von der immer noch anhaltenden wirtschaftlichen Krise. Dabei hat wohl auch die Tatsache eine Rolle gespielt, daß es den Nationalsozialisten im benachbarten Deutschland eher gelungen war, die Wirtschaftskrise zu überwinden.

In der Folgezeit sollte sich jedoch das deutsche Beispiel negativ auf die weitere Entwicklung der NSB auswirken. Gerade der Kirchenkampf und die Verfolgung der Juden riefen innerhalb der niederländischen Öffentlichkeit ein überwiegend negatives Echo hervor. Hinzu kam, daß sich die holländischen Exporte nach Deutschland wegen der nationalsozialistischen Autarkiepolitik verringerten. Entscheidend für den unmittelbar nach dem Wahlerfolg von 1935 einsetzenden Rückgang der NSB waren jedoch die Abwehrbemühungen der katholischen, protestantischen und sozialdemokratischen Parteien, deren Mitglieder sich nicht nur resistent gegenüber der nationalsozialistischen Anziehungskraft zeigten, sondern verschiedene Abwehrorganisationen gegen die drohende Gefahr des Faschismus gründeten. Auch die Kirchen und die staatlichen Organe nahmen eine entschieden ablehnende Haltung ein. Das schon 1934 ausgesprochene Verbot der Regierung, wonach Beamte nicht Mitglieder der NSB (und anderer radikaler Gruppierungen) werden durften, wurde konsequent in die

Praxis umgesetzt. Verschiedene Mitglieder der NSB traten daraufhin aus der Partei aus, während Mussert und van Geelkerken, die beide in Ministerien beschäftigt waren, ostentativ ihren Beruf aufgaben. Obwohl Mussert wiederholt betont hatte, daß sich seine Partei strikt an die Gesetze halten werde, konnte er nicht verhindern, daß das holländische Gegenstück zur SA, die »Weerafdeling« (Wehrabteilung), verboten und aufgelöst wurde. Schließlich wurde auch durch die Überwindung der Wirtschaftskrise der propagandistischen Aktivität der NSB der Boden entzogen.

Erst nach der Okkupation Hollands durch die deutschen Truppen gewann die NSB wieder an Bedeutung. Dabei profitierte sie von der Entscheidung der deutschen Besatzungsmacht, die schließlich nach den Linken und Liberalen auch die rechtsgerichteten Parteien verbot. Mussert wurde zwar nicht wie Quisling zum Ministerpräsidenten ernannt, dennoch wurden die holländischen Nationalsozialisten bei der Verwaltung des Landes »eingeschaltet«. In dieser Eigenschaft beteiligten sich die Mitglieder der NSB bei der Aufstellung von SS-Freiwilligenformationen. Auch wenn sie gewollt hätten, konnten sie jedoch die Deportation der holländischen Juden und die Verschickung von holländischen Arbeitskräften ins Reich nicht verhindern. Sie wurden zu Kollaborateuren, die von allen politischen Kräften und von den Kirchen völlig isoliert und diskriminiert sowie von der holländischen Widerstandsbewegung erbittert bekämpft wurden. Mussert wurde nach der Befreiung des Landes in einem Hochverrats-Prozeß zum Tode verurteilt.

Die NSB verdankte sowohl ihren temporären Erfolg wie den kurz darauf einsetzenden Niedergang ihrer engen Orientierung am Vorbild des Nationalsozialismus. Sie scheiterte an der Resistenz und am Abwehrwillen der festgefügten sozialdemokratischen, katholischen und protestantischen Parteien, in deren ›Lager‹ sie nie einbrechen konnte. Aus diesem Grunde stellte sie keine Gefährdung des demokratischen politischen Systems der Niederlande dar. Durch die ideologische, organisatorische und schließlich auch politische Bindung an das nationalsozialistische Deutschland hatte sie sich bei der holländischen Bevölkerung so weit diskreditiert, daß sie völlig bedeutungslos wurde und schließlich zu landesverräterischer Kollaboration bereit war.

5.6 Faschistische Sekten in Dänemark, Schweden und der Schweiz

In Dänemark blieb die 1930 gegründete DNSAP (»Danmarks Nationalsocialistiske Arbejder Parti«) eine bedeutungslose Splitterpartei. Bei den Parlamentswahlen von 1935 erreichte sie mit 16 300 knapp 1% der abgegebenen Stimmen. 1939 gewann sie mit 31 000 nicht ganz 2% der abgegebenen Stimmen, konnte aber immerhin 3 Abgeordnete ins Parlament entsenden. Selbst bei den Wahlen von 1943, die durchgeführt wurden, als das Land von deutschen Truppen besetzt war, konnte die DNSAP wiederum nur drei Mandate erringen.[11]

Wesentlich zum völligen Mißerfolg der DNSAP hat die Tatsache beigetragen, daß sie von Anfang an als eine ebenso primitive wie kuriose Imitation der deutschen NSDAP auftrat. Das gilt nicht nur für die braune Uniformierung, das Hakenkreuz als Parteisymbol, die »Storm Afdelinger« (SA), sondern auch für das Parteiprogramm, das eine nahezu wörtliche Übersetzung des 25-Punkte-Programms der NSDAP darstellte. Selbst die offizielle Parteihymne war eine dänische Version des Horst-Wessel-Liedes.

Angesichts dieser geradezu sklavisch anmutenden Orientierung am deutschen Vorbild ist es nicht verwunderlich, daß die dänischen Nationalsozialisten nicht nur von den Sozialdemokraten, die seit 1924 zusammen mit den Linksliberalen (»Radikale Venstre«) das Land regieren, sondern auch von den Konservativen und den Rechtsliberalen (»Venstre«), die in der Opposition standen, entschieden abgelehnt wurden. Dafür waren antinationalsozialistische und antideutsche Motive maßgebend. Schließlich hatte der letzte von Dänemark geführte Krieg 1864 mit einer Niederlage gegen Deutschland (bzw. Preußen und Österreich) geendet. Das damals annektierte Nordschleswig war aufgrund der Bestimmungen des Versailler Vertrages 1920 wieder an Dänemark gefallen, doch damit waren viele dänische Nationalisten nicht zufrieden. Schließlich fand sich Dänemark bereit, das Ergebnis der Volksabstimmung in Flensburg und Mittelschleswig, die eindeutig zugunsten Deutschlands ausgegangen war, anzuerkennen; dennoch stand man dem mächtigen Nachbarn im Süden nach wie vor mißtrauisch gegenüber. Durch den Aufstieg des Nationalsozialismus, der gerade in Schleswig-Holstein schon frühzeitig große Erfolge erzielen konnte, wurde diese von Angst und Mißtrauen geprägte negative Einstellung gegenüber Deutschland noch verstärkt.

Um so überraschender ist es, daß die DNSAP gerade in Nordschleswig, das nach der Volksabstimmung von 1920 an Dänemark gefallen war, ihren Schwerpunkt besaß. Bei den Parlamentswahlen von 1935 erreichte sie hier 4,4% und bei denen von 1939 4,7%. Dieser allerdings relative Erfolg ist einmal auf die Tatsache zurückzuführen, daß sich die Weltwirtschaftskrise gerade in dieser landwirtschaftlichen Region besonders stark auswirkte. Hinzu kam, daß die DNSAP hier Auseinandersetzungen innerhalb der regionalen Bauernpartei für sich ausnutzen konnte. Entscheidend war jedoch, daß der Führer der Partei, der Arzt Fritz Clausen, aus Nordschleswig stammte.

Clausen hatte 1933 den Gründer und ersten Leiter der DNSAP, den früheren Offizier Cay Lembcke, zum Rücktritt gezwungen. Dem alkoholkranken Clausen gelang es jedoch nie, zu einem wirklichen »Führer« zu werden. Charismatische Eigenschaften und Fähigkeiten fehlten ihm völlig. Während der Okkupationszeit drückten viele Dänen dies mit dem ironischen Spruch aus: »Gott schütze den König und Fritz Clausen!« Clausen wurde noch nicht einmal von der deutschen Besatzungsmacht für geeignet und mächtig genug empfunden, um die Rolle eines dänischen Quislings zu spielen. Seine Partei wurde kaum in die Verwaltung und Beherrschung des Landes eingeschaltet. Dies hinderte die Dänen nicht, gerade während der Zeit der deutschen Besatzung die Mitglieder der DNSAP mit äußerster Verachtung zu behandeln. Auf dem Lande und in den kleinen Städten wurden die dänischen Nationalsozialisten von Nachbarn und Mitbürgern ebenso erbarmungslos wie konsequent boykottiert. Einige sind sogar von der dänischen Widerstandsbewegung exekutiert worden.

Auf die nahezu vollständige Isolierung der dänischen Nationalsozialisten innerhalb der Bevölkerung ist auch die für eine faschistische Partei erstaunliche, ja singuläre Tatsache zurückzuführen, daß die DNSAP nach 1940 mit 25% einen relativ hohen Anteil an Frauen innerhalb ihrer Mitgliederschaft aufwies. Der prozentuale Anstieg des weiblichen Anteils an der Mitgliederschaft der Partei war die Folge des gesellschaftlichen Boykotts von Familien, in denen es ein Mitglied der DNSAP gab. Dies führte dazu, daß sich auch einige Frauen in einer Trotzreaktion mit ihren Vätern, Brüdern oder Söhnen solidarisierten, die in die DNSAP eingetreten waren oder sich gar als Freiwillige zur SS gemeldet hatten. Einige dänische Nationalsozialisten versuchten dagegen, dem gesellschaftlichen Boykott und der Verachtung ihrer Mitbürger zu entgehen, indem sie vom Lande und aus den kleinen Städten in die Hauptstadt zogen, weil sie hofften, dort anonym und unbehelligt leben zu können. Nach 1940 war die DNSAP in Kopenhagen und anderen größeren Städten des Landes stärker repräsentiert als auf dem flachen Land. Diese Verlagerung des regionalen Schwerpunktes der Partei muß jedoch auch mit den wirtschaftlichen Verhältnissen in Verbindung gebracht werden. Nach 1940 war nämlich die Arbeitslosigkeit in den Städten besonders hoch, da die dänische Industrie von ihren Rohstoff- und Absatzmärkten abgeschnitten war, während es der Landwirtschaft besser ging, da sie ihre Produkte nach Deutschland exportieren konnte bzw. mußte.

Das weitgehend urbanisierte Dänemark – 2,5 der fast 4 Millionen Dänen lebten bis 1940 in Städten – wurde zwar ebenfalls von den Folgen der Weltwirtschaftskrise hart getroffen, weil die Preise für Agrarprodukte, die 75% bis 80% des dänischen Exports ausmachten, auf dem Weltmarkt ins Bodenlose fielen, dennoch entwickelte sich aus dieser wirtschaftlichen keine soziale und politische Krise, die von der faschistischen Partei Dänemarks hätte ausgenutzt werden können. Obwohl 1932 insgesamt 200 000 Dänen und ein Drittel der organisierten Arbeiterschaft arbeitslos waren, konnten die dänischen Sozialdemokraten die in diesem Jahr abgehaltenen Wahlen eindeutig gewinnen und zusammen mit den Linksliberalen eine starke Regierung bilden, der es gelang, durch dirigistische Eingriffe in das Wirtschaftsleben die Arbeitslosigkeit zu überwinden. Der stark interventionistische Kurs der Regierung stieß zwar auf die scharfe Kritik der oppositionellen Konservativen und Rechtsliberalen, dennoch führten diese innen- und wirtschaftspolitischen Auseinandersetzungen nicht zu einer unüberwindbaren Polarisierung des politischen Systems.

Während die Kommunistische Partei Dänemarks schwach und bedeutungslos blieb, stimmten die Sozialdemokraten und Linksliberalen mit den oppositionellen konservativen und rechtsliberalen Parteien in der entschiedenen Ablehnung der nationalsozialistischen Partei Dänemarks, wenn auch aus unterschiedlichen Motiven, weitgehend überein. Die antisozialistischen und antidemokratischen Ziele der DNSAP wurden ebenso entschieden kritisiert wie ihre Orientierung am Vorbild der deutschen NSDAP. Nachdem die dänischen Nationalsozialisten, die schon immer als eine Art ›Fünfte Kolonne‹ angesehen worden waren, offen mit der deutschen Besatzungsmacht kollaborierten, wurden sie von allen Teilen der dänischen Bevölkerung konsequent isoliert, boykottiert und erbittert bekämpft.

Ähnlich wie die dänische blieben auch die verschiedenen faschistischen Parteien in Schweden völlig unbedeutende Splittergruppen, die von der ganz überwiegenden Mehrheit der Bevölkerung aus demokratischen und nationalen Motiven entschieden abgelehnt wurden.[12] Die schwedischen faschistischen Parteien waren weder in der Lage, Wahlerfolge zu erzielen – sie gewannen nie mehr als 1% der abgegebenen Stimmen –, noch konnten sie die zwischen ihnen bestehenden persönlichen und ideologisch geprägten Differenzen überwinden.

Die erste faschistische Partei Schwedens war der im August 1924 von den drei Brüdern Birger, Gunnar und Sigur Furugård gegründete »Svenska Nationalsocialistiska Frihetsförbundet« (SNF, Schwedischer Nationalsozialistischer Freiheitsverband). Der Arzt Gunnar Furugård war in den Jahren von 1916 bis 1918 im Auftrag des Roten Kreuzes in Rußland gewesen. Er kam als überzeugter Antikommunist und Antisemit zurück, weil er den Eindruck gewonnen hatte, daß die bolschewistische Revolution im wesentlichen von Juden durchgeführt worden sei. Seit dem Herbst des Jahres 1923 unterhielten er und sein Bruder Sigurd Kontakte mit Ludendorff, Hitler und anderen führenden Nationalsozialisten wie Josef Terboven, Gregor Strasser, Heinrich Himmler und Julius Streicher. Der SNF war eindeutig vom nationalsozialistischen Vorbild geprägt. Er vertrat eine antisozialistische und antisemitische Zielsetzung und wandte sich entschieden gegen die Einwanderung von, wie es hieß, »niederen Rassen«, insbesondere von Juden. Außerdem forderte die Partei für ihre Anhänger, den städtischen Mittelstand und die Bauernschaft, wirtschaftliche Unterstützung. Arbeiter konnten kaum gewonnen werden, obwohl die Partei ihren Namen in »Svenska Nationalsocialistiska Bonde- och Arbetarpartiet« (Schwedische Nationalsozialistische Bauern- und Arbeiterpartei) änderte. Negativ auf den Aufstieg wirkte sich auch die Tatsache aus, daß ebenfalls schon in den 20er Jahren zwei weitere faschistische Gruppierungen entstanden, die der schließlich von Birger Furugård geführten Partei Konkurrenz machten.

Eine dieser Parteien war die 1925 von Elof Eriksson ins Leben gerufene »Nationella Samlingsrörelsen« (Nationale Sammlungsbewegung). Eriksson forderte nicht nur eine intensivierte Besiedlung der nördlichen Teile Schwedens, sondern wandte sich darüber hinaus entschieden gegen den angeblich vorherrschenden Einfluß von Juden auf die schwedische Wirtschaft und Regierung. Nachdem er die innerhalb der schwedischen Wirtschaft tatsächlich sehr einflußreiche Familie Wallenberg, die jüdischer Herkunft war, öffentlich diffamiert hatte, wurde die von Eriksson herausgegebene Zeitung im Herbst des Jahres 1935 von der Regierung verboten. Daraufhin löste sich seine faschistische Splittergruppe auf.

1926 wurde schließlich noch eine dritte faschistische Partei gegründet, die zuerst »Sveriges Fascistiska Kamporganisation« (Faschistische Kampforganisation Schwedens) und seit 1930 »Sveriges Nationalsocialistiska Partiet« (Nationalsozialistische Partei Schwedens) hieß. Sie hatte sich, wie bereits aus dem Namenswechsel hervorgeht, zunächst am Vorbild des italienischen Faschismus, dann jedoch an dem des Nationalsozialismus orientiert. Zu ihren – wenigen – Mitgliedern gehörten vor allem Angestellte und ehemalige Offiziere und Unteroffiziere, die, wie die Parteigründer Sven Hedengren und Sven-Olof Lindholm, im Zuge der von dem sozialdemokratischen Verteidigungsminister Per Albin Hannsson im Jahre 1925 durchgeführten Militärreform aus der schwedischen Armee ausgeschieden waren. Unter Führung Lindholms wandte sich diese Partei, die von einem Bankier namens Arwid Högmann unterstützt wurde, vor allem gegen den Marxismus, zu dessen Repräsentanten sie auch die – reformistisch eingestellte – schwedische Sozialdemokratie zählte.

1929 kam es, wie vermutet wird, auf Initiative Hitlers zu einem Zusammenschluß der von Furugård und Lindholm angeführten Gruppierungen. Die neue Partei nannte sich »Nationalsocialistiska Folkpartiet« (Nationalsozialistische Volkspartei) und orientierte sich eindeutig am deutschen Vorbild. Doch schon 1932 führten die erbitterten parteiinternen Auseinandersetzungen zum Ausschluß Lindholms, der wiederum eine »Nationalsocialistiska Arbetarpartiet« (Nationalsozialistische Arbeiterpartei) genannte Organisation gründete. Lindholms neue Partei versuchte nicht nur, eine eigene Gewerkschaftsorganisation aufzubauen, was schließlich scheiterte, sondern vertrat betont antikapitalistische Ziele, etwa die nach der Nationalisierung der Banken, nach der Beteiligung der Arbeiter an den Gewinnen der Unternehmer und nach der Einführung eines Korporativsystems. Antisemitisch geprägt war dagegen die Forderung, daß die schwedischen Juden unter Fremdenrecht zu stellen seien. Lindholms neue Partei blieb ebenfalls völlig bedeutungslos, es gelang ihm aber, seinen Konkurrenten Birger Furugård weitgehend auszuschalten. Nachdem Furugård 1937 von seinen eigenen Anhängern abgesetzt worden war und der Versuch seines Nachfolgers, Oberst Martin Eckströms, gescheitert war, die verschiedenen faschistischen Gruppierungen in einem »Nationalsocialistiska Blocket« (Nationalsozialistischer Block) zu vereinigen, schlossen sich die wenigen noch vorhandenen Mitglieder dieser faschistischen Splittergruppe der Partei Lindholms an.

Seit 1938 war Lindholm ängstlich bemüht, eine allzu deutliche Orientierung am deutschen Vorbild zu vermeiden. Er gab seiner Partei einen neuen, unverdächtiger klingenden Namen, »Svensk Socialistisk Samling« (Schwedische Sozialistische Sammlung), die statt wie bisher das Hakenkreuz nun das Vasa-Kreuz als Parteiabzeichen verwandte. Lindholms Anhänger begrüßten sich auch nicht mehr mit »Sieg Heil«, sondern mit dem Ruf: »Schweden für die Schweden«. Angesichts der immer aggressiveren Außenpolitik des Dritten Reiches haben die schwedischen Wähler diese Parole jedoch wörtlich genommen und die schwedischen Nationalsozialisten noch mehr gemieden als bisher, weil sie in ihnen die Agenten einer fremden und potentiell auch feindlichen Macht sahen. Nach dem deutschen Überfall auf Norwegen sanken die schwedischen faschistischen Parteien in absolute Bedeutungslosigkeit herab. Doch erst durch das Antidiffamierungs-Gesetz von 1946 wurden sie endgültig verboten.

Ähnlich wie das dänische und niederländische hat sich auch das schwedische politische und gesellschaftliche System als resistent gegenüber der faschistischen Anziehungskraft erwiesen. Unter Führung der über die Grenzen Schwedens hinaus bekannten und selbst von den politischen Gegnern geachteten Hjalmar Branting und Per Albin Hansson gelang es den reformistisch eingestellten Sozialdemokraten, die seit 1920 mit wenigen Unterbrechungen das Land regierten, auch die Auswirkungen der Wirtschaftskrise durch staatsinterventionistische Eingriffe gering zu halten. Dabei wurden sie von der Partei des Bauernbundes unterstützt. Diese parteipolitische Koalition basierte auf einer stabilen Allianz zwischen Arbeitern und Bauern. Dadurch wurde die Entstehung und Radikalisierung einer bäuerlichen Protestbewegung mit antiparlamentarischer und antisozialistischer Zielsetzung verhindert. Bedenkt man, daß die Industrialisierung und Urbanisierung Schwedens – 1940 waren 35,7% der Bevölkerung in der Industrie und nur noch 32% in der Landwirtschaft beschäftigt – gerade in der Zwischenkriegszeit besonders schnell vorankamen, wird deutlich, wie wichtig und notwendig dieser Ausgleich zwischen der Industriearbeiterschaft und den Bauern war. Im Unterschied zu Deutschland und anderen Ländern ist es den schwedischen Faschisten nicht gelungen, die unterschiedlichen Interessen der Arbeiter und Bauern und die parteipolitischen Gegensätze zwischen den bürgerlichen und sozialdemokratischen Parteien auszunutzen.

Da die einstige Großmacht Schweden nach der friedlichen Regelung des Konfliktes um die Åland-Inseln keine revisionistischen Ziele hatte, stießen die schwedischen Faschisten auch mit ihrer nationalistischen Agitation ins Leere. Minderheitenprobleme gab es in Schweden ebenfalls nicht, da die Samen (Lappen) damals ihre eigene nationale Identität noch nicht gefunden hatten und es in Schweden nur sehr wenige und noch dazu völlig assimilierte Juden gab. Dennoch war die von den Faschisten betriebene antisemitische Agitation nicht völlig wirkungslos.

Seit 1929 kam es in den Universitätsstädten zu verschiedenen Demonstrationen, an denen sich durchschnittlich 12 000 bis 15 000 Personen, meist Studenten, beteiligten. Diese Studenten forderten eine radikale Reduzierung der Einwanderung von Ausländern, insbesondere – seit 1933 – von solchen, die jüdischer Herkunft waren und einen akademischen Beruf in Schweden ausüben wollten. Diese ursprünglich von den Faschisten erhobenen ausländerfeindlichen und antisemitischen Parolen wurden dann auch von der Jugendorganisation der Konservativen Partei, »Sveriges Nationella Ungdomsförbund« (SNU), übernommen, die darüber hinaus das Verbot aller kommunistischen Organisationen und die Errichtung eines starken und korporativ organisierten Staates forderte.

Nun haben zwar längst nicht alle der Studenten, die sich aus antisemitischen und wirtschaftlichen Motiven gegen die Aufnahme der jüdischen Flüchtlinge aus Deutschland wandten, die faschistischen Parteien gewählt. Auch die Jugendorganisation der Konservativen Partei wurde nicht faschistisch, obwohl sie sich weitgehend am faschistischen Vorbild orientierte. Dennoch zeigen diese Vorgänge, daß der ideologische Einfluß des Faschismus in Schweden offensichtlich stärker war, als es die Mitglieder- und Wählerzahlen der faschistischen Parteien vermuten lassen. Obwohl der demokratische Konsens, der zwischen den schwedischen Parteien und gesellschaftlichen Gruppierungen bestand, fest und unerschütterlich blieb, hat sich Schweden nicht nur dazu bereit gefunden, einen regen und für beide Seiten profitablen Handel mit dem Dritten Reich zu betreiben, sondern hat auch in der Einwanderungsfrage eine restriktive Haltung vertreten. Erst nach diplomatischen Verhandlungen mit den schwedischen (und schweizerischen) Behörden zog das Dritte Reich am 5. Oktober 1938 die Reisepässe von deutschen Juden ein, um sie mit einem roten »J« zu versehen. Schweden hat also für die Bewahrung des demokratischen Konsenses und für die erfolgreiche Abwehr der faschistischen Herausforderung im innenpolitischen Bereich in außenpolitischer Hinsicht einen sehr hohen und moralisch fragwürdigen Preis bezahlen müssen.

Ähnliches trifft auch auf die Schweiz zu. Sie fand sich ebenfalls zu einer Zusammenarbeit mit dem Dritten Reich bereit, indem sie deutsche Militärtransporte durchs Land fahren ließ und eine immer restriktivere Einwanderungspolitik betrieb, von der vor allem jüdische Flüchtlinge betroffen waren, die teilweise nach Deutschland zurückgeschickt wurden.[13] Dieser Kurs partieller Anpassung, der aber mit dem gleichzeitigen Bestreben gekoppelt war, die schweizerische Armee aufzurüsten und das Land gegen den befürchteten deutschen Angriff verteidigungsbereit zu machen, war wiederum ähnlich wie in Schweden auch durch innenpolitische Motive geprägt. Man versuchte damit, der nationalistischen und antisemitischen Agitation der Schweizer Faschisten zu begegnen, deren Einfluß von der Schweizer Regierung auch durch politische und administrative Maßnahmen energisch und erfolgreich eingeschränkt wurde. Insgesamt ist das ebenso alte wie festgefügte demokratische System der Schweiz weder durch die Existenz faschistischer Gruppierungen noch durch die erwähnten Abwehrmaßnahmen ernsthaft gefährdet worden. Andererseits ist es bemerkenswert, daß der Faschismus auch in einem Lande Anhänger finden konnte, das mit Recht als Hort der Freiheit und der Demokratie in Europa angesehen wurde.

Nach dem Ausbruch der Weltwirtschaftskrise, von der auch die Schweiz sehr betroffen wurde – die Arbeitslosenzahl erreichte im Januar 1936 mit 124 000 ihren Höchststand –, kam es auch hier zu einer Kritik an den demokratischen Institutionen und Traditionen. Dabei spielte die Minderheiten- und Nationalitäten-Frage in der vielsprachigen Schweiz überhaupt keine Rolle. Im Gegenteil, 1938 wurde nach einer Volksabstimmung auch noch das Rätoromanische zur vierten offiziellen Landessprache erklärt. Da gleichzeitig die sprachlichen und kulturellen Sonderrechte der Italiener im Tessin ausgebaut und geschützt wurden, konnte sich die Schweiz mit Recht rühmen, das europäische Land zu sein, welches die Sprachen- und Minderheitenfrage in ebenso harmonischer wie vorbildlicher Weise gelöst hatte. Auch der Gegensatz zwischen den bürgerlichen Parteien und den Sozialdemokraten – die Kommunistische Partei blieb klein und mehr oder minder bedeutungslos – war in der Schweiz nicht so scharf ausgeprägt wie in anderen Ländern. Dennoch, trotz dieser relativen Ruhe im innenpolitischen Bereich wurde, wie bereits erwähnt, auch in der Schweiz die Frage diskutiert, ob man die Krise nicht doch mit autoritären und faschistischen Methoden lösen könne und solle.

Zu diesem Ergebnis kamen jedenfalls verschiedene Studenten und Akademiker der Universität Zürich, die sich seit 1930 in einem Diskussionskreis zusammenfanden, der »Neue Front« genannt wurde. In dem Bestreben, diese Erkenntnisse in die politische Praxis umzusetzen und zu verwirklichen, gründete ein Mitglied der »Neuen Front« namens Hans Vonwy im Herbst 1930 eine politische Organisation, die »Nationale Front«, die eine eigene Zeitschrift herausgab, in der nationalistische, antidemokratische und antisemitische Tendenzen und Zielsetzungen vertreten wurden. Aus den Artikeln, die in dieser »Der Eiserne Besen« genannten Zeitschrift erschienen, wird deutlich, daß die Mitglieder der »Nationalen Front« mehr und mehr von faschistischen und nationalsozialistischen Vorstellungen geprägt wurden. Nachdem im Frühjahr 1933 auch in anderen Städten der deutschsprachigen Schweiz verschiedene Fronten entstanden waren, vereinigten sich im April 1933 die »Neue« und die »Nationale Front« zu einer politischen Partei, die sich in ideologischer und organisatorischer Hinsicht deutlich vom nationalsozialistischen Vorbild beeinflußt zeigte.

Der Schweizer Frontismus vertrat eine antibolschewistische, antisemitische, antisozialistische und antidemokratische Zielsetzung, orientierte sich an der als glorreich und wiederherstellenswert angesehenen Zeit des Mittelalters und verherrlichte in ebenso schwärmerischer wie reaktionärer Weise die Begriffe und Werte des Volkes, der Heimat, des Standes und der Scholle. Bei dem organisatorischen Aufbau der Frontenbewegung folgte man ebenfalls dem deutschen Beispiel. Die Fronten verfügten über uniformierte Abteilungen, die Harst hießen und deren Mitglieder, die »arischer« Herkunft sein mußten, sich mit dem altschweizerischen Ruf »Haarus« grüßten. In verschiedenen Betrieben sollen Zellen errichtet worden sein. Selbst ein Parteigericht wurde aufgebaut. Trotz der offiziellen Proklamation des Führerprinzips gelang es der nach Ortsgruppen und Gauen eingeteilten Partei jedoch nicht, die immer wieder aufbrechenden Konflikte innerhalb der Spitze der Partei zu überwinden und zu beseitigen. Zunächst wurde die Partei sogar von drei Führern geleitet, von denen zwei aus der »Neuen Front« kamen, einer stammte aus der »Nationalen Front«.

Auch im Bereich der Propaganda wurde der faschistische Stil übernommen. Dies gilt für die anläßlich von »Gauparteitagen« abgehaltenen Massenversammlungen und Demonstrationen und für die gewaltsamen Auseinandersetzungen mit den politischen Gegnern. Diese propagandistischen Aktivitäten brachten zunächst, allerdings relative, Erfolge. Bei den Kommunalwahlen vom September 1933 in Zürich gewann die »Nationale Front« 10 von 125 Sitzen im Stadtparlament. Im April 1935 erreichte sie bei den Züricher Kantonswahlen 6 von insgesamt 180 Sitzen. Zu diesem Zeitpunkt sollen der »Nationalen Front« 10 000 Mitglieder angehört haben, die mehr oder minder ausschließlich aus dem Mittelstand stammten. Bedenkt man, daß der Sozialdemokratischen Partei der Schweiz, die bei den Wahlen vom Herbst 1935 zur stärksten politischen Kraft des Landes aufstieg, etwa 50 000 Personen angehört haben, wird deutlich, daß die Fronten zu einer ernstzunehmenden politischen Bewegung geworden waren.

Seit dem Sommer 1935 war jedoch eine Abwärtsbewegung unverkennbar. Nachdem es zu verschiedenen gewaltsamen Auseinandersetzungen in den Arbeiterbezirken einiger Städte der deutschsprachigen Schweiz gekommen war, schritt die Polizei energisch gegen die »Neue Front« ein. Der Jugendorganisation und der »Harst« wurde von der Regierung verboten, Uniformen zu tragen, was auch das von der Bewegung benutzte Grauhemd einschloß. Im Februar 1934 wurde das Schweizer Gegenstück zur SA im Kanton Zürich sogar völlig verboten und aufgelöst. Auch die Schweizer Öffentlichkeit nahm eine zunehmend negativere Einstellung gegenüber dem Frontismus ein, der als eine ›unschweizerische‹ und vom Ausland importierte Erscheinung angesehen wurde. Die Fronten versuchten vergeblich, die deutlich erkennbaren Abwärtstrends aufzufangen, indem sie ihren organisatorischen Aufbau weiter strafften und mit der in der französischen Schweiz operierenden faschistischen »Union Nationale« ein Abkommen abschlossen, in dem sie sich verpflichteten, nur in der deutschsprachigen Schweiz tätig zu sein. Doch alle Abgrenzungs- und Reorganisationsbemühungen waren schließlich erfolglos. Bei den Nationalratswahlen von 1935 erreichten die Fronten nur in Zürich einen einzigen Sitz. Bei den Kommunalwahlen vom März 1938 und bei den Kantonswahlen vom März 1939 in Zürich verlor die »Nationale Front« alle bisher errungenen Mandate. Seit 1936 war es außerdem zu sehr heftigen internen Auseinandersetzungen gekommen, die zu der Absplitterung einer gemäßigten »Eidgenössischen Sozialen Arbeiter-Partei« und einem radikalen »Bund treuer Eidgenossen nationalsozialistischer Weltanschauung« führten. Beide Gruppierungen blieben jedoch völlig bedeutungslos. Nachdem Robert Tobler, der inzwischen eine nicht unbestrittene Führungsposition innerhalb der Frontenbewegung errungen hatte, im Februar 1940 verhaftet worden war, löste sich die Partei weitgehend auf. Die beiden Nachfolgeorganisationen, die »Eidgenössische Sammlung« und die »Nationale Gemeinschaft«, blieben ganz unbedeutende Splitterorganisationen, denen maximal 3000 Mitglieder angehörten. Immerhin war es der »Nationalen Gemeinschaft« gelungen, auch verschiedene Arbeiter zu gewinnen, was die Fronten niemals erreicht hatten. Die kleinen Nachfolgeorganisationen der Fronten-Bewegung wurden im Herbst 1943 von der Regierung endgültig verboten und aufgelöst.

Zu dem von vielen Beobachtern 1933 erwarteten und befürchteten »Frontenfrühling« ist es nicht gekommen. Der möglich erscheinende Aufstieg der Fronten wurde durch die entschlossene Abwehr der demokratischen Kräfte, insbesondere durch die Sozialdemokraten und die Regierung, zunichte gemacht, die mit Uniform- und Versammlungsverboten gegen die Agitation der Schweizer Faschisten einschritt, die auch innerhalb der schweizerischen Öffentlichkeit auf eine immer schärfer werdende Kritik stießen. Dabei wirkten sich neben demokratischen auch gewisse nationale Momente aus, weil den Fronten vor allem die als »unschweizerisch« angesehene Nachahmung ausländischer Vorbilder zum Vorwurf gemacht wurde. Ein ähnliches Schicksal haben auch die übrigen, noch bedeutungsloseren faschistischen Bewegungen im Europa der Zwischenkriegszeit erlitten.

5.7 Die norwegische Nasjonal Samling zwischen Sekte und Kollaborationspartei

Die faschistische Partei Norwegens hat bei Wahlen nie mehr als 2% der abgegebenen Stimmen erreichen können.[14] Bis zum deutschen Überfall auf Norwegen blieb die »Nasjonal Samling« eine völlig bedeutungslose faschistische Sekte. Dies änderte sich, als der deutsche »Reichskommissar« Terboven die »Nasjonal Samling« am 25. September 1940 zur einzigen legalen politischen Partei Norwegens erklärte. Unter Führung von Vidkun Quisling wurde die »Nasjonal Samling«, der zeitweilig 57 000 Personen angehörten – das waren mehr, als sie jemals an Wählern gewonnen hatte –, zur führenden Kollaborationspartei des Landes, blieb aber abhängig von der deutschen Besatzungsmacht. Daher kann die norwegische »Nasjonal Samling« sowohl zu den faschistischen Sekten wie zu den ›Grenzfällen‹ gezählt werden, die im nächsten Unterkapitel behandelt werden und deren Klassifizierung äußerst schwierig ist.

Während die meisten anderen faschistischen Bewegungen von Männern gegründet wurden, die im politischen Leben der einzelnen Länder mehr oder minder unbekannt waren – Mussolini, Primo de Rivera, Doriot und Mosley stellen in dieser Hinsicht eine Ausnahme dar –, war Vidkun Quisling ein ebenso bekannter wie umstrittener Politiker, als er seine faschistische Sammlungsbewegung ins Leben rief. Quisling war lange Zeit in Rußland gewesen, und zwar zunächst als norwegischer Militärattaché, dann als Mitarbeiter Nansens im Hilfsprogramm des Roten Kreuzes. Nach seiner Rückkehr nach Norwegen schloß er sich der

1921 gegründeten »Bauernpartei« (Bondepartiet) an. Vom Mai 1931 bis zum März 1933 war er Verteidigungsminister, als die »Bauernpartei« eine Minderheitsregierung stellte, die jedoch zurücktreten mußte, nachdem die norwegische Arbeiterpartei die Wahlen von 1933 gewonnen hatte.

Daraufhin versuchte Quisling, der schon vorher die Arbeiterpartei hart angegriffen hatte, die »Bauernpartei« oder wenigstens Teile davon als Basis für seine nationale Sammlung zu gewinnen. Diese Bestrebungen scheiterten jedoch. Die »Bauernpartei« näherte sich statt dessen der Arbeiterpartei an, mit der sie schließlich 1935 die Regierung bildete. Quislings Versuche, die »Nationalliberalen« (Frisennede Folkspartiet) und die sehr weit rechts stehende und vom Vorbild des faschistischen Italien beeinflußte »Vaterländische Liga« (Fedrelandslaget) zu gewinnen, scheiterten ebenfalls. Nachdem auch die Verhandlungen mit der »Bauernhilfsorganisation« (Bygdefolkets Krisehjelp) keinen Erfolg gebracht hatten, konnte Quisling nur drei kleinere faschistische Gruppierungen, denen fast ausschließlich Studenten angehörten, in seine »Nasjonal Samling« aufnehmen. Damit waren Quislings Bestrebungen, eine große antisozialistische Sammlungsbewegung zu schaffen, gescheitert.

Seine ideologischen Vorstellungen, die von dem merkwürdigen Bestreben gekennzeichnet waren, eine Synthese zwischen der Demokratie, dem Nationalsozialismus und dem Kommunismus zu erreichen, fanden auch in der Folgezeit wenig Gegenliebe. Obwohl Quisling nicht müde wurde, seine Lieblingsidee (»Sowjets ohne Kommunismus«) zu propagieren, wurde seine Anlehnung an den Faschismus immer deutlicher: Die »Nasjonal Samling« baute nach dem deutschen Muster sowohl eine paramilitärische Organisation, die »Hird« genannt wurde, und eine Jugendabteilung, die »Småhird«, auf. Der Plan, Betriebsgruppen zu errichten, konnte dagegen nicht realisiert werden, zumal die »Nasjonal Samling« auf scheinsozialistische Forderungen weitgehend verzichtete. Doch auch mit ihren nationalistischen, antidemokratischen, antisozialistischen und – zunächst gemäßigten – antisemitischen Zielsetzungen hatte die »Nasjonal Samling« bei den norwegischen Wählern so gut wie keinen Erfolg.

Nachdem sie bei den Parlamentswahlen vom Oktober 1933 2,2% der abgegebenen Stimmen errungen hatte – ein Prozentsatz, der nicht einmal für ein Mandat ausreichte –, kam die »Nasjonal

Samling« im Oktober 1934 bei Kommunalwahlen nur noch auf 1,5 % und bei den Parlamentswahlen von 1936 auf 1,8 % der abgegebenen Stimmen. Bei den Kommunalwahlen von 1937 sank ihr Anteil gar auf 0,06 % ab.

Genauere Analysen der Wahlen von 1933, bei denen die »Nasjonal Samling« in 17 der insgesamt 29 Wahlbezirke kandidierte, haben ergeben, daß die Partei in den nördlichen, an die Sowjetunion grenzenden Gebieten sowie in den ländlichen Regionen Ostnorwegens besonders ›stark‹ vertreten war. Die – relativen! – Wahlerfolge in Ostnorwegen werden einmal mit der Tatsache erklärt, daß die norwegische Version der ›Blut-und-Boden‹-Ideologie (norwegisch: »heim og oett« = Heim und Familie) in diesen von einer weitgehend ungebrochenen bäuerlichen Kultur und Tradition geprägten Gebieten einen gewissen Widerhall fand. Hinzu kam, daß die Auswirkungen der Wirtschaftskrise in dieser Region, die mehr oder minder vom Export lebte, besonders groß waren. Die »Nasjonal Samling« konnte hier ferner soziale Konflikte zwischen Groß- und Kleinbauern sowie Landarbeitern ausnutzen, die dazu geführt hatten, daß die Aktivität der relativ starken und kommunistisch beeinflußten Gewerkschaften von den Bauern scharf abgelehnt wurde. In den westlichen Gebieten Norwegens war die »Nasjonal Samling« dagegen äußerst schwach, teilweise überhaupt nicht vertreten, da es hier keine größeren sozialen Gegensätze gab und die isoliert wohnenden Bauern sehr religiös eingestellt waren und die nationalistische Propaganda der »Nasjonal Samling« (Wikinger-Kult) als heidnisch ablehnten. Hinzu kam schließlich die traditionelle und zugleich demokratisch geprägte Furcht vor einer Überfremdung durch die Osloer Zentralregierung, die dazu führte, daß die meist aus dem Raum Oslo stammenden Sendboten Quislings auf eine scharfe Ablehnung stießen.

Insgesamt ist das nahezu völlige Scheitern der »Nasjonal Samling« und ihrer rassistisch geprägten Ideologie auf folgende Momente zurückzuführen: Norwegen war zwar erst 1905 unabhängig geworden, als es die Union mit Schweden verließ, dennoch war es hier trotz der sehr späten Nationalstaatsgründung nicht zur Entstehung eines aggressiven Nationalismus gekommen, an dem Quisling mit seiner Propaganda hätte anknüpfen können. Grenzprobleme mit Schweden und der Streit mit Dänemark um die Vorherrschaft in Grönland wurden bald beigelegt. Ein nationales

Minderheitenproblem gab es nicht, da die Lappen (Samen) noch kein spezifisches Nationalbewußtsein entwickelt hatten. Da es 1930 in ganz Norwegen nur 1359 Juden gab und nur 500 jüdische Flüchtlinge bis 1940 aufgenommen wurden, konnte auch der Antisemitismus der »Nasjonal Samling« keinen Widerhall finden. Ähnliches gilt für die antidemokratischen Zielsetzungen der norwegischen faschistischen Partei, die ebenfalls keine Anknüpfungspunkte fanden. In Norwegen war das parlamentarische System schon in den 80er Jahren des 19. Jahrhunderts eingeführt worden. 1898 hatte Norwegen das allgemeine Männerwahlrecht und 1913 auch das Frauenwahlrecht erhalten.

Auch die Norwegische Arbeiterpartei war zu einem integralen Bestandteil des allseits anerkannten parlamentarischen Systems geworden. Zu Beginn der 20er Jahre waren die norwegischen Sozialisten noch sehr radikal gewesen, was dazu führte, daß sie sich der Kommunistischen Internationale anschlossen. 1927 kam es dann jedoch zu einer Vereinigung zwischen der linken Mehrheit und der kleineren rechten Minderheit, die 1921 eine eigene norwegische sozialdemokratische Partei gegründet hatte. Die wiedervereinigte Norwegische Arbeiterpartei betrieb eine betont reformistische Politik, während die Kommunistische Partei klein und bedeutungslos blieb. Bereits 1928 konnte die Norwegische Arbeiterpartei eine Regierung bilden, die allerdings 1931 wieder gestürzt wurde. 1935 dagegen kam es zu dem schon erwähnten Bündnis mit der Bauernpartei. Dieser Koalition gelang es, die Folgen der Weltwirtschaftskrise – 42% der organisierten Arbeiter waren beschäftigungslos – zu überwinden und gleichzeitig mit dem Aufbau eines Sozialstaates zu beginnen. Obwohl das die Erhöhung der Steuern notwendig machte, zeigten sich die oppositionellen Konservativen (Høire) nach wie vor nicht bereit, mit Quisling zusammenzuarbeiten.

Dies änderte sich auch nach der Besetzung des Landes durch deutsche Truppen nicht. Im Gegenteil, die mit der deutschen Besatzungsmacht kollaborierende »Nasjonal Samling« stieß auf die mehr oder minder einhellige Ablehnung der überwiegenden Mehrheit der norwegischen Bevölkerung, obwohl es der faschistischen Partei immerhin gelang, mit 57 000 Mitgliedern 1,8% der norwegischen Bevölkerung zu erfassen. Dabei handelte es sich um Angestellte und Beamte, die aus materiellen Motiven, aber zum Teil auch deshalb in die Partei eintraten, weil sie meinten, nur so die völlige Kontrolle des Landes durch die Deutschen verhindern zu können. Allerdings stieg auch der Anteil an Arbeitern in dieser vor 1940 rein mittelständischen Partei um mehr als 30%, so daß sich die »Nasjonal Samling« zur Zeit der deutschen Okkupation zu einer All-Klassen-Partei entwickelte. Doch die soziale Struktur und die zahlenmäßige Stärke, die seit 1943 sichtbar abnahm, sagen nicht viel über den Charakter der »Nasjonal Samling« aus. Sie war zu einem weitgehend unselbständigen Organ der deutschen Besatzungsmacht geworden. Daher stellt sich die Frage, ob die nach 1940 im Hinblick auf die politische Funktion wesentlich veränderte Partei überhaupt noch in die Gruppe der faschistischen Parteien einzuordnen ist, die ja alle über eine selbständige Stellung verfügten. Mit der Differenzierung zwischen einer weitgehend eigenständigen faschistischen und einer ›Kollaborations-Partei‹ sind keine moralischen Werturteile verbunden. Auch wenn es sich ›nur‹ um eine Kollaborationspartei gehandelt haben soll, ist jedes Mitleid mit Quisling, der noch 1945 hingerichtet wurde, und mit seinen Gefolgsleuten, die zu hohen Freiheitsstrafen verurteilt wurden, fehl am Platze. Ähnliches gilt auch für die Beurteilung der im nächsten Unterkapitel behandelten ›Grenzfälle‹. Hier darf die notwendige Differenzierung nicht als Bestreben aufgefaßt werden, diese Regime in irgendeiner Weise ›aufzuwerten‹.

5.8 Grenzfälle: Die Slowakei, Polen und Portugal

Viele zeitgenössische Beobachter und einige Forscher haben die im März 1939 entstandene, weitgehend von der »Schutzmacht« Deutschland abhängige Slowakische Republik als eine »klerikalfaschistische« Diktatur bezeichnet und mit dem Dollfuß/v. Schuschnigg-Regime einerseits, dem kroatischen Ustascha-Staat andererseits verglichen und gleichgesetzt.[15] Um den Wahrheitsgehalt dieser These zu überprüfen, empfiehlt es sich, kurz auf die Geschichte der Tschechoslowakischen Republik im allgemeinen und ihres slowakischen Bestandteils nach 1918 einzugehen.

Die im Oktober 1918 ausgerufene Tschechoslowakische Republik war ein Nationalitätenstaat. Neben den Minderheiten der Ungarn, Deutschen und Polen standen auch die Slowaken der Zentralregierung eher ablehnend gegenüber, weil sie nicht die von ihnen verlangte Autonomie erhalten hatten. Dennoch trat die im

Dezember 1918 von dem katholischen Geistlichen Andrej Hlinka gegründete, betont katholische »Slowakische Volkspartei«, die von über 50% der Slowaken gewählt und unterstützt wurde, im Jahre 1926 einer sog. »Gesamtnationalen Koalition« bei, an der sich auch neben den tschechischen die Parteien der deutschen Minderheit beteiligten.

Als jedoch das führende Mitglied der »Slowakischen Volkspartei«, Vojtech Tuka, der eine paramilitärische »Heimwehr« (Rodobrana) aufgebaut hatte, wegen Hochverrats zu 5 Jahren Zuchthaus verurteilt wurde, trat die »Slowakische Volkspartei« wieder aus dieser »Gesamtnationalen Koalition« aus. Nachdem auch Pater Hlinka im August 1933 anläßlich der Feierlichkeiten, die wegen der elfhundertjährigen Christianisierung der Slowaken (100 Jahre vor den Tschechen!) begangen wurden, energisch für die Autonomie der Slowakei eingetreten war, waren die tschechischen Parteien nicht mehr zu einem Kompromiß bereit. Dabei scheinen die führenden tschechischen Parteien – die Nationaldemokraten und Agrarier – auch gewisse Rücksichten auf die 1925 von General Gajda gegründete »Faschisten-Gemeinde« genommen zu haben, die eine extrem nationalistische, antideutsche und antisemitische Zielsetzung vertrat, bei Wahlen aber nur maximal 6 Mandate errungen hatte.

In der Folgezeit kam es zu einem direkten und indirekten Zusammengehen der »Slowakischen Volkspartei« und der »Sudetendeutschen Partei« (vorher: Sudetendeutsche Heimatfront), die unter Führung Konrad Henleins faktisch zu einem Bestandteil der NSDAP geworden war. Nach der Annexion des Sudetenlandes durch das Dritte Reich fanden sich Tschechen und Slowaken dann doch zu einem Kompromiß bereit. Die Rest-Tschechoslowakei wurde zu einem föderativen Staat umgebildet. Während nur die Außen-, Verteidigungs- und Finanzpolitik von der Prager Zentralregierung gelenkt wurde, konnte Josef Tiso, der die Nachfolge des 1938 verstorbenen Hlinka angetreten hatte, den slowakischen Landesteil faktisch als unabhängiger slowakischer Ministerpräsident regieren. Am 9. März 1939 befahl jedoch der tschechoslowakische Präsident Hácha, die Regierung Tiso abzusetzen und die sog. »Hlinka-Garde«, die die Nachfolge der »Rodobrana« (Heimwehr) angetreten hatte, aufzulösen. Daraufhin wurde Tiso nach Berlin gerufen und von Hitler aufgefordert, eine unabhängige Slowakei auszurufen. Es folgte die sog. »Zerschlagung der

Rest-Tschechei«, die am 16. März 1939 zum »Protektorat Böhmen und Mähren« wurde. Die von Hitlers Gnaden entstandene Slowakische Republik mußte dagegen am 18. März 1939 einen Schutzvertrag mit dem Deutschen Reich abschließen. Obwohl verschiedene Länder, darunter auch die Schweiz, Polen und die Sowjetunion, diesen neuen ›Staat‹ anerkannten, war und blieb die Slowakische Republik ein von Deutschland abhängiger Satellitenstaat, der zwar zunächst nicht von deutschen Truppen besetzt wurde, dessen Außen- und Innenpolitik jedoch wesentlich von Hitler und von deutschen ›Beratern‹ beeinflußt und geprägt wurde. Tiso, der Staatschef blieb, verfügte zwar über mehr Macht als Quisling, dennoch war die Slowakei so von Deutschland abhängig, daß das nun errichtete autoritäre Regime schon deshalb kaum als eigenständige »klerikalfaschistische« Diktatur anzusehen ist. Gegen diese Charakterisierung sprechen aber auch noch andere innenpolitische Momente.

Unbestritten ist, daß die von Tuka und Sano Mach angeführte »Hlinka-Garde«, die nach dem Verbot und der Auflösung aller anderen Parteien die einzige politische Organisation des Landes war, einen faschistischen Charakter hatte. Die »Hlinka-Garde«, der neben Intellektuellen und Deklassierten der slowakischen Gesellschaft auch einige jüngere Priester angehörten, vertrat eine radikale nationalistische und antisemitische Zielsetzung. Auf Betreiben ihres Propagandaleiters Sano Mach wurde bereits am 18. April 1939 nach deutschem Vorbild ein sehr restriktives Judengesetz erlassen, das jedoch nicht auf Juden angewandt wurde, die zum Christentum konvertiert waren. Doch obwohl Tuka schließlich Ministerpräsident und Mach Innenminister wurden, konnte Tiso als Staatspräsident seinen mäßigenden Einfluß geltend machen. Er stützte sich im innenpolitischen Bereich auf die katholische Kirche, deren Einfluß auf Erziehung und Gesetzgebung äußerst groß war. Die radikale »Hlinka-Garde« wandte sich zwar wiederholt gegen die Macht und den Einfluß der katholischen Kirche, wobei sie auch von der SS unterstützt wurde, dennoch hielt Hitler aus machtpolitischen Motiven an Tiso fest, der eine scharf autoritäre Politik betrieb, von der neben den Juden, die verfolgt und schließlich deportiert wurden, auch Protestanten, Orthodoxe und Anhänger christlicher Sekten betroffen waren. Da die »Hlinka-Garde« einflußreich war, aber schließlich doch von der Macht ferngehalten wurde, kann das Tiso-Regime als eine klerikal geprägte autoritäre Diktatur angesehen werden, die weitgehend von Deutschland abhängig war.

Daher kann das slowakische Satelliten-Regime nicht als faschistische Diktatur bezeichnet und mit dem kroatischen Ustascha-Staat gleichgesetzt werden. Während in Kroatien die faschistische Partei mit Zustimmung Deutschlands und der katholischen Kirche regierte, konnte Tiso mit Unterstützung der katholischen Kirche und des Dritten Reiches die faschistische »Hlinka-Garde« weitgehend von der Macht fernhalten.

Nach der Niederschlagung des slowakischen Nationalaufstandes, der am 28. August 1944 ausbrach und erst am 28. Oktober durch das Eingreifen deutscher Truppen beendet wurde, war die Slowakei ein von Deutschland besetztes und völlig beherrschtes Land. Obwohl immerhin 20000 Soldaten und 2500 Partisanen am Aufstand teilgenommen hatten, waren die Slowaken schließlich doch nicht in der Lage, ohne fremde Unterstützung das autoritäre Satelliten-Regime Tisos zu stürzen.

Auch das polnische Piłsudski-Regime ist von einigen Forschern und von vielen Zeitgenossen als faschistisch klassifiziert worden.[16] In diesem Urteil stimmten die Faschismustheoretiker der Komintern mit Trotzki, oppositionellen Kommunisten wie Thalheimer und selbst mit Sozialdemokraten wie Borkenau und Gurland überein, obwohl die Kommunisten gleichzeitig ihre Sozialfaschismus-These auch mit dem Hinweis auf das Piłsudski-Regime begründeten, weil dieser »Faschist« früher Sozialist gewesen und von den polnischen Sozialisten bei seinem Staatsstreich vom Mai 1926 unterstützt worden sei. Nach 1945 ist diese parteioffizielle Deutung weder in der Sowjetunion noch in Polen revidiert, sondern einfach verschwiegen worden. Dabei spielte noch die Tatsache eine Rolle, daß der Führer derjenigen polnischen Partei, die eindeutig als faschistisch zu charakterisieren ist, nach 1945 eine bedeutende Stellung innerhalb des polnischen Partei- und Staatsapparates einnahm. Gemeint ist der Führer der regimetreuen katholischen »Pax«-Organisation, Bolesław Piasecki. Doch bevor auf ihn und sein »National-Radikales-Lager-Falanga« einzugehen ist, soll zunächst geprüft werden, ob man das Piłsudski-Regime wirklich als faschistisch einstufen kann.

Die schon am 16. Oktober 1918, also noch vor der endgültigen Niederlage Deutschlands, ins Leben gerufene polnische Republik verdankte ihre Existenz dem ›Glücksfall‹, daß alle drei Teilungsmächte – Deutschland, Österreich und Rußland – in einen Krieg hineingezogen wurden, den sie schließlich verloren. Die Grenzen des neuen polnischen Staates wurden nicht nur durch die Versailler Friedenskonferenz festgelegt. Denn vor und nach der Unterzeichnung des Versailler Vertrages am 28. Juni 1919 hatte die neuentstandene polnische Armee mit großem Erfolg versucht, vollendete Tatsachen zu schaffen. Das gilt nicht nur für Oberschlesien, das nach drei polnischen Aufständen am 21. Oktober 1920 geteilt wurde, obwohl sich 60% der Oberschlesier bei der Volksabstimmung vom 20. März 1920 für Deutschland ausgesprochen hatten, sondern auch für die Annexion der litauischen Hauptstadt Wilna und für die Gewinnung ukrainischer und weißruthenischer Territorien im Osten, auf die die Sowjetunion am 18. März 1921 im Frieden von Riga verzichtete. Vorausgegangen war der russisch-polnische Krieg, der im April 1920 mit dem Vorstoß der polnischen Armee nach Kiew begonnen und im August 1920 mit der vernichtenden Niederlage der Roten Armee geendet hatte, die bis vor die Tore Warschaus vorgestoßen war.

Dieser Sieg war das Werk Józef Piłsudskis, der am 20. Februar 1919 oberster Befehlshaber der Armee und Staatschef geworden war. Nachdem die »Nationaldemokratische Partei« seines Konkurrenten Roman Dmowski die Parlamentswahlen vom 5. November 1922 gewonnen hatte, zog sich Piłsudski zunächst aus der Politik zurück. Das labile parlamentarische System Polens – zwischen dem September 1921 und dem Dezember 1922 gab es nicht weniger als vier Regierungen – zeigte sich jedoch nicht in der Lage, mit den wirtschaftlichen und innenpolitischen Problemen des neuentstandenen Staates fertig zu werden. Diese bestanden vor allem in der drängenden Agrarfrage, die nicht gelöst wurde, weil die verkündete Bodenreform im Grunde nur in den zentralen und westlichen, nicht dagegen in den östlichen Regionen Polens durchgeführt wurde, denn hier wurden die über die ukrainischen und weißruthenischen Bauern herrschenden polnischen Großgrundbesitzer nicht enteignet. Das lag vor allem an der Nationalitätenproblematik Polens, dessen Bevölkerung zu über 31% (vermutlich sogar über 40%) nicht-polnischen Nationalitäten angehörte. Ukrainer und Weißruthenen stellten etwa 25%, Juden 12% und Deutsche 3% der Gesamtbevölkerung. Obwohl sich Polen auf der Versailler Friedenskonferenz verpflichtet hatte, jeder Minderheit Schutzbestimmungen zu garantieren, betrieb es gegenüber

Deutschen, Juden, Ukrainern und Weißruthenen eine immer schärfer werdende Polonisierungspolitik.

Am 12. Mai 1926 kam es zu einem Staatsstreich Piłsudskis, der viele Opfer forderte, aber von den polnischen Sozialisten unterstützt und von der kleinen Kommunistischen Partei Polens toleriert wurde. Piłsudski trat mit dem Anspruch auf, eine »Sanierung« (Sanacja) des demokratischen Systems Polens durchzuführen, weil dieses wegen der nicht kompromißbereiten Haltung der einzelnen Parteien nicht mehr funktionsfähig sei. Piłsudski errichtete eine zunächst noch gemäßigte »moralische Diktatur«. Die Parteien wurden nicht verboten, und es wurden noch 1928 freie Wahlen abgehalten, die mit einer schweren Niederlage der Nationaldemokraten endeten: Sie behielten nur noch 37 der bisherigen 100 Mandate, während die Bauernpartei 21 statt der bisherigen 53 Sitze erhielt und die Sozialisten ihre Mandatszahl von 41 auf 63 erhöhen konnten. Im Oktober 1929 schlossen sich die Parteien der Linken und der Mitte zu einem Bündnis, dem »Centrolew«, zusammen, das mit 180 Mandaten über die relative Mehrheit im Sejm verfügte. Piłsudski beendete den dadurch ausgebrochenen Kampf zwischen der Exekutive und dem von den oppositionellen Parteien beherrschten Parlament, indem er insgesamt 88 Sejm-Abgeordnete des »Centrolew« verhaften und in die Festung Brest-Litowsk bringen ließ, wo sie drangsaliert und gefoltert wurden. Diese Politik der Einschüchterung hatte Erfolg. Bei den ›Wahlen‹ vom 16. November 1930, bei denen viele oppositionelle Abgeordnete nicht kandidieren konnten oder in ihrer Tätigkeit eingeengt wurden, erhielt der Regierungsblock 243 der insgesamt 444 Sitze des Parlaments. Im Januar 1935 wurde schließlich eine neue Verfassung erlassen, durch die das parlamentarisch-demokratische System völlig aufgehoben wurde. An seine Stelle trat eine ganz auf die Person Piłsudskis zugeschnittene autoritäre, aber nicht faschistische Militärdiktatur.

Dies änderte sich auch nach dem Tod Piłsudskis am 12. Mai 1935 nicht. Allerdings löste sich der bisherige Regierungsblock aufgrund von internen Meinungsverschiedenheiten faktisch auf. An seine Stelle sollte das von dem Obersten Adam Koc gegründete »Lager der Nationalen Einigung« (OZN, »Obóz Zjednoszenie Narodowego«) treten, das in ideologischer und organisatorischer Hinsicht deutlich vom faschistischen Vorbild geprägt war. Das OZN konnte sich jedoch nicht zu einer Staats- und Sammlungspartei entwickeln und wurde von einer anderen faschistischen Partei erbittert bekämpft.

Dabei handelte es sich um das schon erwähnte »National-Radikale-Lager-Falanga-ONR« (Obóz Narodowo-Radykalny-Falanga), das unter Führung von Bolesław Piasecki aus der Jugendorganisation der Nationaldemokraten entstanden war, die sich schon vor dem Staatsstreich Piłsudskis deutlich am Vorbild des faschistischen Italien orientiert hatten, von denen sie auch politische und sogar materielle Unterstützung erhalten hatten. Piaseckis »ONR-Falanga« vertrat eine extrem nationalistische, antisemitische und spezifisch klerikale Zielsetzung. Seine Anhänger, es waren überwiegend Studenten, verübten verschiedene Übergriffe auf jüdische Bürger Polens. Piaseckis Partei wurde jedoch von der autoritären Staatsführung der Obristen und von der OZN verfolgt und bekämpft.

Obwohl sowohl das »National-Radikale-Lager-Falanga« als auch das »Lager der Nationalen Einigung« des Adam Koc in ideologischer und organisatorischer Hinsicht einen faschistischen Charakter aufwiesen, haben die führenden Mitglieder dieser faschistischen Parteien jedoch nicht mit der deutschen Besatzungsmacht kollaboriert. Die Nationalsozialisten fanden, auch wenn sie es gewollt hätten, so gut wie keine polnischen Kollaborateure, sondern stießen auf einen immer erbitterteren Volkswiderstand, der mit äußerst brutalen Methoden bekämpft wurde. Fünf von den insgesamt 30 Millionen Polen sind dem von politischen und rassistischen Tendenzen geprägten nationalsozialistischen Terror zum Opfer gefallen.

Das von Piłsudski und seinen Nachfolgern geschaffene Herrschaftssystem gehört ähnlich wie das Regime des Generals Primo de Rivera in Spanien und die Königsdiktaturen in Jugoslawien und Rumänien nicht in die Gruppe der faschistischen Diktaturen, weil es sich nicht auf eine faschistische Massenpartei stützte und eher autoritäre als spezifisch faschistische Ziele vertrat. Ähnliches gilt für die Diktaturen in Bulgarien und den baltischen Staaten, die ebenfalls von verschiedenen kommunistischen und sozialistischen Autoren als faschistisch charakterisiert worden sind. Dabei spielten auch außenpolitische Motive und Interessen der Sowjetunion eine Rolle, denn die souveränen baltischen Staaten, Litauen, Lettland und Estland, waren von der Sowjetunion nur widerwillig anerkannt worden, bis sie aufgrund der Absprachen des Hitler-

Stalin-Paktes im Sommer des Jahres 1940 zwangsweise an die Sowjetunion angeschlossen wurden.

In allen drei Republiken ist das ursprünglich errichtete parlamentarische System durch autoritäre Regime ersetzt worden.[17] Den Anfang machte Litauen, in dem es am 17. Dezember 1926 zu einem Staatsstreich kam, nachdem weder die bisher regierenden Christlichen Demokraten noch die Volkssozialisten und Sozialdemokraten eine regierungsfähige Koalition bilden konnten. Am 12. April 1927 ließ sich dann der bisherige Präsident Litauens, Smetona, zum »Führer der Nation« ausrufen und löste das Parlament endgültig auf. Smetona stützte sich fast ausschließlich auf das Militär, während die faschistisch orientierte Partei der »Völkischen« (Tautininkai) nicht zur Verwaltung des Landes herangezogen wurde. Auch die von Smetona aufgebaute, radikal nationale Kaderorganisation, die »Eiserner Wolf« genannt wurde, entwickelte sich nicht zu einer faschistischen Staatspartei, weil sie zahlenmäßig sehr schwach blieb und über keine integrative Ideologie verfügte. Smetona regiere das Land mit terroristischen Methoden, verfügte jedoch über keinen großen Rückhalt im Volk. Daher war er weder in der Lage, die Annexion des Memellandes durch Deutschland im März 1939 noch die Besetzung des Landes durch sowjetische Truppen im Juni 1940 zu verhindern.

In Lettland kam es erst nach dem Ausbruch der Weltwirtschaftskrise zur Beseitigung des parlamentarischen Systems. Der ehemalige Ministerpräsident Ulmanis errichtete eine autoritäre Diktatur, die ebenfalls nicht über eine faschistische Massenpartei verfügte.

Anders war es in Estland, wo sich der »Verband der Freiheitskämpfer« (Vapsen) zu einer antiparlamentarischen und extrem antikommunistischen Massenorganisation entwickelt hatte, die stark vom Vorbild der finnischen Lapua-Bewegung beeinflußt war. Im Oktober 1933 fand die von den »Freiheitskämpfern« vorgeschlagene neue autoritäre Verfassung bei einer Volksabstimmung eine überwältigende Mehrheit. 72,7% stimmten für die »Freiheitskämpfer« und gegen die Beibehaltung des bisherigen parlamentarischen Systems, in dem auch die Rechte der Minderheiten garantiert worden waren. Doch da Ministerpräsident Päts mit Unterstützung des Oberbefehlshabers der Streitkräfte am 12. März 1934 den Ausnahmezustand verkündete, kam es nicht zur ›Machtergreifung‹ des »Verbandes der Freiheitskämpfer«.

Diese stark vom faschistischen Vorbild beeinflußte Organisation wurde kurz darauf aufgelöst und verboten. Päts verschaffte sich diktatorische Vollmachten und regierte das Land ohne die Unterstützung einer faschistischen Massenbewegung.

Auch in Bulgarien kam es nicht, wie innerhalb der kommunistischen Historiographie behauptet wird, zur Errichtung eines »militärfaschistischen Regimes«.[18] Bulgarien hatte anders als die Nachbarländer Rumänien und Jugoslawien nicht mit Minderheitenproblemen zu kämpfen. Da die überwiegende Mehrheit des Volkes aus Bauern bestand, gab es auch keine größeren sozialen Probleme. Dennoch führte der Ministerpräsident Stambolijski, der dem vorherrschenden Bauernbund angehörte und von der relativ starken kommunistischen Partei toleriert wurde, 1920 nicht nur eine Arbeitsdienstpflicht ein, sondern ließ darüber hinaus im Mai 1921 alle privaten Bodenbesitzer enteignen, die über mehr als 30 ha verfügten. Gegen diesen Agrarsozialismus regte sich innerhalb des schwachen Bürgertums und der Armee Widerstand. Stambolijski wurde am 1. Juni 1923 durch einen Staatsstreich des Militärs gestürzt und kurz darauf ermordet. Bis 1934 wurde das Land von einer Regierungskoalition der bürgerlichen Kräfte regiert, die vom Bauernbund toleriert wurde. Sie schlug im September 1923 einen kommunistischen Aufstand blutig nieder, wurde dann aber am 19. Mai 1934 von putschenden Offizieren gestürzt. Der Oberst Kimon Georgiew errichtete ein autoritäres System, das jedoch am 22. Januar 1935 durch die Diktatur des Königs Boris III. ersetzt wurde. Der allein regierende bulgarische König verfolgte seine politischen Gegner in den Reihen der kommunistischen Partei und der mazedonischen Terrororganisation IMRO (»Innere Mazedonische Revolutionäre Organisation«) mit brutaler Härte, dennoch kann seine Königsdiktatur schon deshalb nicht als faschistisch angesehen werden, weil es in Bulgarien überhaupt keine faschistische Partei gab.

Etwas anders lagen die Verhältnisse in Portugal, das weit mehr als Bulgarien, Litauen, Lettland und Estland genau wie die Tschechoslowakei und Polen zu den ›Grenzfällen‹ gerechnet werden muß.[19] Das portugiesische Salazar-Regime verdient auch deshalb besondere Beachtung, weil es anders als die übrigen in der Zwischenkriegszeit entstandenen Diktaturen noch nach dem Ende des Zweiten Weltkrieges und der »Epoche des Faschismus« weiter bestand. Anders als das benachbarte Franco-Regime hat es sogar noch den Tod seines Schöpfers um einige Jahre überdauert, denn Marcelo Caetano konnte 1971 die Nachfolge des verstorbenen Salazar antreten, bis der Militärputsch vom 25. April 1974 die von ihm geführte und nur noch von wenigen Geheimpolizisten unterstützte Diktatur beseitigte.

In der im Jahre 1910 ausgerufenen portugiesischen Republik war es nicht zur Errichtung eines stabilen parlamentarischen Systems gekommen. Im Mai 1926 wurde es durch den Putsch des Generals Gomes da Costa endgültig beseitigt. Die Militärregierung sah sich vor allem mit der Aufgabe konfrontiert, die Wirtschaftskrise zu überwinden, die durch die rückständige ökonomische Struktur des Landes und einen völlig desolaten Staatshaushalt gekennzeichnet war. Mit dieser Aufgabe wurde der Professor für Wirtschafts- und Finanzwissenschaften der Universität Coimbra, Oliveira Salazar, betraut, der mit unumschränkten Vollmachten versehen im April 1928 das Amt des Finanzministers übernahm. Durch rigorose Sparmaßnahmen gelang es ihm tatsächlich, die Finanzen einigermaßen in Ordnung zu bringen. 1932 wurde Salazar Ministerpräsident. 1936 übernahm er auch noch das Innen-, Kriegs- und Außenministerium.

Der »Estado Novo« Salazars stützte sich jedoch nicht nur auf das Militär, sondern auch auf eine »União Nacional« genannte Einheitspartei, die eine paramilitärische »Portugiesische Legion« und eine Jugendorganisation ins Leben rief. Die Mitglieder der von Rulao Preto gegründeten »Integralistischen Partei«, die eine nationalistische und nationalsyndikalistische Zielsetzung vertrat, mußten der neuen Staatspartei Salazars beitreten. Preto selber war bereits 1934 verhaftet und ins Exil getrieben worden. Der Einfluß der originären faschistischen Partei Portugals innerhalb der »União Nacional« war also von Anfang an noch geringer als der der Falange. Obwohl Salazar in den 30er Jahren auch noch ein korporatives System einführte, das ebenfalls von der »União Nacional« beherrscht wurde, die einige Symbole und Organisationsformen der Integralisten übernommen hatte, fehlten dem Salazar-Regime die in faschistischen Staaten anzutreffenden radikalen und antikapitalistischen Momente fast völlig. Auch die Außenpolitik Portugals war eher durch konservative als durch aggressiv-nationalistische Zielsetzungen gekennzeichnet. Salazar führte zwar verschiedene Plebiszite durch, an denen sich jedoch meist weniger als 10% der Bevölkerung beteiligen durften, dennoch verließ er sich mehr auf die Autorität des bürokratischen Apparates und des Heeres als auf die plebiszitäre Zustimmung der Bevölkerung. Sein Ziel war es nicht, die Bevölkerung im faschistischen Sinne zu mobilisieren, sondern zu demobilisieren. Da es in Portugal keine ethnischen Minderheiten gab und die kommunistische Partei sehr schwach war, fand er bei seiner autoritären, auf eine langsame Wirtschaftsverbesserung abzielenden Politik zunächst kaum Gegner im politischen Bereich.

Ähnlich wie Spanien wurde auch Portugal nach dem Ende des Zweiten Weltkrieges zunächst von der westlichen Welt isoliert und boykottiert. Schon 1949 wurde Portugal jedoch wegen seiner strategischen Lage in die Nato aufgenommen. 1955 wurde es Mitglied der UN. Dort wurde es dann wegen des Kolonialkrieges in Angola und Moçambique scharf angegriffen, während Salazar und sein Nachfolger Caetano im innenpolitischen Bereich die faschistischen und autoritären Züge mehr und mehr beseitigten. Das Regime stützte sich schließlich nur auf eine kleine Elite von Bürokraten und Militärs sowie auf die Geheimpolizei (Pide). Am 25. April 1974 brach dieses autoritäre Regime, das in der Anfangszeit in ideologischer und organisatorischer Hinsicht einige faschistische Elemente übernommen hatte, völlig zusammen.

6. Epilog: Der Neofaschismus zwischen Politik und Polemik

Mit dem Zusammenbruch der faschistischen Regime in Italien und Deutschland ist die »Epoche des Faschismus«, aber nicht die Geschichte des Faschismus zu Ende gegangen.[1] Keiner einzigen der noch verbliebenen oder neugegründeten faschistischen Parteien gelang es, eine Massenbasis zu gewinnen oder gar zur Macht zu kommen. Die schon vor 1945 errichteten Regime Francos und Salazars sind, wie bereits ausgeführt wurde, in die Gruppe der autoritären Diktaturen einzuordnen. Das gilt auch für das griechische Obristenregime, das im April 1967 installiert wurde, um den erwarteten Wahlsieg der linken »Zentrums-Union« Papandreous zu verhindern, wobei die putschenden griechischen Offiziere vermutlich vom amerikanischen Geheimdienst unterstützt wurden.[2] Die griechische Militär-Junta, in der bald Papadopoulos eine führende Stellung gewann, errichtete ein diktatorisches Regime. Die Parteien wurden verboten, die Verfassung wurde außer Kraft gesetzt, oppositionelle Kräfte wurden vom Militär und von der Geheimpolizei verfolgt, und es wurde eine rigide Pressezensur eingeführt. Das Regime betrieb eine gegenüber ausländischen Kapitalgesellschaften sehr entgegenkommende Wirtschaftspolitik, die sich auch positiv auf die Entwicklung der griechischen Wirtschaft selber auswirkte. Papadopoulos übernahm zwar Elemente der faschistischen Führerideologie, verzichtete jedoch darauf, eine faschistische Massenorganisation aufzubauen. Daher kann die griechische Militärdiktatur nicht als faschistisch angesehen werden. Wie schwach sie im Grunde war, zeigte sich, als ein von ihr unterstützter Putsch in Zypern zur Invasion der türkischen Armee und zur Annexion der von Türken bewohnten Teile des Landes führte. Das Obristenregime konnte und wollte sich nicht zum militärischen Eingreifen entscheiden und wurde 1974 gestürzt.

Alle faschistischen Parteien im Europa der Nachkriegszeit sind bisher mehr oder minder bedeutungslose Splittergruppen geblieben. Dennoch darf die Bedeutung dieser in nahezu allen westeuropäischen Ländern anzutreffenden Parteien nicht unterschätzt werden, da sie in zunehmendem Maße auch Anhänger innerhalb der jüngeren, nach 1945 aufgewachsenen Generation finden und da sie untereinander mehr oder minder enge Kontakte unterhalten. Die Meldungen von der Existenz und Wirksamkeit einer »faschistischen Internationale« wirken jedoch übertrieben. Fest steht, daß sich die einzelnen nationalen faschistischen Gruppierungen in politischer und materieller Hinsicht unterstützen, wobei sie in sehr geschickter Weise die Tatsache ausnutzen können, daß die Strafbestimmungen für die Verbreitung von faschistischen und rassistischen Vorstellungen in einzelnen Staaten sehr unterschiedlich sind. So können etwa die deutschen Faschisten große Teile ihres Propagandamaterials, das in der Bundesrepublik nicht hergestellt und verbreitet werden darf, aus dem Ausland, insbesondere aus den USA und Argentinien, erhalten. Aufgrund der gesetzlichen Bestimmungen, die bereits in einigen Ländern zum Verbot von faschistischen bzw. nationalsozialistischen Organisationen geführt haben, versuchen diese Gruppierungen jedoch, ihre Orientierung am Vorbild des ›klassischen‹ Faschismus meist zu kaschieren.

Auch deshalb hat sich innerhalb der Publizistik und auch in der Wissenschaft der Begriff »Neofaschismus« eingebürgert, der jedoch als sehr problematisch anzusehen ist. Tatsächlich unterscheiden sich die faschistischen Parteien der Nachkriegszeit nicht von denen, die vor 1945 entstanden sind. Wenn dies so wäre, wenn sie im Hinblick auf ihre Ideologie und Politik neue Elemente entwickelt hätten, müßte für diese Parteien eine andere, womöglich neue Bezeichnung verwandt werden. Da, wie bereits mehrfach erwähnt, der Faschismusbegriff historisch geprägt und begrenzt ist, können nur solche Parteien als faschistisch angesehen werden, die deutlich erkennbare Ähnlichkeiten mit dem Faschismus in Italien und dem Nationalsozialismus in Deutschland aufweisen. Verwendet man den Faschismusbegriff nicht in diesem historisch geprägten und zeitlich begrenzten Sinne, gerät man sehr leicht in die Gefahr, ihn als bloßes und noch dazu austauschbares Schimpfwort zu benutzen, wodurch die spezifische Qualität und Gefährlichkeit des Faschismus verringert und verharmlost werden.[3] Bereits die ›klassische‹ Faschismusdiskussion der Zwischenkriegszeit bietet dafür ebenso zahlreiche wie abstoßende und politisch gefährliche Beispiele.

Leider sind viele Arbeiten innerhalb der sehr umfangreichen, meist aber publizistisch ausgerichteten Literatur über den sog. Neofaschismus durch eine undifferenzierte und historisch nicht hinreichend eingegrenzte Verwendung des Faschismus-Begriffes gekennzeichnet. Außerdem führt das politische Engagement häufig zu einem Mangel an wissenschaftlich notwendiger Objektivität. Daher und weil die sog. neofaschistischen Parteien innerhalb einer Gesamtgeschichte des europäischen Faschismus ohnehin nur in die Gruppe der ›Sekten‹ gehören, sollen im folgenden nur die Geschichte und Struktur der wichtigsten Gruppen in der Bundesrepublik, in Italien, Frankreich und England in bewußt knapper Form skizziert werden.

Die deutsche Widerstandsbewegung war zwar in ihrem Bestreben gescheitert, das nationalsozialistische System zu stürzen und damit zur Befreiung der Deutschen beizutragen, dennoch wurde der Sieg über Hitler-Deutschland keineswegs generell als Niederlage und Zusammenbruch empfunden. Weite Kreise der Bevölkerung distanzierten sich deutlich von den bekannten und bis dahin unbekannten Verbrechen des Dritten Reiches. Diese ablehnende Grundhaltung manifestierte sich jedoch eher im Ruf: »Nie wieder Krieg! Nie wieder Faschismus« als in einem dezidiert antifaschistischen Sinne. Anders als in Italien und in Frankreich kam es in Deutschland nicht zur Entstehung eines breiten antifaschistischen Konsenses. Dazu trug vor allem die Politik der sowjetischen Besatzungsmacht und der von ihr eingesetzten und geförderten kommunistischen Partei bei, die den mobilisierenden Begriff des Antifaschismus mehr und mehr zur Legitimierung ihrer parteipolitischen, keineswegs immer antifaschistisch geprägten Ziele benutzte. Während schon die Enteignung von Großgrundbesitzern und ›Kapitalisten‹ als »antifaschistisch« deklariert wurde, obwohl keineswegs alle der betroffenen Agrarier und Industriellen Faschisten gewesen waren, wurde durch die rein machtpolitisch motivierte Ausschaltung der SPD und die Abschaffung der demokratischen Rechte der politische Kampfbegriff des Antifaschismus in den Augen vieler Deutscher vollends zur kommunistischen Propagandafloskel. Ihren Höhepunkt fanden die Bestrebungen der DDR, das sog. »antifaschistische Erbe« für sich zu beanspruchen und skrupellos auszunutzen, in dem ebenso törichten wie brutalen Versuch, die Mauer zum »antifaschistischen Schutzwall« hochzustilisieren.[4]

Auch die Politik der westlichen Besatzungsmächte trug jedoch dazu bei, daß eine in Ansätzen durchaus vorhandene antifaschistische Grundströmung mehr und mehr in den Hintergrund gedrängt wurde. Dies gilt für das Verbot der autonom und jenseits von KPD und SPD entstandenen »Antifa-Ausschüsse« und für die mit bürokratischen, aber nicht unbedingt gerechten und wirkungsvollen Methoden durchgeführte Entnazifizierung in der amerikanischen und britischen Besatzungszone.[5] Während noch der Nürnberger Kriegsverbrecherprozeß von den weitaus meisten Deutschen als durchaus gerechter Versuch angesehen wurde, die Hauptverantwortlichen für die Verbrechen des Dritten Reiches einer gerechten Strafe zuzuführen, stieß die häufig von Denunziationen und Schnüffeleien begleitete Aktivität der Spruchkammern und Entnazifizierungs-Kommissionen in zunehmendem Maße auf die Kritik vieler Deutscher, die sich, teilweise zu Recht, an das Sprichwort erinnert fühlten, wonach man ›die Kleinen hängt und die Großen laufen läßt‹.[6] Dennoch äußerte sich diese Mißstimmung und die Enttäuschung über die faktische Teilung Deutschlands nicht im antidemokratischen und faschistischen Sinne.

Bei den Bundestagswahlen von 1949 gewannen die kleineren rechtsradikalen Parteien, unter denen die »Deutsche Rechtspartei« in ideologischer Hinsicht eine deutlich faschistische Orientierung aufwies, nur insgesamt 5,7% der abgegebenen Stimmen. Die aus einer Absplitterung der »Deutschen Rechtspartei« (DRP) 1949 entstandene »Sozialistische Reichspartei« (SRP) konnte dagegen bei den Wahlen zum Niedersächsischen Landtag von 1951 11% und bei den Wahlen zur Bremer Bürgerschaft 7,7% der abgegebenen Stimmen erzielen. Die SRP setzte sich fast ausschließlich aus ehemaligen Nationalsozialisten zusammen, die über die Entnazifizierungs-Maßnahmen verbittert und nicht bereit waren, ihre bisherige politische Einstellung zu revidieren. Die SRP war wegen ihrer antidemokratischen, extrem nationalistischen und als »volkssozialistisch« bezeichneten antikapitalistischen Zielsetzung eindeutig von dem nationalsozialistischen Vorbild geprägt, von dem sie auch das Führerprinzip übernahm. Am 23. Oktober 1952 wurde die SRP, die sich zu diesem Zeitpunkt allerdings bereits in einem Zustand der Auflösung befand, vom Bundesverfassungsgericht verboten.

Dieses Urteil veranlaßte alle weiteren rechtsstehenden Parteien, eine allzu deutliche Orientierung am Nationalsozialismus möglichst zu vermeiden. Dies gilt vor allem für die »Deutsche Rechtspartei«, die sich seit 1949 »Deutsche Reichspartei« (DRP) nannte.

Ihr Programm, das den Aufbau eines korporativen Gesellschaftssystems vorsah, war zwar ebenfalls von nationalistischen und revisionistischen sowie antidemokratischen Vorstellungen geprägt, eine radikale Ablehnung des parlamentarischen Systems wurde jedoch ebenso vermieden wie eine offen antisemitische Sprache. Unter Führung des hochdekorierten Flieger-Offiziers Rudel gelang es der Partei jedoch nicht, bei den Bundestagswahlen die 5%-Hürde zu überwinden. Sie gewann 1953 1,1%, 1957 1% und 1961 nur noch 0,8%. Allerdings war sie temporär im niedersächsischen Landtag vertreten, wo sie mit der FDP und dem »Bund der Heimatvertriebenen und Entrechteten« (BHE) eine Fraktionsgemeinschaft bildete.

Das völlige Scheitern der DRP zeigt, daß das demokratische System der Bundesrepublik sich bereits in den 50er Jahren als überraschend gefestigt erwies. Dazu trugen auch der schnelle und erfolgreiche Aufbau der Wirtschaft und die Tatsache bei, daß die Flüchtlinge trotz anfänglicher Schwierigkeiten überaus schnell und überraschend problemlos integriert werden konnten. Das gilt auch in parteipolitischer Hinsicht, denn der sehr weit rechts stehende, aber nicht faschistische »Bund der Heimatvertriebenen und Entrechteten« konnte nur einen Bruchteil der Stimmen der Flüchtlinge auf sich vereinigen und sank bald zur Bedeutungslosigkeit herab. Der 1964 als Sammlungsorganisation verschiedener rechter und mehr oder minder eindeutig nationalsozialistischer Gruppierungen gegründeten »Nationaldemokratischen Partei Deutschlands« (NPD) gelang es dann jedoch, in überraschend kurzer Zeit aus der völligen Bedeutungslosigkeit aufzusteigen und bemerkenswerte Wahlerfolge zu erzielen. Zwischen 1966 und 1968 gewann die Partei, der 1967 schon 28 000 Mitglieder angehörten, bei den Landtagswahlen in Hessen 7,9%, in Bayern 7,4%, in Rheinland-Pfalz 6,9%, in Schleswig-Holstein 5,8%, in Niedersachsen 7%, in Bremen 8,8% und in Baden-Württemberg sogar 9,8%. Nachdem die NPD bei den Bundestagswahlen von 1969 wider Erwarten nicht in der Lage war, mehr als 5% zu gewinnen – sie erreichte ›nur‹ 4,3% der Zweitstimmen –, ging ihr Einfluß schnell zurück. 1970 gehörten ihr nur noch 21 000, 1976 9700 Mitglieder an. Bei den Landtagswahlen der Jahre 1970 und 1971 erreichte sie nur noch maximal 3% der abgegebenen Stimmen. Bei den Bundestagswahlen von 1972 sank ihr Stimmenanteil bereits wieder auf 0,6%.[7]

Der temporäre Aufstieg der NPD wurde im In- und Ausland viel beachtet und rief die Befürchtung hervor, daß sich die Geschichte wiederhole und die Bundesrepublik, die zum ersten Mal in ihrer Geschichte mit wirtschaftlichen Problemen zu kämpfen hatte, ein ähnliches Schicksal erleiden könne wie die Weimarer Republik. Diese Angst hat nicht nur das Verhalten der demokratischen Parteien bestimmt, die die NPD entschieden abgelehnt und bekämpft haben, sondern auch die zahlreichen publizistischen und wissenschaftlichen Darstellungen der Struktur und Programmatik der NPD. Dabei ist vielfach übersehen worden, daß die NPD sehr bemüht war, ihre antidemokratischen und pronationalsozialistischen Vorstellungen möglichst zu tarnen, weil sie das drohende Parteiverbot unbedingt verhindern wollte. Obwohl sie sich zur freiheitlich-demokratischen Grundordnung der Bundesrepublik bekannte, konnte und wollte sie auf nationalistische und autoritäre Aussagen nicht verzichten. Antisemitische Aussagen sind dagegen in ihrer Publizistik so gut wie gar nicht anzutreffen. Dafür wandte sie sich energisch gegen den weiteren Zuzug und Aufenthalt der »Gastarbeiter«, wobei fremdenfeindliche und selbst rassistische Tendenzen unverkennbar waren. Insgesamt wird man sagen können, daß diese Partei, deren Führer fast alle und deren Mitglieder zur Hälfte frühere Mitglieder der NSDAP waren, trotz der demokratischen Lippenbekenntnisse in ideologischer Hinsicht sehr stark vom nationalsozialistischen Vorbild geprägt und beeinflußt war. Ein wichtiges organisatorisches Kennzeichen faschistischer Parteien fehlte dagegen weitgehend – das Führerprinzip. Dies zeigt sich nicht zuletzt an den ständigen internen Auseinandersetzungen, die schließlich dazu führten, daß der niemals unbestrittene Parteivorsitzende Adolf v. Thadden 1971 zurücktrat. Doch auch seine Nachfolger konnten den Verfallsprozeß der Partei nicht mehr aufhalten. Es kam zu verschiedenen Absplitterungen von der NPD und zur Gründung von neuen Organisationen, die deutlicher als die NPD, bei der das nach wie vor umstritten ist, einen faschistischen Charakter aufwiesen.

Das gilt einmal für die 1972 vom bayerischen Landesvorsitzenden der NPD, Siegfried Pöhlmann, gegründete »Aktion Neue Rechte« (ANR), die sich dann wiederum in noch kleinere Organisationen aufspaltete, die sich bis heute (1983) offensichtlich aufgelöst haben.[8] Die Mitglieder dieser zahlenmäßig bedeutungslosen

Splittergruppen stammten (anders als bei der NPD) überwiegend aus der jüngeren Generation. Sie kamen meist aus der Jugendorganisation der NPD, den »Jungen Nationaldemokraten«, und verschiedenen Jugendbünden, die wie die bereits 1948 gegründete »Wiking-Jugend«, der »Bund Heimattreuer Jugend«, der »Freizeitverein Hansa« usw. sich deutlich zum Vorbild des Dritten Reiches, insbesondere zur Hitlerjugend, bekannten. Anders als die NPD waren die Mitglieder der Organisationen der sog. Neuen Rechten auch bereit, in den Auseinandersetzungen mit politischen Gegnern Gewalt anzuwenden. Erwähnenswert ist ferner, daß die Neue Rechte Kontakte mit neutralistisch und nationalrevolutionär orientierten Gruppierungen aufnahm, die teilweise schon in den 40er und 50er Jahren entstanden, aber innerhalb der Öffentlichkeit wenig beachtet worden waren.

Das gilt einmal für die »Deutsch-Soziale Union« (DSU), die 1956 von Otto Strasser gegründet wurde, der – aus dem Exil zurückgekehrt – dort wieder anfing, wo er 1930 aufgehört hatte, nämlich mit der mehr oder minder offenen Propagierung eines angeblich revolutionären Nationalsozialismus. Auch die schon 1949 von August Haußleiter, der bereits im Dritten Reich durch die Veröffentlichung von nationalsozialistischen Propagandaschriften hervorgetreten war und nach 1945 zunächst der CSU beitrat, gegründete »Deutsche Gemeinschaft« verfolgte neben nationalistischen und antidemokratischen auch gewisse schein-sozialistische und neutralistische Vorstellungen.[9] Außerdem knüpfte Haußleiter – ähnlich wie Otto Strasser – an die Ideologien der Konservativen Revolution, insbesondere des antidemokratischen, aber nicht nationalsozialistischen »Jungdeutschen Ordens« der Weimarer Republik an. Gerade vom »Jungdeutschen Orden« übernahm Haußleiter den sog. »Nachbarschaftsgedanken«, der vorsah, daß Staat und Gesellschaft nicht durch Parteien und gesellschaftliche Gruppierungen, sondern in Form von kleinen und überschaubaren »Nachbarschaften« organisiert werden sollten. Haußleiter, der seine DG zusammen mit anderen kleineren Rechtsgruppen 1965 in die »Aktionsgemeinschaft Unabhängiger Deutscher« (AUD) überführt hatte, fühlte sich in den 70er Jahren durch das Aufkommen der Bürgerinitiativen in seinem »Nachbarschaftsgedanken« bestätigt. Er suchte und fand den Kontakt zu Umweltschützern und zu den Grünen. 1979 trat er mit seiner AUD der »Grünen Partei« bei, in der er bis zu seinem Austritt zunächst das Amt eines zweiten Vorsitzenden bekleidete.

Haußleiter war kein Einzelfall. In verschiedenen Landesleitungen (vor allem in Niedersachsen) der Grünen saßen Personen, die früher der NSDAP, der SRP und anderen nationalsozialistisch geprägten Organisationen angehört hatten.[10] Diese »braunen Flecken« reichen natürlich nicht aus, um, wie es vielfach in polemischer Absicht geschah, die Grünen in die rechte Ecke zu drängen. Immerhin war es verblüffend und bemerkenswert zugleich, daß führende Mitglieder der Grünen den ideologischen und selbst organisatorischen Kontakt mit Personen und Gruppierungen nicht scheuten, die deutlich faschistisch orientiert waren. Das gilt vor allen Dingen für den zeitweiligen Landesvorsitzenden der Grünen in Schleswig-Holstein, Baldur Springmann, der zumindest temporär mit Thies Christophersen, dem Verfasser von Hetzschriften über die sog. »Auschwitz-Lüge«, geschäftlich und politisch zusammenarbeitete. Derartige Kontakte zwischen Grünen und ›Braunen‹, die ohnehin bald beendet wurden, dürfen natürlich, um es noch einmal zu wiederholen, nicht als Beweis für eine faschistische Orientierung der neuen Protestpartei in der Bundesrepublik angesehen werden. Es bleibt jedoch bemerkenswert, daß gerade in diesen Kreisen eine durchaus ernstzunehmende und wirkungsvolle Kritik an der Legitimität und Funktionsweise des demokratisch-parlamentarischen Systems entwickelt wurde. Robert Jungks These, daß die neuentwickelte Atomtechnologie mehr oder minder zwangsläufig zum Untergang oder zum Entstehen von autoritären Systemen führen werde, erinnert in fataler Weise an die Vorstellungen Oswald Spenglers vom »Untergang des Abendlandes«, durch die die Legitimität und Autorität der Weimarer Republik unterhöhlt wurden. Herbert Gruhl, der zunächst zur Führung der Grünen gehörte, vertrat dagegen ganz offen die These, daß die Umweltproblematik nur durch einen autoritären Staat gelöst werden könnte.[11]

Während diese alte und neue Kritik der Demokratie in der Öffentlichkeit relativ wenig beachtet wurde, fand die Aktivität einiger militant-faschistischer Splittergruppen ein sehr großes Echo, obwohl diese Gruppierungen in der Regel nur über einige hundert Mitglieder verfügten.[12] Dies gilt für die »Deutsche Bürgerinitiative« des Rechtsanwalts Manfred Roeder (inzwischen verhaftet und verurteilt), die »Bürger- und Bauerninitiative« des schon erwähnten Thies Christophersen, den »Kampfbund Deutscher Soldaten« Erwin Schönborns, die »Aktionsfront Nationaler Sozialisten« Michael Kühnens (inzwischen rechtskräftig verurteilt), die »Wehrsportgruppe Hoffmann« (inzwischen aufgelöst und verboten) und weitere Splittergruppen dieser Art. Diese und andere Gruppierungen, die sich wie Pilze nach einem Sommerregen zu vermehren scheinen, sind zahlenmäßig völlig bedeutungslos. Der im In- und Ausland sehr beachteten »Aktionsfront Nationaler Sozialisten« gehörten keine 20 Mitglieder an. Dennoch sind sie aus zwei Gründen beachtenswert und gefährlich zugleich. Einmal deshalb, weil sie sich inzwischen fast ausschließlich aus Angehörigen der Nachkriegsgeneration und vor allem aus Jugendlichen rekrutieren; zum anderen deshalb, weil sie in zunehmendem Maße terroristische Methoden anwenden, wobei sie offensichtlich von ausländischen faschistischen Splitterparteien ausgebildet und unterstützt werden.

Einige ausländische faschistische Parteien und Gruppierungen sind sogar selber innerhalb der Bundesrepublik Deutschland tätig. Dies gilt einmal für Mitglieder der immer noch existierenden »Ustascha«, die in und von der Bundesrepublik aus einen terroristischen Kampf gegen den jugoslawischen Staat führt, dessen Geheimdienst wiederum auch innerhalb der Bundesrepublik terroristische Aktionen gegen die Mitglieder der »Ustascha« durchführt. Noch bedeutender ist die Aktivität der türkischen »Nationalistischen Bewegungspartei« (MHP) und ihrer terroristischen Organisation »Graue Wölfe«. Die MHP wurde 1969 von Alparslan Türkeş (eigentlich: Hüseyin Feyzula) gegründet. Sie ist wegen ihrer extrem nationalistischen (großtürkischen), antidemokratischen, antikommunistischen und als antizionistisch getarnten antisemitischen Zielsetzung eindeutig als faschistisch anzusehen. Türkeş war von 1975 bis 1977 Minister in der Regierung Demirel. 1977 wurde er sogar stellvertretender Ministerpräsident. Bei den Wahlen vom Juni 1977 erreichte die MHP 6,4% der abgegebenen Stimmen und zog mit 16 statt der bisherigen 4 Abgeordneten ins Parlament ein. Demirel konnte zunächst eine Koalitionsregierung bilden, in der die MHP wiederum vertreten war. Doch nachdem der Sozialdemokrat Bülent Ecevit Anfang 1978 die Regierung übernahm, wurden die »Grauen Wölfe« im November 1978 in der Türkei verboten. Das hinderte sie jedoch nicht, bis zur Errichtung der jetzigen Militärdiktatur in der Türkei ihren Terrorfeldzug gegen ihre politischen Gegner auf der Linken und gegen die kurdische Minderheit fortzusetzen. Auch unter den türkischen Arbeitern in der Bundesrepublik fand die MHP Mitglieder und Anhänger. Nachdem die – in der Türkei verbotenen! – »Grauen Wölfe« zunächst ganz offen Parteiversammlungen und Demonstrationen durchführen konnten, versuchen sie seit einiger Zeit, ihre Aktionen, die zu verschiedenen Zusammenstößen mit linksgerichteten Türken geführt haben, zu tarnen, indem sie türkische Kulturvereine gründen oder bestehende unterwandern. Konkrete Angaben über die zahlenmäßige Stärke dieser ausländischen faschistischen Partei innerhalb der Bundesrepublik Deutschland können nicht gemacht werden, da sie von den verantwortlichen Politikern und vom Verfassungsschutz bisher nicht vorgelegt worden sind. Meldungen, wonach es zu Kontakten zwischen den in- und ausländischen Faschisten gekommen sein soll, können ebenfalls nicht bestätigt werden.[13]

Die Auseinandersetzungen zwischen Anhängern der faschistischen »Grauen Wölfe« und linksgerichteten Türken in der Bundesrepublik Deutschland sind deshalb so beachtenswert und gefährlich zugleich, weil dadurch das wechselseitige Mißtrauen zwischen Deutschen und Türken noch verschärft wird. Ob die Ausländerfrage, die bereits von der Propaganda der NPD ausgenutzt wurde, das Anwachsen der bisher zahlenmäßig und politisch bedeutungslosen faschistischen Sekten begünstigen wird, kann heute noch nicht konstatiert werden. Obwohl die Ergebnisse verschiedener demoskopischer Untersuchungen über das rechtsradikale und faschistische Potential (beide Begriffe werden meist nicht hinreichend differenziert) als problematisch anzusehen sind, besteht doch kein Zweifel, daß die Existenz von neuen nationalen Minderheiten – aus den einstigen »Gastarbeitern« sind faktisch Einwanderer geworden – eine fremdenfeindliche Stimmung hervorgerufen hat, die sich zu einer Gefährdung des bisher stabil wirkenden demokratischen Konsenses in der Bundesrepublik entwickelt hat.[14]

Auch der neofaschistischen Partei in Italien ist es nicht wieder gelungen, eine Massenbasis zu gewinnen.[15] Allerdings waren und sind die italienischen Neofaschisten immer stärker und zugleich gefährlicher gewesen als ihre deutschen Gesinnungsgenossen. Obwohl, wie erwähnt, die italienische Resistenza weitaus erfolgreicher war als die deutsche Widerstandsbewegung, entstand trotz des breiten antifaschistischen Konsenses in Italien schon 1945 eine Protestbewegung, die faschistisch orientiert war. Gemeint ist der sog. »Qualunquismus« des Schriftstellers Guglielmo Giannini, der eine Zeitung herausgab, die »L'Uomo Qualunque« (= Jedermann) hieß und nach der seine kurzlebige Protestbewegung benannt wurde. Diese Bewegung war hauptsächlich in Neapel und in Süditalien vertreten und wurde vor allem von Angehörigen des Mittelstandes unterstützt.

Auch die im Dezember 1946 vom ehemaligen Unterstaatssekretär der Republik von Salò, Giorgio Almirante, gegründete faschistische Sammlungspartei fand – anders als der ›klassische‹ Faschismus – seinen regionalen Schwerpunkt in Süditalien. Dem »Movimento Sociale Italiano« (MSI) schlossen sich vor allen Dingen ehemalige Anhänger Mussolinis an. Dies und die kritiklose Verherrlichung der faschistischen Regime, insbesondere der Republik von Salò, deuten auf den eindeutigen faschistischen Charakter dieser Bewegung hin. Trotz eines offiziellen Verbots wurde die Partei nicht aufgelöst. Sie erreichte bei den Wahlen nur 6% und konnte mit 24 Abgeordneten ins Parlament einziehen. Zu Beginn der 50er Jahre mehrten sich sogar die Anzeichen, daß die herrschenden Christdemokraten trotz ihrer antifaschistischen Traditionen und Proklamationen bereit sein könnten, den MSI in die Regierung aufzunehmen, um eine Linkskoalition zu verhindern. Schließlich kam es jedoch zu einer zwar nicht stabilen, aber in wirtschaftlicher Hinsicht erfolgreichen »Centro-Sinistra«-Politik. Der MSI blieb daher mehr oder minder bedeutungslos, obwohl er ständig im Parlament vertreten war.

Von dem im parlamentarischen Raum operierenden MSI spalteten sich dann illegale faschistische Terrororganisationen wie der »Ordine Nuovo« ab, die eine »Strategie der Spannung« verfolgten, wobei sie durch terroristische Anschläge ein Klima der Angst und Einschüchterung erzeugen wollten, das dann vom ›parlamentarischen Faschismus‹ ausgenutzt werden sollte. In der ersten Hälfte der 70er Jahre schien diese Taktik Erfolg zu haben. Nach verschiedenen Terrorakten und nachdem es 1970 in Reggio Calabria zu regelrechten Volksaufständen gekommen war, erreichte der MSI bei den Wahlen von 1972 8,9% der Stimmen und 56 Mandate. Obwohl das innenpolitische Klima durch weitere terroristische Anschläge von rechts und links angeheizt wurde, sank der Anteil des MSI bei den Wahlen von 1976 auf 6,1% der abgegebenen Stimmen. ›Nur‹ noch 35 Neofaschisten zogen in das Parlament ein. Diese ›Niederlage‹ führte noch 1976 zur Abspaltung einer Gruppierung, die sich als rechtskonservativ bezeichnete und die terroristischen Aktivitäten des außerparlamentarischen Faschismus strikt ablehnte. Damit war und ist die Geschichte des Neofaschismus in Italien jedoch noch keineswegs zu Ende.

Das trifft auch auf Frankreich zu, wo ebenfalls ›neofaschistische‹ Gruppierungen entstanden, obwohl oder gerade weil die Franzosen ein sehr grausames, bis zur Lynchjustiz reichendes Gericht über Kollaborateure und Faschisten gehalten hatten.[16] Die noch existierenden kleinen faschistischen Gruppierungen blieben zunächst völlig bedeutungslos. Das änderte sich, als Frankreich durch den Algerienkrieg (1954-1962) in eine schwere politische Krise geriet. Sie wurde vor allem von der bereits 1953 gegründeten »Union de Défense des Commerceants et Artisans« (Union für die Verteidigung der Händler und Handwerker) ausgenutzt, deren Mitglieder meist nach dem Gründer dieser aus einer Steuerrevolte entstandenen Bewegung Poujadisten genannt wurden. Ihre Abgeordneten, die bei den Wahlen von 1956 immerhin 52 Mandate gewannen, stammten fast ausschließlich aus dem Kleinbürgertum der südfranzösischen Städte. Über spezifisch mittelständische Forderungen hinaus wurden auch nationalistische, antiparlamentarische, antimarxistische und antisemitische Tendenzen vertreten. Dennoch blieb der Poujadismus in seinem Kern eine antimodernistische Protestbewegung, die sehr bald wieder zerfiel.

Im Unterschied zu den Poujadisten, die auf die Anwendung von Gewalt weitgehend verzichteten, waren die verschiedenen Organisationen, die in Algerien entstanden, von Anfang an durch einen terroristischen Charakter gekennzeichnet. Dies gilt vor allen Dingen für die »Organisation Armée Secrète« (OAS), die bald nicht nur die algerische Unabhängigkeitsbewegung, sondern auch diejenigen französischen Politiker bekämpfte, denen sie eine zu nachgiebige Haltung in der Algerienfrage vorwarf. Obwohl die OAS ihren Charakter als Terrororganisation beibehielt, wies sie wegen ihrer extrem nationalistischen, antisozialistischen und antidemokratischen Zielsetzung gleichzeitig weitgehende Übereinstimmungen mit dem Faschismus auf. Eine politisch-parlamentarische Bedeutung gewann sie jedoch nicht, da sie von de Gaulle, der 1958 zur Macht gekommen war, erbittert bekämpft und schließlich zerschlagen wurde.

Ob sich aus den Personen, die sich seit Mai 1968 in dem »Groupement de Recherche d'Etudes« (GRECE) zusammengeschlossen haben, eine faschistische Partei entwickeln wird, ist heute nicht abzusehen. Interessant und bemerkenswert ist dieser Kreis, der von dem Besitzer der Zeitung »Figaro«, Robert Hersant, unterstützt wird, deshalb, weil hier in verschiedenen Seminaren und Schulungskursen versucht wird, die rassistischen Ideologien des Faschismus in einer neuen und ›geistvoll wissenschaftlichen‹ Weise zu begründen und hoffähig zu machen.

In England schienen die faschistischen Vorstellungen Mosleys durch die Erfahrung des Krieges und des »Holocaust« zunächst gänzlich desavouiert worden zu sein.[17] Dennoch gab es auch hier verschiedene kleinere faschistische Gruppierungen, die 1967 zur »National Front« zusammengefaßt wurden. Die »National Front« vertritt ein eindeutig am faschistischen Vorbild orientiertes, angeblich jenseits von Kapitalismus und Sozialismus liegendes Gesellschaftsmodell. Im Mittelpunkt ihrer nationalistisch und rassistisch geprägten Agitation steht die Forderung nach einer sofortigen Beendigung der Einwanderung von farbigen Angehörigen des Commonwealth. Die weiße britische Kultur sei, wird argumentiert, nur zu verteidigen, wenn möglichst viele der eingewanderten Inder, Pakistani und Schwarzen umgehend zur Re-Emigration gezwungen würden. Bei den Wahlen von 1969 erreichte die »National Front« mit 190 000 nur 0,6% der abgegebenen Stimmen. In einigen industriellen Regionen, insbesondere im Londoner East End, betrug ihr Stimmenanteil jedoch fast 20%. Sie wurde von Angehörigen aller Bevölkerungsschichten gewählt und unterstützt, wobei der starke Anteil von Arbeitern und von Jugendlichen mit einem geringen Bildungsstand auffällt. Obwohl die »National Front« seit 1979/80 wieder in verschiedene kleinere Gruppierungen zu zerfallen scheint, ist sie deshalb so bemerkenswert, weil ihre fremdenfeindlichen Forderungen auch von dem bis dahin angesehenen konservativen Abgeordneten Enoch Powell übernommen wurden, der ebenfalls den sofortigen Stopp der weiteren Einwanderung von Farbigen forderte. Auch in England scheint die Fremdenfeindlichkeit ein Problem zu sein, dessen politische Gefährlichkeit nicht unterschätzt werden darf.

Der knappe Überblick über die Geschichte und Struktur der sog. neofaschistischen Bewegungen in Deutschland, Italien, Frankreich und England hat gezeigt, daß es bisher keiner dieser faschistischen Parteien gelungen ist, eine Massenbasis zu erreichen. Verschiedene Warnungen, wonach der Faschismus gerade in der gegenwärtigen schweren Weltwirtschaftskrise – die Arbeitslosenzahlen in England haben inzwischen den in den 30er Jahren erreichten Höchststand überschritten – vor der Tür stehe, sind nicht berechtigt. Das demokratische System in England, Frankreich, aber auch in Italien und Deutschland ist weitaus stabiler und gefestigter, als es in der Zwischenkriegszeit war oder zu sein schien. Dennoch dürfen die Gefahren, die von diesen ›neofaschistischen‹ Bewegungen drohen, auch nicht unterschätzt werden.

Zusammenfassung:
Europäischer Faschismus im Vergleich

Die eingangs gestellte Frage, ob man an einem allgemeinen Faschismusbegriff festhalten kann, ist, wie der vorliegende Überblick über die Geschichte und Struktur der verschiedenen Faschismen gezeigt hat, mit einem allerdings eingeschränkten Ja zu beantworten. Im Hinblick auf ihr Erscheinungsbild, ihre Ideologie, Zielsetzung und politische Taktik gibt es große Übereinstimmungen.

Die analysierten faschistischen Parteien wiesen ein vergleichbares Erscheinungsbild auf. Sie waren hierarchisch nach dem Führerprinzip gegliedert, verfügten über uniformierte und bewaffnete Abteilungen und wandten einen damals neuartigen und spezifischen politischen Stil an. Dies gilt für die Massenkundgebungen, die Massenaufmärsche, die Betonung des männlichen und jugendlichen Charakters der Partei, die Formen einer gewissen säkularisierten Religiosität, wie sie bei Fahnenweihen, Totenehrungen, bei Liedern und Festen zum Ausdruck kam, und dies gilt schließlich und nicht zuletzt für die kompromißlose Bejahung und Praktizierung der Gewalt in der politischen Auseinandersetzung, im Wahlkampf im wörtlichen Sinne.

Faschistische Parteien verfolgten eine vergleichbare Ideologie und Ziele, die durch eine grundlegende Ambivalenz gekennzeichnet sind. Die faschistische Ideologie, die mehr war als bloß verschleiernde und instrumentalisierende Propaganda und Manipulation, weist antisozialistische und antikapitalistische, antimodernistische und spezifisch moderne, extrem nationalistische und tendenziell transnationale Momente auf. Dieses ambivalente Verhältnis ist aber nicht bei allen Faschismen in der gleichen Form anzutreffen. Es gibt quantitative, aber keine qualitativen Unterschiede zwischen den einzelnen Faschismen und innerhalb der Geschichte einer faschistischen Partei.

Die antikapitalistischen Programmpunkte, die meist bewußt verschwommen formuliert waren, wurden bei dem italienischen PNF und bei der NSDAP im Laufe der Entwicklung immer weiter zurückgedrängt. Relativ stark ausgeprägt waren sie bei den ungarischen »Pfeilkreuzlern«, der rumänischen »Eisernen

Garde«, bei Teilen der Falange, bei der französischen PPF Doriots und bei den österreichischen Nationalsozialisten vor dem »Anschluß«. Relativ schwach waren sie dagegen bei den österreichischen Heimwehren, der norwegischen »Nasjonal Samling«, dem belgischen Rex, bei Teilen der übrigen französischen faschistischen Parteien und der holländischen NSB ausgeprägt.

Ein ähnliches Verhältnis ergibt sich bei den antimodernistischen und spezifisch modernen Elementen innerhalb der faschistischen Ideologie. Extrem antimodernistische Zielsetzungen findet man bei der NSDAP, der »Eisernen Garde« und der »Ustascha«. Doch auch diese Bewegungen haben keineswegs auf den Einsatz spezifisch moderner propagandistischer, politischer, militärischer und wirtschaftlicher Instrumente und Methoden verzichtet. Faschismus generell kann daher weder als ausschließlich antimodernistisch noch als »Stoß in die Modernität« oder gar als »soziale Revolution« charakterisiert werden.

Alle faschistischen Parteien waren schließlich extrem nationalistisch und orientierten sich meist an bestimmten ›glorreichen‹ Perioden der jeweiligen Nationalgeschichte. Dennoch mußten gerade die kleineren faschistischen Bewegungen, ob sie wollten oder nicht, gewisse Rücksichten auf die nationalen Interessen anderer faschistischer Bewegungen und vor allen Dingen der faschistischen Regime nehmen. Gerade wegen ihrer Orientierung an einem ausländischen, nämlich faschistischen Vorbild wurden diese Parteien nicht nur von den Linken, sondern auch von den extrem national orientierten rechten Kräften bekämpft. Dadurch wurde ihr Aufstieg wesentlich erschwert. Dies gilt vor allen Dingen für die kleineren faschistischen Parteien, die zu einem Zeitpunkt entstanden, als sich die faschistischen Regime in Italien und Deutschland schon konsolidiert hatten und eine primär nationale Politik betrieben, durch die die Solidarität mit den faschistischen ›Bruderparteien‹ stark beeinträchtigt wurde. Generell kann gesagt werden, daß das Spannungsverhältnis zwischen der nationalen und der tendenziell transnationalen (faschistischen) Orientierung und Bindung der faschistischen Parteien nicht aufgelöst wurde. Es war keineswegs zufällig, daß die Bestrebungen, nach dem Muster der kommunistischen Weltbewegung eine »faschistische Internationale« ins Leben zu rufen, nahezu bedeutungslos blieben. Andererseits hat es gerade das Dritte Reich verstanden, seinen Kampf gegen den Bolschewismus als eine transnationale Aufgabe darzustellen. Viele Faschisten aus ganz Europa haben sich in den Reihen der SS am Vernichtungskampf gegen die Sowjetunion beteiligt. Auch die gerade vom Nationalsozialismus intensiv betonte rassistische Komponente wies eine gewisse transnationale Färbung auf, die dazu führte, daß einige Faschisten aus Frankreich, Belgien, Holland und den skandinavischen Ländern die Zielsetzung des Dritten Reiches unterstützten, um eine Neuordnung Europas nach rassischen Kriterien durchzuführen. Dennoch konnte durch die propagandistische Betonung der ›europäischen Aufgabe‹ des Dritten Reiches die Tatsache nicht verdeckt werden, daß der im Zeichen des Antikommunismus und des transnationalen Rassismus geführte Kampf im Grunde den Zielen des deutschen Imperialismus diente.

Alle faschistischen Parteien weisen ferner einen dezidierten und kompromißlosen Vernichtungswillen gegenüber politischen Gegnern und – teilweise willkürlich ausgewählten – Minderheiten auf. Die Gegner in den kommunistischen, sozialdemokratischen, liberalen und konservativen Parteien wurden erbarmungslos bekämpft und gleichzeitig – auch dies ein erneutes Zeichen für die grundlegende Ambivalenz des Faschismus – umworben. Fast alle faschistischen Parteien haben sich besonders intensiv gegen die jeweilige jüdische Minderheit gewandt. Dieser Antisemitismus wurde mit religiösen, sozialen und vor allem mit rassischen Momenten ›begründet‹. Der italienische PNF, die spanische Falange, die finnische Lapua-Bewegung, die norwegische »Nasjonal Samling« und die holländische NSB stellen in dieser Hinsicht eine Ausnahme dar, weil sie entweder gar keine oder nur relativ gemäßigte antisemitische Zielsetzungen vertraten. Das hatte mehrere Ursachen. Einige faschistische Parteien, z. B. die holländische NSB, haben eine offen antisemitische Sprache offensichtlich aus taktischen Gründen vermieden, weil dies auf die Kritik großer Teile der Bevölkerung stieß. In anderen Ländern war der Antisemitismus dagegen wirkungslos, weil es – wie in Norwegen – kaum Juden gab oder weil – wie in Spanien – andere nationale Minderheiten als viel gefährlicher angesehen wurden als die wenigen Juden. Das trifft auch auf Italien zu, das erst relativ spät antisemitische Gesetze erließ, aber, was heute übersehen wird, schon vorher Angehörige nationaler Minderheiten (Slowenen, Kroaten und Südtiroler) verfolgte.

Ebenso übersehen wird die Tatsache, daß die Nationalsozialisten neben Juden auch andere nationale Minderheiten (besonders Zigeuner und Polen) erbarmungslos verfolgt haben. Dennoch muß berücksichtigt werden, daß sich die Nationalsozialisten zwar nicht unbedingt in der Intensität und Brutalität ihres Vernichtungswillens von anderen Faschismen grundlegend unterschieden – erinnert sei nur an die Terrormaßnahmen der kroatischen »Ustascha« und der rumänischen »Eisernen Garde« gegen Juden und andere Minderheiten –; die bürokratische Perfektion aber bei der Umsetzung des ideologischen Zieles in die Praxis des fabrikmäßigen Massenmordes an Juden ist ein singuläres Kennzeichen des deutschen »Radikalfaschismus«. Wenn der Nationalsozialismus sein utopisch-reaktionäres Ziel der Rassenzüchtung und Rassenvernichtung so kompromißlos und unbeirrt von ökonomischen, militärischen und politischen Kalkülen verwirklichen konnte, lag dies auch an der im Vergleich zum italienischen Faschismus unterschiedlichen Entwicklung und Struktur des Nationalsozialismus.

Der PNF verfügte im Jahre 1922, als er in die Regierung aufgenommen wurde, nur über 35 von insgesamt 535 Mandaten im italienischen Parlament. Seine Macht verdankte er einem beispiellosen Terrorfeldzug, wobei zunächst von Dorf zu Dorf, dann von Stadt zu Stadt und schließlich von Provinz zu Provinz politische Gegner eingeschüchtert, geschlagen, gefoltert und ermordet und die Stützpunkte der gegnerischen Parteien zerstört worden waren. Die NSDAP dagegen hatte nach ihrem fehlgeschlagenen ›Marsch auf Berlin‹ im Jahr 1923 zwar auch einzelne Terroraktionen durchgeführt, im Grunde aber das Ziel verfolgt, als stärkste parlamentarische Partei die Macht zu übernehmen, um dann von innen heraus das parlamentarische System zu zerschlagen. Bei den Juli-Wahlen von 1932 erreichte sie 37,2% der Stimmen und 230 von 608 Mandaten im Reichstag. Trotz der Verluste, die sie bei den Wahlen vom November 1932 hinnehmen mußte, war die NSDAP auch am 30. Januar 1933 noch die bei weitem stärkste politische Partei in Deutschland. Daher gelang es der NSDAP innerhalb von knapp vier Monaten, ihre politischen Gegner aus- und die konservativen Bündnispartner weitgehend gleichzuschalten. Mussolini benötigte dafür fast sechs Jahre, blieb jedoch immer auf die Unterstützung seiner Bündnispartner – Bürokratie, Militär, Industrie und Kirche – angewiesen. Obwohl auch im Dritten Reich die polykratischen Züge nicht zu übersehen sind, war das nationalsozialistische Deutschland weitaus totalitärer als der italienische »stato totalitario«.

Von den übrigen faschistischen Bewegungen ist es nur der österreichischen Heimwehr, der rumänischen »Eisernen Garde« und der sehr schwachen spanischen Falange gelungen, ohne ausländische Hilfe in die Regierung zu gelangen. Anders als in Deutschland und in Italien gelang hier jedoch das Einrahmungskonzept der konservativen Bündnispartner. Die spanische Falange, die 1936 nur über 35 600 Mitglieder verfügte, stellte nur einen Teil der 1937 gegründeten francistischen Einheitspartei dar, die von Anfang an von Franco kontrolliert wurde und der es auch in der Folgezeit nicht gelang, den vorherrschenden Einfluß des Militärs, der Industrie und der Kirche zurückzudrängen. Die Heimwehren in Österreich, die 1930 eine Mitgliederzahl von 150 000 besaßen, bei Wahlen jedoch nur 6% der abgegebenen Stimmen gewonnen hatten, sind von den autoritären Regierungschefs Dollfuß und v. Schuschnigg Schritt für Schritt in ihrem Einfluß zurückgedrängt worden, bis sie ihre Unabhängigkeit völlig einbüßten. Die rumänische »Eiserne Garde«, die bei den Wahlen von 1937 16% der Stimmen und 66 von insgesamt 390 Parlamentssitzen errungen hatte, ist von Antonescu zwar ebenfalls in die Regierung aufgenommen worden, dann jedoch in einem blutigen Terrorfeldzug vernichtet worden.

Die ungarischen Pfeilkreuzler, die bei den Wahlen von 1935 25% der Stimmen errungen hatten, kamen ebenso wie die kroatische Ustascha und die zahlenmäßig nahezu bedeutungslose »Nasjonal Samling« (nur 2,8% bei den Parlamentswahlen von 1933) nur mit Unterstützung der ausländischen faschistischen Mächte, insbesondere des Dritten Reiches, an die Regierung und waren mehr oder minder von der deutschen Schutz- bzw. Besatzungsmacht abhängig.

Von den übrigen Faschismen erreichten nur die faschistischen Bewegungen in Frankreich eine Massenbasis. Erwähnenswert sind ferner die faschistischen Parteien in England, Finnland, Belgien und Holland, die einen gewissen, allerdings temporären politischen Einfluß errangen, während die faschistischen Parteien in Dänemark und Schweden bedeutungslose Sekten blieben, denen nur wenige Tausend Mitglieder angehörten. Die Regime in der Slowakei, Polen, den baltischen Staaten, Bulgarien und Portugal gehören dagegen eher in die Gruppe der autoritären als der faschistischen Diktaturen.

Versucht man, die einzelnen Faschismen nach geographischen Gesichtspunkten zu gliedern, ergeben sich keine klaren Korrelationen. In Nord- und Westeuropa hat es neben relativ starken – Frankreich und mit einem gewissen Abstand England, Belgien und Finnland – auch äußerst schwache – Schweden, Dänemark und Holland – faschistische Bewegungen gegeben. Ähnlich ist es in Mittel- und Südeuropa. Anders als in Deutschland, Italien und Österreich gab es in der Schweiz und auch in der Tschechoslowakei nur sehr schwache faschistische Parteien. In Ost- und Südosteuropa weisen Kroatien, Ungarn und Rumänien starke faschistische Bewegungen auf, während sie in Polen, den baltischen Staaten, Bulgarien und Griechenland äußerst klein waren oder sogar gänzlich fehlen. In Spanien und besonders in Portugal sind die vorhandenen – relativ schwachen – faschistischen Parteien in die jeweilige Staatspartei inkorporiert und entmachtet worden.

Sucht man nach einem sozioökonomischen Gliederungsprinzip, stößt man auf noch größere, unlösbar scheinende Probleme. In hochindustrialisierten Ländern gab es ebenso wie in agrarischen Gesellschaften starke und schwache faschistische Bewegungen. Theorien, die den Faschismus generell in eine gewisse Beziehung zu einem bestimmten Stadium der Entwicklung des Kapitalismus oder des Modernisierungsprozesses setzen, sind nicht zutreffend.

Da die faschistischen Parteien der Zwischenkriegszeit in Ländern entstanden, die sich in sozioökonomischer Hinsicht stark unterschieden, weisen die einzelnen faschistischen Parteien auch in ihrer sozialen Basis deutlich erkennbare Unterschiede auf. Allerdings ist darauf hinzuweisen, daß die vergleichende Erforschung dieser Frage noch nicht sehr weit gediehen ist. Häufig fehlen zuverlässige und vergleichbare Angaben zur sozialen Herkunft der Führer, Aktivisten, Mitglieder und Wähler der einzelnen faschistischen Parteien. Hinzu kommt, daß sich die soziale Zusammensetzung der faschistischen Parteien in regionaler und zeitlicher Hinsicht wandelte. Die NSDAP sei hier als Beispiel genannt, die sich zunächst fast ausschließlich aus dem alten Mittelstand rekrutierte, dann aber in einigen Regionen auch Mitglieder des neuen Mittelstandes und der Arbeiterschaft gewann. Abgesehen von den faschistischen Sekten, die sich wie faschistische Parteien im Anfangsstadium überhaupt überwiegend aus Studenten, Offizieren, Angestellten sowie einigen Arbeitern und Bauern rekrutierten – eine konkrete soziale Zuordnung ist wegen der geringen Größe nicht möglich –, sind von den übrigen faschistischen Bewegungen die österreichischen Heimwehren, einige französische Gruppen, die belgische Rex- und die finnische Lapua-Bewegung sowie die kleinere holländische NSB durch einen eher mittelständischen Charakter gekennzeichnet. Doch auch hier ist das Verhältnis zwischen dem alten – Bauern, Handwerker, kleine Gewerbetreibende – und dem neuen Mittelstand – Angestellte und Beamte – sehr unterschiedlich. Überwiegend agrarisch geprägt waren neben der Lapua-Bewegung auch die österreichischen Heimwehren, während die holländische NSB ihre Hochburgen in den Städten fand. Einen relativ hohen Anteil an Arbeitern weisen dagegen die ungarischen Pfeilkreuzler (geschätzter Arbeiteranteil 41%), der französische PPF und – mit gewissem Abstand – auch die »British Union of Fascists«, die österreichischen Nationalsozialisten und die Falange (im Anfangsstadium) auf. Die ungarischen Pfeilkreuzler, die rumänische »Eiserne Garde« und auch die kroatische »Ustascha« kann man durchaus als Parteien der Unterschichten ansehen. Der heutige Stand der vergleichenden Faschismusforschung erlaubt jedoch nicht die Schlußfolgerung, Faschismus generell als Mittelstands- oder als Volkspartei anzusehen.

So wichtig auch die weitere Erforschung der sozialen Basis des Faschismus insgesamt ist, man darf dabei nicht übersehen, daß dieses Problem durch die Frage nach der sozialen Funktion des Faschismus nicht nur ergänzt, sondern sogar teilweise relativiert wird. Schließlich gelang den Faschismen der Aufstieg keineswegs nur aus eigener Kraft, sondern er beruhte auch auf der Unterstützung von seiten der Industrie, der Landwirtschaft und der bürgerlichen Parteien. Allerdings führt hier die vulgärmarxistische cui-bono-Frage nicht weit. Nur die von dem französischen Parfümfabrikanten Coty gegründete und finanzierte »Solidarité Française« entsprach dem Bild, das von kommunistischen Faschismustheoretikern für den Faschismus generell gezeichnet worden ist. Ihre immer wieder erhobene Behauptung, daß faschistische Parteien von Anfang an von einflußreichen Kreisen der Industrie finanziert und geleitet worden sein sollen, wird durch die bisherige Forschung eher widerlegt als bestätigt. Allerdings sind die Forschungslücken gerade bei diesem Problem besonders groß. Neben der PNF, die in der Anfangsphase bedeutende finanzielle und politische Unterstützung von den Agrariern erhielt, sind finanzielle Zuwendungen für die österreichischen Heimwehren, die finnische Lapua-Bewegung und für den belgischen Rex nachweisbar. Auch die NSDAP hat materielle Zuwendungen von seiten der Industrie und der Landwirtschaft erhalten. Allerdings sind größere Summen erst gezahlt worden, nachdem die NSDAP zur Massenpartei geworden war. Wichtiger als die finanzielle war schließlich die politische Unterstützung, die der PNF und die NSDAP von den industriellen und agrarischen Eliten sowie von den konservativen politischen Kräften erhalten haben. Doch während es in Italien und Deutschland zu einem ›Bündnis‹ zwischen der faschistischen Partei und den industriellen, agrarischen und konservativen politischen Kräften kam, war dies in allen anderen Ländern, in denen es faschistische Parteien gab, die über eine Massenbasis verfügten, nicht der Fall.

Während sich die bisherige Forschung vor allem auf das Problem konzentriert hat, welche sozialen und wirtschaftlichen Faktoren dem Aufstieg der faschistischen Parteien zugrunde lagen, ist die Tatsache, daß nahezu alle faschistischen Parteien eine besonders große Anziehungskraft auf relativ junge Männer ausgeübt haben, zwar konstatiert, aber bisher in einer nur sehr unzureichenden Weise erklärt worden. Eine vergleichende sozialpsychologische Erforschung der Faschismen gibt es nur in Ansätzen. Ob und in welchem Umfang die überwiegend jugendlichen und fast ausschließlich männlichen Anhänger des Faschismus in Europa durch bestimmte psychische Merkmale wie Angst, Aggression und andere autoritäre Charakterzüge gekennzeichnet waren, weiß man bisher nicht.

Dagegen konnte die von fast allen Faschismustheoretikern vertretene These, wonach faschistische Parteien in der Situation einer Krise entstehen und aufsteigen können, bestätigt werden. Allerdings kommt es nicht nur auf das Ausmaß der ökonomischen Krise, sondern vor allem darauf an, ob die wirtschaftliche zu einer Krise im sozialen und politischen Bereich führte. Hier gibt es verschiedene hemmende und fördernde Faktoren. Beim gegenwärtigen Stand der Forschung ist es jedoch noch nicht möglich, feste Korrelationen zwischen der Schwere und dem Ausmaß der wirtschaftlichen Krise und anderen politischen und sozialen Faktoren herzustellen.

Als besonders wichtig für den Bestand der Demokratie und die

Abwehr des Faschismus erwies sich vor allem die Kompromißbereitschaft zwischen bürgerlichen, agrarischen und sozialdemokratischen Parteien. Gerade in Schweden und Norwegen hat das von den Konservativen und Liberalen tolerierte Bündnis zwischen der Sozialdemokratie und der jeweiligen Bauernpartei wesentlich dazu geführt, daß die schwedischen und norwegischen faschistischen Parteien einflußlose Sekten blieben. Das Beispiel Hollands zeigt, daß die Existenz eines festgefügten katholischen, sozialdemokratischen und protestantischen Milieus oder ›Lagers‹ ebenfalls dazu führte, daß der Aufstieg des Faschismus verhindert wurde. Als ähnlich resistent hat sich auch die katholische und – in geringerem Maße – auch sozialdemokratische Wählerschaft der Weimarer Republik erwiesen. Die Existenz von nationalen und religiösen Minderheiten hat dagegen meist zur Polarisierung des demokratischen Systems und damit zum Aufstieg des Faschismus geführt. Die Schweiz stellt in dieser Hinsicht eine Ausnahme dar, da hier die Sprachen- und Minderheitenfrage in vorbildlicher Weise gelöst war und nicht von der Agitation der faschistischen Partei ausgenutzt werden konnte. In einigen Ländern (Dänemark, Schweden, Norwegen) hat schließlich die staatsinterventionistische und am Prinzip des deficit spending orientierte Wirtschaftspolitik zu einer schnelleren Überwindung der Arbeitslosigkeit beigetragen, so daß die jeweiligen faschistischen Parteien die wirtschaftliche Situation nicht mehr für ihre Agitation ausnutzen konnten. Insgesamt gesehen muß jedoch noch einmal darauf hingewiesen werden, daß man heute noch nicht sagen kann, welche Formen der Wirtschaftskrise, von der nahezu alle Länder Europas betroffen waren, den Aufstieg der jeweiligen Faschismen gefördert haben.

Als positiv für die Entstehung und den Aufstieg von faschistischen Parteien hat sich in einigen Ländern die Existenz von antiparlamentarischen Massenbewegungen ausgewirkt, die schon im 19. Jahrhundert nationalistische, antisozialistische, antikapitalistische und antisemitische Zielsetzungen vertraten. Das gilt für die Alldeutschen in Österreich und Deutschland ebenso wie für die italienische »Associazione Nazionalista« und vor allen Dingen für die »Action Française«. Ob man diese Bewegungen jedoch als »frühfaschistisch« einstufen kann, ist umstritten. Dieser Begriff stellt ebenso wie der des »Philo-Faschismus« eine bloße Hilfskonstruktion dar. Problematisch, ja abzulehnen ist dagegen die Verwendung des Ausdrucks »Neofaschismus«, weil die nach 1945 entstandenen faschistischen Parteien in ideologischer und organisatorischer Hinsicht eindeutig vom Vorbild des ›klassischen‹ Faschismus geprägt sind. Hätten sie tatsächlich neue Elemente entwickelt, müßte für sie eine andere, neue Bezeichnung gefunden werden.

Insgesamt sind die europäischen Faschismen durch eine gewisse Varietät gekennzeichnet, wobei vor allen Dingen der deutsche »Radikalfaschismus« vom »Normalfaschismus« Italiens und den übrigen faschistischen Bewegungen unterschieden werden muß. Dennoch kann man wenigstens im heuristischen Sinne an einem allgemeinen, aber in sich differenzierten Faschismusbegriff festhalten. Die Mahnung Angelo Tascas: »Faschismus definieren, heißt zu allererst die Geschichte des Faschismus schreiben«, hat auch heute nichts von ihrer grundsätzlichen Richtigkeit eingebüßt. Wie es Tascas eigenes vorzügliches Werk über den italienischen Faschismus beweist, heißt dies jedoch nicht, daß man bei der vergleichenden Erforschung der Faschismen auf die Theorieansätze, Thesen und selbst Hypothesen der nun 60jährigen internationalen Faschismusdiskussion verzichten sollte. Sie müssen als »Theorien mittlerer Reichweite« gebündelt werden, denn monokausale Erklärungen und globale Theorien können weder der »Varietät« der Faschismen noch der Tatsache gerecht werden, daß sich die einzelnen faschistischen Bewegungen im Verlaufe ihrer Entwicklung auch gewandelt haben. Das Suchen nach einer alles umfassenden und alles erklärenden globalen Theorie scheint dagegen im Augenblick wenig förderlich zu sein und führt nur zu einem unfruchtbaren und unbefriedigenden Streit um Begriffe. Wichtiger und nützlicher ist es, die empirische und methodenpluralistisch arbeitende vergleichende Faschismusforschung voranzutreiben.

Anmerkungen

Einleitung

1 Protokoll des IV. Kongresses der Kommunistischen Internationale, Hamburg 1922, 310.
2 Ebd., 57.
3 E. Nolte, Der Faschismus in seiner Epoche. Die Action française. Der italienische Faschismus. Der Nationalsozialismus, München 1963 u. ö.

Kapitel 1

1 F. Schotthöfer, Il Fascio. Sinn u. Wirklichkeit des italienischen Faschismus, Frankfurt 1924, 64.
2 Protokoll des Vierten Kongresses der Kommunistischen Internationale. Petrograd/Moskau 5. Nov. bis 5. Dez. 1922, Hamburg 1923, 231.
3 J. Braunthal, Der Putsch der Faschisten, in: Der Kampf 15. 1922, 320-23; A. Jacobsen, Der Faschismus, in: Die Internationale 5. 1922, 301-04.
4 Vgl. dazu und zum folgenden: W. Wippermann, Zur Analyse des Faschismus. Die sozialistischen u. kommunistischen Faschismustheorien 1921-1945, Frankfurt 1981, 59 ff.
5 Thesen u. Resolutionen des V. Weltkongresses der Kommunistischen Internationale, Hamburg 1924, 121.
6 J. W. Stalin, Zur internationalen Lage, in: ders., Werke, Bd. 6, Berlin 1952, 252 f.; Protokoll des V. Kongresses der Kommunistischen Internationale, Hamburg 1924, 65 u. 67.
7 Protokoll des VII. Weltkongresses der Kommunistischen Internationale (ungekürzte Ausgabe), I, Erlangen 1974, 724 f.
8 Vgl. W. Wippermann, Faschismustheorien. Zum Stand der gegenwärtigen Diskussion, Darmstadt 1980[4], 19 ff.; ders., The Post-War German Left and Fascism, in: JCH 11. 1976, 185-220.
9 D. Eichholtz u. K. Goßweiler Hg., Faschismusforschung. Positionen, Probleme, Polemik, Berlin 1980, 15.
10 Fascism and Europe. An International Symposium. Prag 18.-29. August 1969, 2 Bde, Prag 1970; M. Lackó, Ostmitteleuropäischer Faschismus. Ein Beitrag zur allgemeinen Faschismus-Definition, in: VfZ 21. 1973, 39-51; M. Ormos u. M. Incze, Európai fasizmusok 1919-1939 (= Faschistische Regime in Europa), Budapest 1976. Dazu die

ausführliche Besprechung von A. Tinschmidt, Faschistische Regime in Europa 1919-1939. Eine ungarische Veröffentlichung zur Faschismus-Problematik, in: Bulletin des Arbeitskreises »Zweiter Weltkrieg«, Nr. 1-2, 1978, 77-99; F. Ryszka, Państwo stanu wyjatkowego (= Das System des Ausnahmestaates), Wrocław 1964; Diktatury w Europie środkowo-wschodniej 1918-1939 (= Diktaturen in Ostmitteleuropa), Breslau 1974.

11 C. Landauer u. H. Honegger Hg., Internationaler Faschismus. Beiträge über Wesen u. Stand der faschistischen Bewegung und über den Ursprung ihrer leitenden Ideen u. Triebkräfte, Karlsruhe 1928.

12 G. Decker, Der erste Schritt, in: Die Gesellschaft 7/I. 1930, 97-103, 98.

13 A. Schifrin, Gegenrevolution in Europa, in: Die Gesellschaft 8/I. 1931, 1-21.

14 A. Gurland, Das Heute der proletarischen Aktion. Hemmnisse u. Wandlungen im Klassenkampf, Berlin 1931.

15 Vgl. ebd., 111 u. 112.

16 F. Borkenau, Zur Soziologie des Faschismus, in: E. Nolte Hg., Theorien über den Faschismus, Köln 1967 u. ö., 156-81.

17 Gurland, 114 ff.

18 Vgl. dazu W. Wippermann, Die Bonapartismustheorie von Marx u. Engels, Stuttgart 1983, 201 ff.

19 Vgl. dazu K.-P. Hoepke, Die deutsche Rechte u. der italienische Faschismus. Ein Beitrag zum Selbstverständnis u. zur Politik von Gruppen u. Verbänden der deutschen Rechten, Düsseldorf 1969; M. Michaelis, I rapporti tra fascismo e nazismo prima dell'avento die Hitler al potere (1922-1933), in: Rivista Storica Italiana 85. 1973, 544-600.

20 Nolte, Faschismus; ders., Die faschistischen Bewegungen. Die Krise des liberalen Systems u. die Entwicklung der Faschismen, München 1966.

21 Vgl. dazu Wippermann, Faschismustheorien, 77 ff.

22 Nolte, Faschismus, 515 ff.

23 Nolte, Krise, 234.

24 W. Schieder Hg., Faschismus als soziale Bewegung. Deutschland u. Italien im Vergleich, Hamburg 1976.

25 H. Rogger u. E. Weber Hg., The European Right. A Historical Profile, Stanford 1965; W. Laqueur u. G. L. Mosse Hg., Internationaler Faschismus, München 1966; F. L. Carsten, Der Aufstieg des Faschismus in Europa, Frankfurt 1968; St. J. Woolf Hg., European Fascism, London 1968; Ch. F. Delzell Hg., Mediterranean Fascism 1919-1945, New York 1970; P. Sugar Hg., Native Fascism in the Successor States, 1919-1945, Santa Barbara 1971; H. Lubasz Hg., Fascism: Three Major Regimes, New York 1973; W. Laqueur Hg., Fascism: A Reader's Guide, London 1976; St. U. Larsen u. a. Hg., Who were the Fascists?

Social Roots of European Fascism, Bergen 1980.
26 H.-U. Thamer u. W. Wippermann, Faschistische u. neofaschistische Bewegungen. Probleme empirischer Faschismusforschung, Darmstadt 1977; St. G. Payne, Fascism. Comparison and Definition, Madison 1980.
27 K.-D. Bracher, Zeitgeschichtliche Kontroversen. Um Faschismus, Totalitarismus, Demokratie, München 1976, 13 ff.; ders., Schlüsselwörter in der Geschichte, Düsseldorf 1978, 119 ff.; ders., Die Krise Europas 1917 bis 1975, Berlin 1976, 34 ff.
28 R. De Felice, Der Faschismus. Ein Interview von M. A. Ledeen. Mit einem Nachwort von J. Petersen, Stuttgart 1977.
29 A. J. Gregor, The Fascist Persuasion in Radical Politics, Princeton 1974.
30 H. A. Turner, Faschismus u. Kapitalismus in Deutschland, Göttingen 1972, 157 ff.
31 G. Allardyce, What Fascism is Not: Thoughts on the Deflation of a Concept, in: AHR 84. 1979, 367-88.
32 K. Hildebrand, Das Dritte Reich, München 1979, 123 ff.
33 B. Martin, Zur Tauglichkeit eines übergreifenden Faschismus-Begriffes. Ein Vergleich zwischen Japan, Italien u. Deutschland, in: VfZ 29. 1981, 48-73.
34 Zur Kritik dieser Auffassungen: Thamer u. Wippermann, 1 ff.
35 Turner, 7.
36 Bester Überblick: W. Schlangen, Die Totalitarismustheorie. Entwicklung u. Probleme, Stuttgart 1976.
37 Bracher, Schlüsselwörter.
38 R. Koselleck, Einleitung, in: O. Brunner u. a. Hg., Geschichtliche Grundbegriffe. Historisches Lexikon zur politisch-sozialen Sprache in Deutschland, Bd. 1, Stuttgart 1972, XIV-XX.
39 Vgl. Wippermann, Analyse des Faschismus.
40 Vgl. Wippermann, Faschismustheorien, 11 ff.; ders., Post-War German Left.
41 Der bekannteste Vertreter dieser These ist: S. M. Lipset, Der ›Faschismus‹, die Linke, die Rechte u. die Mitte, in: Nolte Hg., Theorien, 449 ff.
42 Beispiele für die singularisierende Deutung des italienischen Faschismus: A. Labriola, Polemica antifascista, Neapel 1925; H. Heller, Europa u. der Faschismus, Berlin 1931. Beispiele für die singularisierende Deutung des Nationalsozialismus: W. M. McGovern, From Luther to Hitler. The History of Fascist-Nazi Philosophy, London 1946; R. D. O. Butler, The Roots of National Socialism 1783-1933, London 1942; M. Friedberg, Kultura polska a niemiecka. Elementy rodzime a wpływy niemieckie w ustroju i kulturze Polski (= Polnische u. deutsche Kultur. Bodenständige Elemente und deutsche Einflüsse in Ver-

fassung und Kultur des mittelalterlichen Polens), Posen 1946; J. Feldman, Problem polsko-niemiecki w dziejach (= Das polnisch-deutsche Problem in der Geschichte), Kattowitz 1946; F. Harzendorf, So kam es. Der deutsche Irrweg von Bismarck bis Hitler, Konstanz 1946²; A. Abusch, Der Irrweg einer Nation. Ein Beitrag zum Verständnis deutscher Geschichte, Berlin 1946. Zu dieser Interpretationsrichtung: W. Wippermann, »Deutsche Katastrophe« oder »Diktatur des Finanzkapitals«? Zur Interpretationsgeschichte des Dritten Reiches, in: H. Denkler u. K. Prümm Hg., Die deutsche Literatur im Dritten Reich, Stuttgart 1976, 9-43.

43 D. E. Apter, The Politics of Modernization, Chicago 1963; C. A. Black, The Dynamics of Modernization, New York 1966; A. F. K. Organski, The Stages of Political Development, New York 1965.

44 Dazu vor allem die ›klassischen‹ Studien von: E. Fromm, Furcht vor der Freiheit, Zürich 1945; W. Reich, Massenpsychologie des Faschismus, Kopenhagen 1933. In vieler Hinsicht anregend: K. Theweleit, Männerphantasien, 2 Bde, Frankfurt 1977/78.

45 Der bekannteste Vertreter dieser These ist: F. Meinecke, Die deutsche Katastrophe. Betrachtungen u. Erinnerungen, Wiesbaden 1946. Vgl. dazu: W. Wippermann, F. Meineckes »Die deutsche Katastrophe« – Ein Versuch zur deutschen Vergangenheitsbewältigung, in: M. Erbe Hg., F. Meinecke heute, Berlin 1981, 101-21.

46 Dazu: Hildebrand, 126 u. 132 ff.

47 H.-U. Wehler, Geschichte als historische Sozialwissenschaft, Frankfurt 1973 u. ö., 31.

48 M. Horkheimer, Die Juden u. Europa, in: Zeitschrift für Sozialforschung 8. 1939/40, 115.

49 E. Bloch, Der Faschismus als Erscheinungsform der Ungleichzeitigkeit, in: Nolte Hg, Theorien, 182-204.

50 A. Tasca, Glauben, Gehorchen, Kämpfen. Der Aufstieg des Faschismus, Wien 1969, 374: »Faschismus definieren, heißt zuallererst die Geschichte des Faschismus schreiben.«

Kapitel 2

1 Neben den ›klassischen‹ Studien von Tasca, Glauben; E. v. Beckerath, Wesen u. Werden des faschistischen Staates, Berlin 1927; H. Heller, Europa u. der Faschismus, Berlin 1929; P. Nenni, Six ans de guerre civile, Paris 1938; G. Salvemini, Scritti sul fascismo, 2 Bde, Mailand 1963³, sind als Gesamtdarstellungen folgende Arbeiten zu erwähnen: L. Salvatorelli u. G. Mira, Storia d'Italia nel periodo fascista, Turin 1964⁵; D. L. Germino, The Italian Fascist Party in Power. A Study in Totalitarian Rule, Minneapolis 1959; G. Carocci, Storia del fascismo,

Mailand 1963³; F. Catalano, L'Italie dalla dittura alla democrazia 1919-1948, Mailand 1962; Nolte, Faschismus; E. Santarelli, Storia del movimento de del regime fascista, 2 Bde, Rom 1967; A. Cassels, Fascist Italy, London 1969; G. Quazza Hg., Fascismo e società italiana, Turin 1973; A. Aquarone u. M. Vernassa Hg., Il regime fascista, Mailand 1974; R. De Felice, Mussolini, Bde 1-3, Turin 1965-1974; Thamer u. Wippermann, Bewegungen, 156 ff.; E. Tannenbaum, The Fascist Experience. Italian Society and Culture 1922-1945, New York 1972; R. Sarti Hg., The Ax within. Italian Fascism in Action, New York 1974; E. Nolte, Italien vom Ende des I. Weltkrieges bis zum ersten Jahrzehnt der Republik 1918-1960, in: Th. Schieder Hg., Handbuch der europäischen Geschichte, Bd. 7, Stuttgart 1979, 619-50; Schieder Hg., Faschismus.

2 Zur Sozial- und Wirtschaftsgeschichte Italiens vor dem Faschismus: S. B. Clough, The Economic History of Modern Italy, New York 1964; R. Rome, Breve storia della grande industria in Italia, Rocca San Casciano 1963²; F. Caracciola Hg., L formazione dell'Italia industriale, Bari 1963; K. Priester, Der italienische Faschismus. Ökonomische u. ideologische Grundlagen, Köln 1972.

3 Zur politischen Geschichte Italiens bis zum Aufstieg des Faschismus: Ch. Seton-Watson, Italy from Liberalism to Fascism 1870-1925, London 1967; E. Nolte, Italien von der Begründung des Nationalstaates bis zum Ende des Ersten Weltkrieges (1870-1918), in: Th. Schieder Hg., Handbuch der europäischen Geschichte, Bd. 6, Stuttgart 1968, 401-32.

4 Zum italienischen Nationalismus und Imperialismus: F. Gaeta, Nazionalismo italiano, Neapel 1965; W. Alff, Die Associazione Nazionalista Italiana von 1910, in: ders., Der Begriff des Faschismus u. andere Aufsätze zur Zeitgeschichte, Frankfurt 1971; W. Schieder, Aspekte des italienischen Imperialismus vor 1914, in: W. H. Mommsen Hg., Der moderne Imperialismus, Stuttgart 1971, 140-71; Priester, Der italienische Faschismus, 55 ff.

5 Zur Biographie Mussolinis: De Felice, Mussolini, I, Mussolini il fascista; Nolte, Faschismus, 200 ff.

6 E. R. Rosen, Italiens Kriegseintritt im Jahre 1915 als innenpolitisches Problem der Giolitti-Ära, in: HZ 187. 1959, 289 ff.

7 Zum folgenden besonders: R. Vivarelli, Il Dopoguerra in Italia e l'avvento del fascismo (1918-1922), Neapel 1967.

8 Romeo, Breve Storia, 124 ff.; Clough, Economic history, 197 f.; Priester, Der italienische Faschismus, 133 ff.

9 P. Spriano, L'occupazione delle fabriche settembre 1920, Turin 1964; M. Abrate, La lotta sindacale nella industrializzazione in Italie 1906-1926, Turin 1967; Vivarelli, Dopoguerra, 71 ff.; Nolte, Faschismus, 249 ff.

10 Vivarelli, Dopoguerra, 242 ff.; Ch. Maier, Recasting Bourgeois Europe. Stabilisation in France, Germany and Italy in the Decade after World War I, Princeton 1975, 310-13. Anschauliche Schilderung im regionalen Bereich: P. Corner, Fascism in Ferrara 1915-1925, Oxford 1975.
11 Zur Aktion D'Annunzios und seine Bedeutung für den Faschismus: Vivarelli, Dopoguerra, 500-530; Nolte, Faschismus, 240-243.
12 Dazu und zum folgenden: Tasca, Glauben, 117 ff.; Nolte, Faschismus, 253 ff.; A. Lyttelton, The Seizure of Power. Fascism in Italy 1919-1929, New York 1973.
13 Dazu zusammenfassend: W. Schieder, Der Strukturwandel der faschistischen Partei Italiens in der Phase der Herrschaftsstabilisierung, in: ders. Hg., Faschismus, 69-98; J. Petersen, Wählerverhalten u. soziale Basis des Faschismus in Italien zwischen 1919 u. 1928, in: ebd., 119-56.
14 A. Repaci, La marcia su Roma, Mailand 1972; De Felice, Mussolini, II, 282 ff.
15 Dazu besonders Lyttelton, Seizure, 121-35.
16 Dazu und zum Verhältnis von Industrie und Faschismus überhaupt: E. Rossi, Il padroni del vapore, Bari 1955, erw. Ausgabe: Padroni del vapore e fascismo, Bari 1966; P. Melograni, Gli industriali e Mussolini, Rapporti tra Confindustria e fascismo dal 1919 al 1929, Mailand 1972; R. Guarnieri, Battaglie economiche tra le due grandi guerre, 2 Bde., Mailand 1953; R. Sarti, Fascism and Industrial Leadership in Italy 1919-1940. A Study in the Expansion of Private Power under Fascism, Berkeley 1971; J. Petersen, Faschismus u. Industrie in Italien 1919-1929, in: Gesellschaft. Beiträge zur Marxschen Theorie 7, Frankfurt 1976, 133-89; E. Nolte, Die »herrschenden Klassen« u. der Faschismus in Italien, in: W. Schieder Hg., Faschismus, 183-204.
17 Dazu und zum folgenden besonders: De Felice, Mussolini, Bd. 2; Lyttelton, Seizure, 176 ff.; A. Aquarone, L'organizzazione dello stato totalitario, Turin 1965, 15 ff.
18 G. Rochat, L'escercito e il fascismo, in: Quazza Hg., Fascismo, 89-124; G. Miccoli, La Chiesa e il Fascismo, in: ebd., 182-208; A. Lindt, Das Zeitalter des Totalitarismus. Politische Heilslehren u. ökumenischer Aufbruch, Stuttgart 1981, 50-78.
19 P. C. Mayer-Tasch, Korporativismus u. Autoritarismus. Eine Studie zu Theorie u. Praxis der berufsständischen Rechts- u. Staatsidee, Frankfurt 1971; Aquarone, Organizzazione, 82-87; Sarti, Fascism, 75 ff.
20 Vgl. dazu die in Anm. 16 zit. Lit., bes. Sarti, Fascism, 100 ff.; De Felice, Mussolini, II, 222 ff. und Bd. 3, 56 ff.; Romeo, Breve Storia, 157 ff.; und: St. J. Woolf, Did a Fascist Economic System Exist? in: ders. Hg., The Nature of Fascism, London 1968, 119-51.

21 Allgemein zur Außenpolitik des faschistischen Italien: R. De Felice, Bemerkungen zu Mussolinis Außenpolitik, in: Saeculum 24. 1973, 314-27; ders., Mussolini, III, 323-533; J. Petersen, Gesellschaftssystem, Ideologie u. Interesse in der Außenpolitik des faschistischen Italien, in: Quellen u. Forschungen aus italienischen Archiven u. Bibliotheken 54. 1974, 428-70; ders., Die Außenpolitik des faschistischen Italien als historiographisches Problem, in: VfZ 22. 1974, 417-57.
22 Zur integrativen Wirkung der faschistischen Sozialpolitik: De Felice, Mussolini, III, 82 ff.; Tannenbaum, Fascist Experience, 108 ff.; C. Vannutelli, The Living Standard of Italian Workers 1929-1939, in: Sarti Hg., Ax, 153 ff.
23 Zum folgenden besonders: J. Petersen, Hitler – Mussolini. Die Entstehung der Achse Berlin-Rom 1933-1936, Tübingen 1973, u. die in Anm. 21 zitierte Literatur.
24 Zur Geschichte des italienischen Antifaschismus und der Resistenza: A. Garosci, Storia dei fuorisciti, Bari 1953; P. Alatri, L' antifascismo italiano, Rom 1965; R. Battaglia, Storia della resistenza italiana, 8 settembre 1943-25 aprile 1945, Turin 1964²; Ch. F. Delzell, Mussolini's Enemies. The Italian Anti-fascist Resistance, Princeton 1961; Fascismo e antifascismo. Lezioni e testimonianze, Bde 1-2, Mailand 1962.
25 Dazu: F. W. Deakin, Die brutale Freundschaft. Hitler, Mussolini u. der Untergang des italienischen Faschismus, Köln 1962.

Kapitel 3

1 Zum Vergleich zwischen dem italienischen Faschismus und dem Nationalsozialismus: W. Schieder, Faschismus als soziale Bewegung. Allgemein zur Geschichte der Weimarer Republik: A. Rosenberg, Geschichte der Weimarer Republik, Köln 1974¹⁶; E. Eyck, Geschichte der Weimarer Republik, 2 Bde, Zürich 1974⁴; K. Dederke, Reich u. Republik 1917-1933, Stuttgart 1969; W. Tormin, Die Weimarer Republik, Hannover 1975¹⁰; W. Ruge, Deutschland von 1917 bis 1933, Berlin (Ost) 1974²; H. Heiber, Die Republik von Weimar, München 1974⁷; G. Schulz, Deutschland seit dem Ersten Weltkrieg 1918-1945, Göttingen 1976; K. D. Bracher, Die Krise Europas 1917-1975, Berlin 1976.
2 Allgemein zur Geschichte der NSDAP: W. Schäfer, NSDAP. Entwicklung u. Struktur der Staatspartei des Dritten Reiches, Hannover 1956; D. Orlow, The History of the Nazi Party, 2 Bde, Pittsburgh 1969-1973; G. Schulz, Aufstieg des Nationalsozialismus. Krise u. Revolution in Deutschland, Berlin 1975; K. Pätzold u. M. Weißbecker, Geschichte der NSDAP 1920-1945, Köln 1981. Zur Frühgeschichte

der NSDAP: G. Franz-Willing, Die Hitlerbewegung. Ihr Ursprung 1919-1922, Hamburg 1962; W. Maser, Die Frühgeschichte der NSDAP. Hitlers Weg bis 1924, Frankfurt 1965; A. Tyrell, Vom Trommler zum Führer. Der Wandel von Hitlers Selbstverständnis zwischen 1919 und 1924 u. die Entwicklung der NSDAP, München 1975; U. Lohalm, Völkischer Radikalismus. Die Geschichte des Deutschvölkischen Schutz- u. Trutzbundes 1919-1923, Hamburg 1970; D. Stegmann, Zwischen Repression und Manipulation: Konservative Machteliten u. Arbeiter- u. Angestelltenbewegung 1910-1918. Ein Beitrag zur Vorgeschichte der DAP/NSDAP, in: Archiv für Sozialgeschichte 12. 1972; K. Goßweiler, Kapital, Reichswehr und NSDAP 1919-1924, Berlin 1982.

3 M. H. Kater, Zur Soziographie der frühen NSDAP, in: VfZ 19. 1971, 124-59.

4 Zur Ideologie der NSDAP: Nolte, Faschismus, 343-55 u. 398-408; J. Fest, Hitler. Eine Biographie, Berlin 1973; M. Plewnia, Auf dem Wege zu Hitler. Der »völkische« Publizist D. Eckart, Bremen 1970. Allgemein zum ideologischen Hintergrund: K. Sontheimer, Antidemokratisches Denken in der Weimarer Republik, München 1968; A. Mohler, Die Konservative Revolution in Deutschland 1918-1932, Darmstadt 1972[2]; J. Petzold, Konservative Theoretiker des deutschen Faschismus. Jungkonservative Ideologen in der Weimarer Republik als geistige Wegbereiter der faschistischen Diktatur, Berlin 1978.

5 H. Bennecke, Hitler u. die SA, München 1962.

6 Vgl. dazu und zum folgenden: H. H. Hofmann, Der Hitlerputsch, München 1961; E. Deuerlein, Der Hitler-Putsch, Stuttgart 1962; H. J. Gordon, Hitlerputsch 1923. Machtkampf in Bayern 1923-1924, Frankfurt 1971; Goßweiler, 419 ff.

7 G. Schildt, Die Arbeitsgemeinschaft Nord-West. Untersuchungen zur Geschichte der NSDAP 1925/26, phil. Diss. Freiburg 1964; R. Kühnl, Die nationalsozialistische Linke 1925-1930, Meisenheim 1966; U. Wörtz, Programmatik u. Führerprinzip. Das Problem des Strasser-Kreises in der NSDAP, phil. Diss. Erlangen 1966; M. H. Kele, Nazis and Workers, Chapel Hill 1972; W. Horn, Führerideologie u. Parteiorganisation in der NSDAP (1919-1933), Düsseldorf 1981[2]; P. Hüttenberger, Die Gauleiter. Studie zum Wandel des Machtgefüges in der NSDAP, Stuttgart 1969.

8 Dazu: H. Höhne, Der Orden unter dem Totenkopf. Die Geschichte der SS, Frankfurt 1969, 69 ff.

9 Kater, Zur Soziographie; ders., Sozialer Wandel in der NSDAP im Zuge der nationalsozialistischen Machtergreifung, in: W. Schieder Hg., Faschismus, 25-68; H. A. Winkler, Mittelstandsbewegung oder Volkspartei? Zur sozialen Basis der NSDAP, in: ebd., 97-118; R. Mann Hg., Die Nationalsozialisten. Analysen faschistischer Bewegun-

gen, Stuttgart 1980; P. H. Merkl, The Nazis of the Abel Collection: Why They Joined the NSDAP, in: Larsen u. a. Hg., Who were the Fascists, 268-82. Vgl. dazu auch unten Anm. 12.

10 A. Faust, Der Nationalsozialistische Deutsche Studentenbund. Studenten u. Nationalsozialismus in der Weimarer Republik, Düsseldorf 1973; M. H. Kater, Studentenschaft u. Rechtsradikalismus in Deutschland 1918-1933, Hamburg 1975.

11 Dazu mit weiterführenden Literaturhinweisen: H. Mommsen u. a. Hg., Industrielles System u. politische Entwicklung in der Weimarer Republik, Düsseldorf 1974 u. ö.

12 Wegweisend für die Erforschung der sozialen Herkunft der nationalsozialistischen Wähler waren die zeitgenössischen Arbeiten von: Th. Geiger, Panik im Mittelstand, in: Die Arbeit 7. 1930, 637-53; H. Neisser, Sozialstatistische Analysen des Wahlergebnisses, in: ebd., 655-59; S. Riemer, Mittelstand u. sozialistische Politik, in: Die Arbeit 9. 1932, 265-72; C. Mierendorff, Was ist der Nationalsozialismus? Zur Topographie des Faschismus in Deutschland, in: Neue Blätter für den Sozialismus 2. 1931, 149-54; Th. Geiger, Die soziale Schichtung des deutschen Volkes, Stuttgart 1932; R. Heberle, From Democracy to Nazism, Baton Rouge 1945; ders., Landbevölkerung u. Nationalsozialismus, Stuttgart 1963. Zusammenfassung der neueren Forschungsergebnisse bei: D. H. Childers, The Social Bases of the National Socialist Vote, in: JCH 11. 1976, 17-42; J. W. Falter, Wer verhalf der NSDAP zum Sieg? Neuere Forschungsergebnisse zum parteipolitischen u. sozialen Hintergrund der NSDAP-Wähler 1924-1933, in: Aus Politik u. Zeitgeschichte Nr. 28/29, 3-21; ders., Wählerbewegungen zur NSDAP 1924-1933. Methodische Probleme – empirisch abgesicherte Erkenntnisse – offene Fragen, in: O. Büsch Hg., Wählerbewegungen in der europäischen Geschichte, Berlin 1980, 159-202.

13 Außer den in Anm. 12 zitierten zeitgenössischen Arbeiten von Geiger, Neisser, Mierendorff usw. bes.: A. Schweitzer, Die Nazifizierung des Mittelstandes, Stuttgart 1970; H. A. Winkler, Mittelstand, Demokratie u. Nationalsozialismus. Die politische Entwicklung von Handwerk u. Kleinhandel in der Weimarer Republik, Köln 1972; ders., Vom Protest zur Panik: Der gewerbliche Mittelstand in der Weimarer Republik, in: Mommsen u. a. Hg., Industrielles System, 778-91; H. Grebing, Faschismus, Mittelschichten u. Arbeiterklasse, in: IWK 12. 1976, 443-60; H. Speier, Die Angestellten vor dem Nationalsozialismus, Göttingen 1977.

14 Auseinandersetzung mit dieser These bei Wippermann, Faschismustheorien, 11-55 u. 138-48. Ferner: R. Saage, Faschismustheorien, München 1976; E. Hennig, Thesen zur deutschen Sozial- u. Wirtschaftsgeschichte 1933-1938, Frankfurt 1974; ders., Bürgerliche Gesellschaft u. Faschismus in Deutschland, Frankfurt 1977; D. Stegmann, Zum Ver-

hältnis von Großindustrie und Nationalsozialismus 1930-1933, in: Archiv für Sozialgeschichte 13. 1973, 399-482; ders., Kapitalismus u. Faschismus in Deutschland 1929-1934. Thesen u. Materialien zur Restituierung des Primats der Großindustrie zwischen Weltwirtschaftskrise u. beginnender Rüstungskonjunktur, in: Gesellschaft. Beiträge zur Marxschen Theorie 6. Frankfurt 1976, 19-91; R. Neebe, Großindustrie und NSDAP 1930-1933, Göttingen 1981.

15 H. Matzerath u. H. A. Turner, Die Selbstfinanzierung der NSDAP 1930-1932, in: GG 3. 1977, 93-108.

16 Vgl. zum folgenden: Wippermann, Zur Analyse, 9 ff.

17 S. Bahne, Die KPD u. das Ende von Weimar. Das Scheitern einer Politik 1932-1935, Frankfurt 1976²; O. K. Flechtheim, Die KPD in der Weimarer Republik, Frankfurt 1976²; Th. Weingartner, Stalin und der Aufstieg Hitlers. Die Deutschlandpolitik der Sowjetunion u. der Kommunistischen Internationale 1922-1934, Berlin 1970; K.-E. Lönne, Faschismus als Herausforderung. Die Auseinandersetzung der »Roten Fahne« u. des »Vorwärts« mit dem italienischen Faschismus 1920-1933, Köln 1981.

18 R. M. Hunt, German Social Democracy 1918-1933, New Haven 1964; H. Mommsen, Die Sozialdemokratie in der Defensive: Der Immobilismus der SPD u. der Aufstieg des Nationalsozialismus, in: ders. Hg., Sozialdemokratie zwischen Klassenbewegung und Volkspartei, Frankfurt 1974, 106-133; W. Wette, Mit dem Stimmzettel gegen den Faschismus. Das Dilemma des sozialdemokratischen Antifaschismus in der Endphase der Weimarer Republik, in: W. Huber u. J. Schwerdtfeger Hg., Frieden, Gewalt, Sozialismus, Stuttgart 1976, 358-403; B. Hebel-Kunze, SPD u. Faschismus. Zur politischen u. organisatorischen Entwicklung der SPD 1932-1935, Frankfurt 1977; H. Heer, Burgfrieden oder Klassenkampf. Zur Politik der sozialdemokratischen Gewerkschaften 1930-1933, Neuwied 1973; E. Matthias, Die Sozialdemokratische Partei Deutschlands, in: ders. u. R. Morsey Hg., Das Ende der Parteien 1933, Düsseldorf 1960, 101-278; K. Rohe, Das Reichsbanner Schwarz-Rot-Gold. Ein Beitrag zur Typologie der politischen Kampfverbände in der Weimarer Republik, Düsseldorf 1966.

19 K. D. Bracher u. a., Die nationalsozialistische Machtergreifung. Studien zur Errichtung des totalitären Herrschaftssystems in Deutschland 1933/34, Köln 1962². Allgemein zur Geschichte des Dritten Reiches: Nolte, Faschismus, 419 ff.; M. Broszat, Der Staat Hitlers. Grundlegung u. Entwicklung seiner inneren Verfassung, München 1975⁵; K. D. Bracher, Die deutsche Diktatur. Entstehung, Struktur, Folgen des Nationalsozialismus, Köln 1976⁵; W. Fischer u. a., Deutschland von 1933 bis 1939, Berlin 1969; W. Bleyer u. a., Deutschland von 1939 bis 1945, Berlin 1969; W. Schumann u. a., Deutschland im zweiten Weltkrieg, Bde 1-4, Berlin 1974-1981; W. Deist u. a., Das Deutsche

Reich und der 2. Weltkrieg, Bd. 1, Stuttgart 1979; Hildebrand, Drittes Reich.
20 M. Messerschmidt, Die Wehrmacht im NS-Staat. Zeit der Indoktrination, Hamburg 1969; K.-J. Müller, Das Heer u. Hitler. Armee und nationalsozialistisches Regime 1933-1940, Stuttgart 1969; J. Dülffer, Weimar, Hitler u. die Marine. Reichspolitik u. Flottenbau 1920-1939, Düsseldorf 1973; R. Absolon, Die Wehrmacht im Dritten Reich, Bde 1-3, Boppard 1969-1975.
21 F. Zipfel, Kirchenkampf in Deutschland 1933-1945. Religionsverfolgung u. Selbstbehauptung der Kirchen in der nationalsozialistischen Zeit, Berlin 1965; G. Lewy, Die katholische Kirche u. das Dritte Reich, München 1965; J. S. Conway, Die nationalsozialistische Kirchenpolitik 1933-1945. Ihre Ziele, Widersprüche u. Fehlschläge, München 1969; K. Scholder, Die Kirchen u. das Dritte Reich, Bd. 1, Berlin 1977.
22 Die These vom polykratischen Charakter des Dritten Reiches schon bei: E. Fraenkel, Der Doppelstaat, Frankfurt 1974 (zuerst: New York 1940); F. Neumann, Behemoth. Struktur und Praxis des Nationalsozialismus 1933-1944, Frankfurt 1977 (zuerst: New York 1942/44). Dann übernommen u. a. von: H. Mommsen, Beamtentum im Dritten Reich, Stuttgart 1967; Höhne, Der Orden; P. Diehl-Thiele, Partei u. Staat im Dritten Reich. Untersuchungen zum Verhältnis von NSDAP u. allgemeiner innerer Staatsverwaltung 1933-1945, München 1969; Broszat, Staat Hitlers; R. Bollmus, Das Amt Rosenberg u. seine Gegner, Stuttgart 1970. Zusammenfassend: P. Hüttenberger, Nationalsozialistische Polykratie, in: GG 2. 1976, 417-42. Kontroverse Diskussion dieser Frage in: G. Hirschfeld u. L. Kettenacker Hg., Der »Führerstaat«: Mythos u. Realität. Studien zur Struktur u. Politik des Dritten Reiches, Stuttgart 1981.
23 Zum nationalsozialistischen Terrorsystem: Höhne, Der Orden; Zipfel, Kirchenkampf; ders., Gestapo u. Sicherheitsdienst, Berlin 1960; H. Buchheim u. a., Anatomie des SS-Staates, 2 Bde, Freiburg 1965; S. Aronson, Heydrich u. die Anfänge des SD und der Gestapo (1931-1935), Berlin 1967; J. Delarue, Geschichte der Gestapo, Düsseldorf 1964; M. Broszat Hg., Studien zur Geschichte der Konzentrationslager, Stuttgart 1970; F. Pingel, Häftlinge unter SS-Herrschaft. Widerstand, Selbstbehauptung u. Vernichtung im Konzentrationslager, Hamburg 1978.
24 H. Schorn, Die Gesetzgebung des Nationalsozialismus als Mittel der Machtpolitik, Frankfurt 1963; G. Buchheit, Richter in roter Robe. Freisler – Präsident des Volksgerichtshofes, München 1968; W. Wagner, Der Volksgerichtshof im nationalsozialistischen Staat, Stuttgart 1974; H. Robinson, Justiz als politische Verfolgung. Die Rechtsprechung in »Rassenschandefällen« beim Landgericht Hamburg 1936-

1943, Stuttgart 1977.
25 G. Reitlinger, Die Endlösung. Hitlers Versuch der Ausrottung der Juden Europas 1939-1945, Berlin 1956; W. Scheffler, Judenverfolgung im Dritten Reich 1933-1945, Berlin 1960; R. Hilberg, The Destruction of the European Jews, Chicago 1961; G. Schönberner, Der gelbe Stern. Die Judenverfolgung in Europa 1933-1945, Hamburg 1960; Buchheim u. a. Hg., Anatomie, Bd. 2, 283-448; U. D. Adam, Judenpolitik im Dritten Reich, Düsseldorf 1972; K. Drobisch u. a., Juden unterm Hakenkreuz. Verfolgung u. Ausrottung der deutschen Juden 1933-1945, Berlin 1973; K. Pätzold, Faschismus, Rassenwahn, Judenverfolgung. Eine Studie zur politischen Strategie u. Taktik des faschistischen deutschen Imperialismus (1933-1945), Berlin 1975; H. G. Adler, Der verwaltete Mensch. Studien zur Deportation der Juden aus Deutschland, Tübingen 1974.
26 H. Buchheim, Die Zigeunerdeportation vom Mai 1940, in: Gutachten des Instituts für Zeitgeschichte, München 1958, 51-61; H.-J. Döring, Die Zigeuner im nationalsozialistischen Staat, Hamburg 1964; F. Wölffling, Zur Verfolgung u. Vernichtung der mitteldeutschen Zigeuner unter dem Nationalsozialismus, in: Wissenschaftliche Zeitschrift der Martin-Luther-Universität Halle-Wittenberg 14. 1965, 501-08; S. Steinmetz, Österreichs Zigeuner im NS-Staat, Wien 1966; J. S. Hohmann, Geschichte der Zigeunerverfolgung in Deutschland, Frankfurt 1981.
27 Ch. Kleßmann, Polnische Bergarbeiter im Ruhrgebiet 1870-1945. Soziale Integration u. nationale Subkultur einer Minderheit in der deutschen Industriegesellschaft, Göttingen 1978; H. Pfahlmann, Fremdarbeiter u. Kriegsgefangene in der deutschen Kriegswirtschaft 1939-1945, Darmstadt 1968; Pingel, Häftlinge; Ch. Streit, Keine Kameraden. Die Wehrmacht und die sowjetischen Kriegsgefangenen 1941-1945, Stuttgart 1978; E. Seeber, Zwangsarbeiter in der faschistischen Kriegswirtschaft, Berlin 1964; D. Majer, »Fremdvölkische« im Dritten Reich, Boppard 1981.
28 Zur nationalsozialistischen Sozial- und Wirtschaftspolitik außer den in Anm. 19 genannten Gesamtdarstellungen zur Geschichte des Dritten Reiches: A. S. Milward, Die deutsche Kriegswirtschaft 1939-1945, Stuttgart 1966; D. Petzina, Autarkiepolitik im Dritten Reich. Der nationalsozialistische Vierjahresplan, Stuttgart 1968; ders., Die deutsche Wirtschaft in der Zwischenkriegszeit, Wiesbaden 1977; D. Eichholtz, Geschichte der deutschen Kriegswirtschaft 1939-1945, Bd. I, Berlin 1969; W. Fischer, Deutsche Wirtschaftspolitik 1918-1945, Opladen 1968³; F. Forstmeier u. H.-E. Volkmann Hg., Wirtschaft u. Rüstung am Vorabend des Zweiten Weltkrieges, Düsseldorf 1975; dies. Hg., Kriegswirtschaft und Rüstung 1939-1945, Düsseldorf 1977; T. W. Mason Hg., Arbeiterklasse u. Volksgemeinschaft, Opladen 1975; ders.,

Sozialpolitik im Dritten Reich, Opladen 1977. D. Schoenbaum, Die braune Revolution, Köln 1968.
29 Zur Außenpolitik des Dritten Reiches: H.-A. Jacobsen, Nationalsozialistische Außenpolitik 1933-1938, Frankfurt 1968; K. Hildebrand, Deutsche Außenpolitik 1933-1945. Kalkül oder Dogma? Stuttgart 1976³; A. Kuhn, Hitlers außenpolitisches Programm. Entstehung u. Entwicklung 1919-1939, Stuttgart 1970; A. Hillgruber, Deutsche Großmacht- u. Weltpolitik im 19. und 20. Jahrhundert, Düsseldorf 1977; M. Funke Hg., Hitler, Deutschland u. die Mächte. Materialien zur Außenpolitik des Dritten Reiches, Düsseldorf 1976; W. Michalka Hg., Nationalsozialistische Außenpolitik, Darmstadt 1978; G. Niedhart Hg., Kriegsausbruch 1939. Entfesselung oder Ausbruch des Zweiten Weltkrieges, Darmstadt 1976; E. Forndran u. a. Hg., Innen- u. Außenpolitik unter nationalsozialistischer Bedrohung. Determinanten internationaler Beziehungen in historischen Fallstudien, Opladen 1977; Schumann u. a., Deutschland im Zweiten Weltkrieg; Deist u. a., Das Deutsche Reich u. der 2. Weltkrieg.
30 Dazu vor allem: Hildebrand, Kalkül, 134 ff.; ders., Hitlers Ort in der Geschichte des preußisch-deutschen Nationalstaates, in: HZ 217. 1973, 584-632; A. Hillgruber, Kontinuität oder Diskontinuität in der deutschen Außenpolitik von Bismarck bis Hitler, Düsseldorf 1969.
31 Allgemeine Überblicke zum Widerstand im Dritten Reich: H. Rothfels, Die deutsche Opposition gegen Hitler, Frankfurt 1964; G. Weisenborn Hg., Der lautlose Aufstand. Bericht über die Widerstandsbewegung des deutschen Volkes 1933-1945, Frankfurt 1974⁴; W. Schmitthenner u. H. Buchheim Hg., Der deutsche Widerstand gegen Hitler, Köln 1966; G. Plum, Widerstandsbewegungen, in: Sowjetsystem u. demokratische Gesellschaft, Bd. 6, Freiburg 1972, 961-83; G. v. Roon, Widerstand im Dritten Reich, München 1979; P. Hoffmann, Widerstand gegen Hitler. Probleme des Umsturzes, München 1977; Ch. Kleßmann u. F. Pingel Hg., Gegner des Nationalsozialismus. Wissenschaftler u. Widerstandskämpfer auf der Suche nach historischer Wirklichkeit, Frankfurt 1980; R. Löwenthal u. P. v. z. Mühlen, Widerstand u. Verweigerung in Deutschland 1933 bis 1945, Berlin 1982; K. Mammach, Die KPD u. die deutsche antifaschistische Widerstandsbewegung 1933-1939, Frankfurt 1974. Zum Widerstand der Arbeiterbewegung allgemein: H. J. Reichhardt, Möglichkeiten u. Grenzen des Widerstandes der Arbeiterbewegung, in: Schmitthenner u. Buchheim Hg., Widerstand, 169-213; W. Abendroth, Der Widerstand der Arbeiterbewegung, in: E. Weick Hg., Deutscher Widerstand 1933-1945. Aspekte der Forschung u. der Darstellung im Schulbuch, Heidelberg 1967, 76-96; D. Peukert, Der deutsche Arbeiterwiderstand gegen das Dritte Reich, Berlin 1981³; Geschichte der deutschen Arbeiterbewegung, Bd. 5: Vom Januar 1933 bis Mai 1945, Berlin 1966.

32 Zum Widerstand der KPD: Bahne, KPD; H. Duhnke, Die KPD von 1933 bis 1945, Köln 1972; A. Sywottek, Deutsche Volksdemokratie. Studien zur politischen Konzeption der KPD 1935-1949, Düsseldorf 1971; D. Peukert, Die KPD im Widerstand. Verfolgung u. Untergrundarbeit an Rhein und Ruhr 1933-1945, Wuppertal 1980; G. Nitzsche, Die Saefkow-Jakob-Bästlein-Gruppe, Berlin 1957; G. Glondajewski u. H. Schumann, Die Neubauer-Poser-Gruppe Berlin 1957; I. Krause, Die Schubert-Engert-Kresse-Gruppe, Berlin 1960; K. H. Biernat u. L. Kraushaar, Die Schulze-Boysen/Harnack-Organisation im antifaschistischen Kampf, Berlin 1970.

33 Zum Widerstand der SPD und des ADGB: L. J. Edinger, Sozialdemokratie u. Nationalsozialismus, Hannover 1960; P. Grasmann, Sozialdemokraten gegen Hitler 1933-1945, München 1968; R. Küstermeier, Der Rote Stoßtrupp, Berlin 1970; F. Moraw, Die Parole der »Einheit« u. die Sozialdemokratie. Zur parteiorganisatorischen u. gesellschaftspolitischen Orientierung der SPD in der Periode der Illegalität u. in der ersten Phase der Nachkriegszeit 1933-1948, Bonn 1973; K. Kliem, Der sozialistische Widerstand gegen das Dritte Reich, dargestellt an der Gruppe »Neu Beginnen«, phil. Diss. Marburg 1957; H. J. Reichhardt, Neu Beginnen. Ein Beitrag zur Geschichte des Widerstandes gegen den Nationalsozialismus, in: Jahrbuch für die Geschichte Mittel- u. Ostdeutschlands 12. 1963, 150-88; R. Löwenthal, Die Widerstandsgruppe »Neu Beginnen«, Berlin 1982; J. v. Freyberg, Sozialdemokraten u. Kommunisten. Die Revolutionären Sozialisten Deutschlands vor dem Problem der Aktionseinheit 1934-1937, Köln 1973; H. Esters u. H. Pelger, Gewerkschafter im Widerstand, Hannover 1967; L. Reichold, Arbeiterbewegung jenseits des totalen Staates. Die Gewerkschaften u. der 20. Juli 1944, Wien 1965.

34 Zum Widerstand der sozialistischen und kommunistischen Splittergruppen: K.-H. Tjaden, Struktur u. Funktion der »KPD-Opposition« (KPO), Meisenheim 1964; Th. Bergmann, 50 Jahre KPD (Opposition) 30. 12. 1928-30. 12. 1978, Hannover 1978; H. Drechsler, Die Sozialistische Arbeiterpartei Deutschlands (SAPD), Meisenheim 1965; J. Bremer, Die Sozialistische Arbeiterpartei Deutschlands (SAP). Untergrund u. Exil 1933-1945, Frankfurt 1978; W. Link, Die Geschichte des IJB und des ISK, Meisenheim 1964.

35 L. Niethammer u. a. Hg., Arbeiterinitiative 1945, Wuppertal 1976.

36 Zipfel, Kirchenkampf; Conway, Kirchenpolitik; E. Bethge, Dietrich Bonhoeffer. Theologe – Christ – Zeitgenosse, München 1978; K. Meier, Der evangelische Kirchenkampf, 2 Bde, Göttingen 1976; G. v. Norden, Der deutsche Protestantismus im Jahr der nationalsozialistischen Machtergreifung, Gütersloh 1979; H. Prolingheuer, Der Fall K. Barth 1934-1935, Neunkirchen 1977; J. Schmidt, M. Niemöller im Kirchenkampf, Hamburg 1971.

37 Lewy, Katholische Kirche; H. Müller, Katholische Kirche und Nationalsozialismus, München 1965; K. Gotto u. K. Repgen Hg., Kirchen, Katholiken u. Nationalsozialismus, Mainz 1980.
38 G. Ritter, Carl Goerdeler u. die deutsche Widerstandsbewegung, Stuttgart 1956³; G. Buchheit, L. Beck, München 1964; P. Hoffmann, Widerstand – Staatsstreich – Attentat, München 1969; G. v. Roon, Neuordnung im Widerstand. Der Kreisauer Kreis innerhalb der deutschen Widerstandsbewegung, München 1967; Müller, Heer und Hitler; B. Scheurig, H. v. Treschow, Oldenburg 1973; Ch. Sykes, A. von Trott, Köln 1969; A. Krebs, F.-D. Graf von der Schulenburg. Zwischen Staatsraison u. Hochverrat, Hamburg 1964; K. Finker, Graf Moltke u. der Kreisauer Kreis, Berlin 1978; F. v. Moltke u. a., H. J. v. Moltke 1907-1945, Stuttgart 1975; K. Finker, Stauffenberg, Berlin 1967; Chr. Müller, Oberst i. G. Stauffenberg, Düsseldorf 1971.
39 Beispiele für Resistenz und Widerstand im lokalen und alltäglichen Bereich: K. Klotzbach, Gegen den Nationalsozialismus. Widerstand u. Verfolgung in Dortmund, Hannover 1969; H.-J. Steinberg, Widerstand u. Verfolgung in Essen 1933-1945, Bonn 1974; M. Broszat u. E. Fröhlich Hg., Bayern in der NS-Zeit, Bde 2-4, München 1979-1981; D. Peukert u. J. Reulecke Hg., Die Reihen fest geschlossen. Beiträge zur Geschichte des Alltags unterm Nationalsozialismus, Wuppertal 1981; D. Peukert, Volksgenossen u. Gemeinschaftsfremde. Anpassung, Ausmerzung u. Aufbegehren unter dem Nationalsozialismus, Köln 1982.
40 Plum, Widerstandsbewegungen; P. Hüttenberger, Vorüberlegungen zum »Widerstandsbegriff«, in: J. Kocka Hg., Theorien in der Praxis des Historikers, Göttingen 1977, 117-39; T.-D. Schramm, Der deutsche Widerstand gegen den Nationalsozialismus. Seine Bedeutung für die Bundesrepublik Deutschland in der Wirkung auf Institutionen u. Schulbücher, Berlin 1980; W. Wippermann, Antifaschismus in der DDR: Wirklichkeit u. Ideologie, Berlin 1980.

Kapitel 4

1 Zur Geschichte der österreichischen Faschismen: A. G. Whiteside, Austria, in: Rogger u. Weber Hg., European Right, 308-63; L. Jedlicka, The Austrian Heimwehr, in: JCH 1. 1966, 127-44; Nolte, Krise, 252-56; G. Jagschitz, Faschismus u. Nationalsozialismus in Österreich bis 1945, in: Fascism and Europe, II, 76 ff.; F. Fellner, The Background of Austrian Fascism, in: Sugar Hg., Fascism, 15-23; J. Rath, Authoritarian Austria, in: ebd.; G. Klingenstein, Bemerkungen zum Problem des Faschismus in Österreich, in: Österreich in Geschichte u. Literatur 14. 1970, 1-13; B. F. Pauley, Hahnenschwanz u. Haken-

kreuz. Der Steirische Heimatschutz u. der österreichische Nationalsozialismus 1918-1934, Wien 1972; F. L. Carsten, Faschismus in Österreich. Von Schönerer zu Hitler, München 1977; W. Holzer, Faschismus in Österreich 1918-1938, in: Austriaca 1. 1978, 79-170; G. Botz, The Changing Patterns of Social Support for Austrian National Socialism (1918-1945), in: Larsen u. a. Hg., Who were the Fascists, 202-25; B. F. Pauley, Nazis and Heimwehr Fascists: The Struggle for Supremacy in Austria, 1918-1938, in: ebd., 226-38.

2 Vgl. zum folgenden die Gesamtdarstellungen zur Geschichte der ersten österreichischen Republik von: H. Benedikt Hg., Geschichte der Republik Österreich, Wien 1954/München 1977; W. Goldinger, Geschichte der Republik Österreich, Wien 1962; E. Hoor, Österreich 1918-1938. Staat ohne Republikaner, Wien 1966; S. Kreissler, Von der Revolution zur Annexion. Österreich 1918-1938, Wien 1970; G. Botz, Gewalt in der Politik. Attentate, Zusammenstöße, Putschversuche, Unruhen in Österreich 1918-1934, München 1976; A. Wandruszka, Österreich von der Begründung der ersten Republik bis zur sozialistischen Alleinregierung 1918-1970, in: Th. Schieder Hg., Handbuch, Bd. 7, 823-82. Literaturbericht: U. Kluge, Das Dilemma einer Demokratie. Zwischenbilanz der österreichischen Forschung zur Geschichte der ersten Republik 1918-1938, in: NPL 23. 1978, 219-47.

3 Zum Parteiensystem auch: A. Wandruszka, Österreichs politische Struktur, in: Benedikt Hg., Geschichte, 289-485; A. Schunck u. H.-J. Steinberg, Mit Wahlen u. Waffen. Der Weg der österreichischen Sozialdemokratie in die Niederlage, in: Huber u. Schwerdtfeger Hg., Frieden, Gewalt, Sozialismus, 261-495; A. Pelinka, Stand oder Klasse. Die christliche Arbeiterbewegung Österreichs 1933 bis 1938, Wien 1972.

4 Zum folgenden: A. G. Whiteside, Austrian National Socialism before 1918, Den Haag 1962. Zusammenfassend: Carsten, Faschismus in Österreich, 30-38 u. 67-80; Botz, Patterns, 202 ff.

5 Zur Geschichte der Heimwehren bes. Carsten, Faschismus in Österreich, 98 ff.; Pauley, Hahnenschwanz; ders., Nazis, 226 ff.

6 Zum antifaschistischen Konzept der SPÖ: Schunck u. Steinberg, Mit Wahlen und Waffen, 461 ff.; G. Botz, Austro-Marxist Interpretations of Fascism, in: JCH 11. 1976, 129-56; R. Saage, Das Dilemma der Sozialdemokratie in Deutschland u. Österreich 1918 bis 1934, in: Jahrbuch des Instituts für Deutsche Geschichte der Universität Tel-Aviv 9. 1980, 429-74; Wippermann, Zur Analyse, 9 ff.

7 J. Hofmann, Der Pfrimer-Putsch. Der steirische Heimwehrprozeß des Jahres 1931, Wien 1965.

8 Zum Dollfuß-Regime: Rath, Austria; Carsten, Faschismus in Österreich, 211 ff.; I. Bärnthaler, Die Vaterländische Front. Geschichte u. Organisation, Wien 1971; L. Kerekes, Abenddämmerung einer Demo-

kratie. Mussolini, Gömbös u. die Heimwehr, Wien 1966; L. Jedlicka, Das autoritäre System in Österreich. Ein Beitrag zur Geschichte der europäischen Rechtsbewegungen, in: Aus Politik u. Zeitgeschichte B 30. 1970, 8 ff.; J. Rath u. C. W. Schum, The Dollfuß-Schuschnigg Regime: Fascist or Authoritarian?, in: Larsen u. a. Hg., Who were the Fascists, 249-56.

9 Zum Putsch der Nationalsozialisten: G. Jagschitz, Der Putsch. Die Nationalsozialisten 1934 in Österreich, Graz 1976.

10 K.-J. Siegfried, Universalismus u. Faschismus. Das Gesellschaftsbild Othmar Spanns, Wien 1974.

11 Zum sog. »Anschluß« und zur Geschichte Österreichs unter nationalsozialistischer Herrschaft: J. Gehl, Germany and the Anschluß, London 1963; W. Rosar, Deutsche Gemeinschaft. Seyß-Inquart u. der Anschluß, Wien 1971; G. Botz, Die Eingliederung Österreichs in das Deutsche Reich. Planung u. Verwirklichung des politisch-administrativen Anschlusses 1938-1940, Wien 1972; N. Schausberger, Der Griff nach Österreich. Der Anschluß, Wien 1978; D. Riesenberger, Österreich. Von der innenpolitischen Deformation zur außenpolitischen Handlungsunfähigkeit, in: Forndran u. a. Hg., Innen- und Außenpolitik, 239-56; K. R. Stadler, Österreich 1939-1945 im Spiegel der NS-Akten, Wien 1966; E. Weinzierl, Zu wenig Gerechte. Österreicher u. Judenverfolgung 1938-1945, Graz 1969.

12 Zur Geschichte Ungarns in der Zwischenkriegszeit: Th. v. Bogyay, Grundzüge der Geschichte Ungarns, Darmstadt 1967; C. A. Macartney, Hungary. A Short History, Edinburgh 1962; ders., October Fifteenth. A History of Modern Hungary (1929-1945), 2 Bde, Edinburgh 1956/57; D. Silagi, Ungarn seit 1918: Vom Ende des 1. Weltkrieges bis zur Ära Kádár, in: Schieder Hg., Handbuch, Bd. 7, 883-919.

13 Zur Geschichte der faschistischen Bewegungen in Ungarn: Nolte, Krise, 204-11; E. Déak, Hungary, in: Rogger u. Weber Hg., European Right, 364-407; G. Ránki, The Problem of Fascism in Hungary, in: Sugar Hg., Fascism, 65-72; G. Barany, The Roots of Hungarian Fascism, in: ebd., 73-82; M. Lackó, Arrow-Cross Men, National Socialists 1935-1944, Budapest 1969; ders., Ostmitteleuropäischer Faschismus, 39 ff.; ders., The Social Roots of Hungarian Fascism: The Arrow Cross, in: Larsen u. a. Hg., Who were the Fascists, 395-400; G. Ránki, The Fascist Vote in Budapest in 1939, in: ebd., 401-17; N. M. Nagy-Talavera, The Green Shirts and the Others. A History of Fascism in Hungary and Rumania, Stanford 1970; Thamer u. Wippermann, 99-108.

14 Dazu besonders Lackó, Roots, 395 ff.; Ránki, Fascist Vote, 401 ff.

15 Zur Außenpolitik: M. D. Fenyo, Hitler, Horthy, and Hungary. German-Hungarian Relations 1941-1944, New Haven 1972; J. K. Hoensch, Der ungarische Revisionismus u. die Zerschlagung der

Tschechoslowakei, Tübingen 1967.
16 Zur rumänischen Geschichte: M. Huber, Grundzüge der Geschichte Rumäniens, Darmstadt 1973; H. L. Roberts, Romania. Political Problems of an Agrarian State, New York 1951; G. Rhode, Die südosteuropäischen Staaten von der Neuordnung nach dem I. Weltkrieg bis zur Ära der Volksdemokratien, in: Schieder Hg., Handbuch, Bd. 7, 1134-313, bes. 1134 ff.; K.-D. Grothusen Hg., Südosteuropa-Handbuch, Bd. 2: Rumänien, Göttingen 1977.
17 Zur Geschichte des Faschismus in Rumänien: E. Weber, Varieties of Fascism. Doctrines of Revolution in the 20th Century, London 1964; ders., Romania, in: Rogger u. Weber Hg., Right, 501-74; ders., Die Männer des Erzengels, in: Laqueur u. Mosse Hg., Internationaler Faschismus, 143-76; Nolte, Krise, 212-26; E. Turczynski, The Background of Romanian Fascism, in: Sugar Hg., Fascism, 99-111; St. Fischer-Galati, Fascism in Romania, in: ebd., 112-21; Nagy-Talavera, The Green Shirts, 12 ff.; Thamer u. Wippermann, 109-19.
18 Zur Außenpolitik: A. Hillgruber, Hitler, König Carol u. Marschall Antonescu. Die deutsch-rumänischen Beziehungen 1938-1944, Wiesbaden 1954.
19 Zur Geschichte Jugoslawiens in der Zwischenkriegszeit: F. W. Hondius, The Yugoslav Community of Nations, The Hague 1968; St. K. Pavlowitch, Yugoslavia, London 1971; Rhode, Die südosteuropäischen Staaten, 1183-226; K.-D. Grothusen Hg., Südosteuropa-Handbuch, Bd. 1: Jugoslawien, Göttingen 1975.
20 Zur Geschichte des Faschismus in Jugoslawien: I. Avakumović, Yugoslavia's Fascist Movements, in: Sugar Hg., Fascism, 135-44; D. Djordjević, Fascism in Yugoslavia 1918-1941, in: ebd., 125-34; L. Hory u. M. Broszat, Der kroatische Ustascha-Staat 1941-1945, Stuttgart 1964; Thamer u. Wippermann, 91-99.
21 Zur Außenpolitik: J. Wuescht, Jugoslawien u. das Dritte Reich. Eine dokumentierte Geschichte der deutsch-jugoslawischen Beziehungen von 1933 bis 1945, Stuttgart 1969; J. Hoptner, Yugoslavia in Crisis 1934-1941, New York 1962; B. J. Wendt, England u. der deutsche »Drang nach Südosten«. Kapitalbeziehungen u. Warenverkehr in Südeuropa zwischen den Weltkriegen, in: Festschrift Fritz Fischer, Düsseldorf 1973, 483-512.
22 Allgemein zur Geschichte Spaniens: R. Carr, Spain 1808-1939, Oxford 1966; R. Konetzke, Die iberischen Staaten von 1875 bis zum I. Weltkrieg, in: Schieder Hg., Handbuch, Bd. 6, 503-39; ders., Die iberischen Staaten vom Ende des I. Weltkrieges bis zur Ära der autoritären Regime 1917-1960, in: ebd., Bd. 7, 651-98.
23 Zur Sozial- und Wirtschaftsgeschichte: E. E. Malefakis, Agrarian Reform and Peasant Revolution in Spain. Origins of the Civil War, New Haven 1970.

24 Zur Entwicklung des Parteiensystems: D. Nohlen, Spanischer Parlamentarismus im 19. Jahrhundert, Meisenheim 1970.
25 Zur Rolle der Armee: St. G. Payne, Politics and the Military in Modern Spain, Stanford 1967.
26 Zur spanischen Linken: P. Broué u. É. Témime, Revolution und Krieg in Spanien, Frankfurt 1968; St. G. Payne, The Spanish Revolution, New York 1970; E. E. Malefakis, The Parties of the Left and the Second Republic, in: R. Carr Hg., The Republic and the Civil War in Spain, London 1971.
27 Zur Geschichte der spanischen Republik: Broué u. Témime; Carr Hg., Republic; G. Jackson, The Spanish and the Civil War 1931-1939, Princeton 1965; R. A. H. Robinson, The Origins of Franco's Spain. The Right, the Republic and the Revolution, 1931-1936, Newton Abbot 1970.
28 Zur Geschichte der faschistischen Bewegungen in Spanien: St. G. Payne, Falange. A History of Spanish Fascism, Stanford 1962[2]; B. Nellessen, Die verbotene Revolution. Aufstieg und Niedergang der Falange, Hamburg 1963; H. Thomas, Der Held im leeren Raum, in: Laqueur u. Mosse Hg., 240-52; Thamer u. Wippermann, 22-54.
29 Dazu jetzt: St. G. Payne, Social Composition and Regional Strength of the Spanish Falange, in: Larsen u. a. Hg., Who were the Fascists, 423-34.
30 Zum Bürgerkrieg: Broué u. Témime; Jackson, Republic; Carr Hg., Republic; H. Thomas, Der Spanische Bürgerkrieg, Frankfurt 1964; W. Schieder u. C. Dipper Hg., Der Spanische Bürgerkrieg in der internationalen Politik (1936-1939), München 1976.
31 Zur Politik und den Zielsetzungen des Dritten Reiches: M. Merkes, Die deutsche Politik im spanischen Bürgerkrieg 1936-1939, Bonn 1969[2]; M. Einhorn, Die ökonomischen Hintergründe der faschistischen deutschen Intervention in Spanien 1936-1939, Berlin 1962; H.-H. Abendroth, Hitler in der spanischen Arena. Die deutsch-spanischen Beziehungen im Spannungsfeld der europäischen Interessenpolitik vom Ausbruch des Bürgerkrieges bis zum Ausbruch des Weltkrieges 1936-1939, Paderborn 1973; Schieder u. Dipper Hg., Bürgerkrieg. Zur weiteren Entwicklung der deutsch-spanischen Beziehungen: D. S. Detwiler, Hitler, Franco u. Gibraltar. Die Frage des spanischen Eintritts in den Zweiten Weltkrieg, Wiesbaden 1962; K.-J. Ruhl, Spanien im Zweiten Weltkrieg. Franco, die Falange u. das ›Dritte Reich‹, Hamburg 1975.
32 Zur weiteren Geschichte der francistischen Staatspartei: J. J. Linz, The Party System of Spain. Past and Future, in: S. M. Lipset u. St. Rokkan Hg., Party Systems and Voter Alignments: Cross-National Perspectives, London 1967, 197-282; ders., From Falange to Movimiento-Organización: The Spanish Single Party and the Franco Regime, in: S.

P. Huntington u. C. H. Moore Hg., Authoritarian Politics in Modern Society. The Dynamics of Established One-Party Systems, New York 1970, 128-203; K. v. Beyme, Vom Faschismus zur Entwicklungsdiktatur – Machtelite u. Opposition in Spanien, München 1971; M. Gallo, Histoire de l'Espagne franquiste, Paris 1969; J. Georgel, Le Franquisme. Histoire et bilan. 1939-1969, Paris 1970; W. Haubrich u. C. R. Moser, Francos Erben. Spanien auf dem Weg in die Gegenwart, Köln 1976.

33 Dazu mit weiterführenden Literaturhinweisen: Wippermann, Bonapartismustheorie, 201 ff. u. 41 ff.; K. Hammer u. P. C. Hartmann Hg., Der Bonapartismus. Historisches Phänomen u. politischer Mythos, München 1977; A. Rouquié, L'Hypothèse »bonapartiste« et l'Emergence des Systèmes semi-compétitifs, in: Revue française de Science politique 25. 1975, 1077-111.

34 Zum Bonapartismus und Boulangismus in Frankreich: Th. Zeldin, France 1848-1945, I, Oxford 1973; A. Dansette, Le Boulangisme, Paris 1946; J. Néré, Le Boulangisme et la Presse, Paris 1964. Zur Bewertung von Marx und Engels: Wippermann, Bonapartismustheorie, 41-86.

35 Zu diesen ideologischen und politischen Vorläufern des Faschismus in Frankreich: R. Rémond, La Droite en France de la Première Réstauration á la Ve République, Paris 1963, 172 ff.; Z. Sternhell, Maurice Barrès et le nationalisme français, Paris 1972; Nolte, Faschismus, 90-183; E. Weber, Action Française. Royalism and Reaction in Twentieth-Century France, Stanford 1962; R. Soucy, Fascism in France. The Case of Maurice Barrès, Berkeley 1972.

36 Zur Sozial- und Wirtschaftsgeschichte: R. F. Kuisel, The Social-economic Modernization of France in the 20th Century, Berkeley 1968; Maier, Bourgeois Europe; K. J. Müller, French Fascism and Modernization, in: JCH 11. 1976, 75-107; A. Sauvy, Histoire économique de la France entre les deux guerres, 2 Bde, Paris 1967.

37 Zur Geschichte der Dritten Republik: J.-P. Azéma u. M. Winock, La Troisième République 1870-1940, Paris 1970; Ph. Bernard, La Fin d'un monde 1914-1929, Paris 1975; H. Dubief, Le Déclin de la Troisième République. 1929-1938, Paris 1976; Ch. Bloch, Die Dritte Französische Republik. Entwicklung u. Kampf einer parlamentarischen Demokratie, Stuttgart 1972; R. v. Albertini, Freiheit u. Demokratie in Frankreich, Freiburg 1957; ders., Frankreich vom Frieden von Versailles bis zum Ende der Vierten Republik 1919-1958, in: Schieder Hg., Handbuch, Bd. 7, 438-80. Zur Volksfront: L. Bodin u. J. Touchard, Front Populaire 1936, Paris 1972².

38 Überblicksdarstellungen der Geschichte der Faschismen in Frankreich: Rémond, La Droite, 224 ff.; J. Plumyène u. R. Lasierra, Les Fascismes Françaises 1923-1963, Paris 1963; E. Weber, Varieties, 139-43; ders., Nationalism, Socialism and National-Socialism in France, in:

French Historical Studies 2. 1962, 271-307; Nolte, Faschismus, 90-183; R. Soucy, Das Wesen des Faschismus in Frankreich, in: Laqueur u. Mosse Hg., 46-85; Thamer u. Wippermann, 120-55; Z. Sternhell, Strands of French Fascism, in: Larsen u. a. Hg., Who were the Fascists, 479-500.

39 Zu Valois ferner: Y. Guchet, G. Valois ou l'illusion fasciste, in: Revue française de Science politique 15. 1969, 1111-44; Z. Sternhell, Anatomie d'un mouvement fasciste en France: Le Faisceau de G. Valois, in: Revue française de Science politique 26. 1976, 5-40; J. Levey, G. Valois and the Faisceau, in: French Historical Studies 8. 1973, 279-300.

40 Zu den »Jeunesses Patriotes« und den »Croix de Feux« vor allem: Plumyène u. Lasierra, Fascismes françaises, 28-81; Ph. Machefer, Ligues et fascismes en France 1919-1939, Paris 1974, 9-24.

41 Vgl. zum folgenden die in Anm. 36 zitierte Literatur.

42 Vgl. dazu: Plumyène u. Lasierra, Fascismes françaises, 45-65; Sternhell, Strands, 490 f.; R. Soucy, French Fascism as Class Conciliation and Moral Regeneration, in: Societas, Review of Social History 1. 1971, 291 ff.

43 Zu Doriot: D. Wolf, Die Doriot-Bewegung. Ein Beitrag zur Geschichte des französischen Faschismus, Stuttgart 1967; G. D. Allardyce, Die politische Wandlung des J. Doriot, in: Laqueur u. Mosse Hg., 86-110; ders., Jacques Doriot et l'esprit fasciste en France, in: Revue d'histoire de la deuxième guerre mondiale 1975, 31-44; J.-P. Brunet, Réflexion sur la scission de Doriot, in: Mouvement Social 70. 1970, 43-64.

44 A. Pfeil, Die französische Kriegsgeneration u. der Faschismus. P. Drieu la Rochelle als politischer Schriftsteller, München 1971; A. Hamilton, The Appeal of Fascism. A Study of Intellectuals and Fascism. 1918 to 1945, London 1971; T. Kunnas, Drieu la Rochelle, Céline, Brasillach et la tentation fasciste, Paris 1972.

45 Zum Pétain-Regime: R. Paxton, Vichy France. Old Guard and New Order 1940-1944, London 1972; H. Michel, Pétain, Laval, Darlan – trois politiques? Paris 1972; Rémond, La Droite, 245-51; A. Siegfried, Le Vichy de Pétain, le Vichy de Laval, in: Revue française de Science politique 6. 1956, 737-49; S. Hoffmann, Aspects du Regime de Vichy, in: ebd., 6. 1956, 44-69; R. Bourderon, Le Régime de Vichy était-il fasciste? in: Revue d'histoire de la deuxième guerre mondiale 23. 1973, 23-45.

Kapitel 5

1 Zur englischen Sozial- und Wirtschaftsgeschichte der Zwischenkriegszeit: J. Hobsbawm, Britische Wirtschaftsgeschichte, Bd. 2, Frankfurt 1969; D. H. Aldcroft, The Interwar Economy of Britain 1919-1939, London 1970; B. W. E. Alford, Depression and Recovery. British Economic Growth 1918-1939, London 1972.

2 Allgemein zur englischen Geschichte der Zwischenkriegszeit: A. H. P. Taylor, English History 1914-1945, London 1966²; Ch. L. Mowat, Britain between the Wars 1918-1940, London 1968².

3 Zur Geschichte der faschistischen Bewegungen in England: C. Cross, The Fascists in Britain, London 1961; Nolte, Krise, 297-387; A. Benewick, The Fascist Movement in Britain, London 1972; W. F. Mandle, Anti-Semitism and the British Union of Fascists, London 1968; N. Nugent u. R. King Hg., The British Right. Conservative und Right Wing Politics in Britain, London 1977; J. D. Brewer, The British Union of Fascists: Some tentative Conclusions on its Membership, in: Larsen u. a. Hg., Who were the Fascists, 542-56.

4 Zur Geschichte Finnlands: E. Jutikkala u. K. Pirinen, Geschichte Finnlands, Stuttgart 1976², 341 ff.; J. H. Wuorinen, A History of Finland, London 1965, 202 ff.; E. Jutikkala, Finnland von der Erringung der Selbständigkeit bis zur Neuorientierung nach dem II. Weltkrieg 1918-1966, in: Schieder Hg., Handbuch, Bd. 7, 1018-106.

5 Dazu: E. Alapuro, Students and National Politics: A Comparative Study of the Finnish Student Movement in the Interwar Period, in: Scandinavian Political Studies 8. 1973, 128 ff.

6 Zur Lapua-Bewegung und zur »Vaterländischen Front« (IKL): Nolte, Krise, 237-41; M. Rintala, Three Generations: The Extreme Right Wing in Finnish Politics, Bloomington 1962; ders., An Image of European Politics. The People's Patriotic Movement, in: Journal of Central European Affairs 21. 1963, 308-16; R. Alapuro, Mass Support for Fascism in Finland, in: Larsen u. a. Hg., Who were the Fascists, 678-86; R. E. Heinonen, From People's Movement to Minor Party: The People's Patriotic Movement (IKL) in Finland 1932-1944, in: ebd., 687-701.

7 Allgemein zur belgischen Geschichte der Zwischenkriegszeit: H. Pirenne, Histoire de Belgique, Bd. 4, Brüssel 1952; J. Willequet, La Politique intérieure de 1926 à 1965, in: Histoire de la Belgique contemporaine 1914-1970, Brüssel 1975; F. Petri, Belgien, Niederlande, Luxemburg vom Ende des I. Weltkrieges bis zur Politik der europäischen Integration 1918-1970, in: Schieder Hg., Handbuch, Bd. 8, 699-728, bes. 705-07.

8 Zum flämischen und wallonischen Nationalismus und Faschismus: J. Stengers, Belgium, in: Rogger u. Weber Hg., European Right, 128-66;

Nolte, Krise, 272-75; R. Baes, Joris van Severen. Une âme, Brüssel 1965; J. Willequet, Les fascismes belgiques et la Seconde Guerre mondiale, in: Revue d'historique de la deuxième guerre mondiale 17. 1967, 85-109; J.-M. Étienne, Le mouvement Rexistes jusqu'en 1940, Paris 1968; L. Schepens, Fascists and Nationalists in Belgium 1919-1940, in: Larsen u. a. Hg., Who were the Fascists, 501-16; D. Wallef, The Composition of Christus Rex, in: ebd., 517-23.

9 Allgemein zur Geschichte Hollands: Petri, Belgien, Niederlande, 708-11; G. Geismann, Politische Struktur u. Regierungssystem in den Niederlanden, Frankfurt 1964; A. Lijphart, The Politics of Accomodation, Pluralism and Democracy in the Netherlands, Berkeley 1969.

10 Zur Geschichte der NSB: Nolte, Krise, 276-78; H. v. d. Wusten u. E. Smit, Dynamics of the Dutch National Socialist Movement (the NSB): 1931-1935, in: Larsen u. a. Hg., Who were the Fascists, 524-41 (mit Hinweisen auf Regionalstudien); A. A. de Jong, Het nationaalocialisme in Nederland. Voorgeschiedenis, ontstaan, ontwikkling, Den Haag 1968; G. A. Krooy, Het échec van een ›volkse‹ bewegung. Nazificatie en dénazificatie in Nederland 1931-1945, Assen 1964.

11 Zur Geschichte der DNSAP: H. Poulsen u. M. Djursaa, Social Bases of Nazism in Denmark: The DNSAP, in: Larsen u. a. Hg., Who were the Fascists, 702-13; M. Djursaa, DNSAP. Danske Nazister 1930-1945, Kopenhagen 1979; H. Poulsen, Besaettelsmagten og de danske nazister, Kopenhagen 1970.

12 Zur Geschichte der faschistischen Bewegungen in Schweden: E. Wärenstam, Fascismen och Nazismen i Sverige, Stockholm 1972; O. W. Tschernischewa, Faschistische Strömungen und Organisationen in Schweden bis zum Ende des Zweiten Weltkrieges, in: Nord-Europastudien. Wissenschaftliche Zeitschrift der Ernst Moritz Arndt-Universität 7. 1974, 41-59; B. Hagtvet, On the Fringe: Swedish Fascism 1920-1945, in: Larsen u. a. Hg., Who were the Fascists, 715-22.

13 Allgemein zur Geschichte der Schweiz: H. v. Greyerz, Der Bundesstaat seit 1848, in: Handbuch der Schweizer Geschichte, II, Zürich 1980², 1019-246; E. Bonjour, Geschichte der schweizerischen Neutralität, Bde. 3-6, Basel 1967-70; E. Gruner, Die Parteien in der Schweiz, Bern 1977². Zur Geschichte der Fronten: W. Wolf, Faschismus in der Schweiz. Die Geschichte der Frontenbewegung in der deutschen Schweiz, 1930-1945, Zürich 1969; B. Glaus, Die Nationale Front. Eine Schweizer faschistische Bewegung 1930-1940, Zürich 1969; K.-D. Zöberlein, Die Anfänge des deutsch-schweizerischen Frontismus, Meisenheim 1970; B. Glaus, The National Front in Switzerland, in: Larsen u. a. Hg., Who were the Fascists, 467-78.

14 Zur »Nasjonal Samling«: H. O. Brevig, NS – fra parti til sekt 1933-1937, Oslo 1969; H.-D. Loock, Quisling, Terboven und Rosenberg, Stuttgart 1970; P. M. Hayes, Quisling: The Career and Political Ideas

of V. Quisling 1887-1945, London 1971; S. U. Larsen, The Social Foundation of Norwegian Fascism 1933-1945. An Analysis of Membership Data, in: Larsen u. a. Hg. Who were the Fascists, 595-620 (mit Hinweisen auf Lokal- und Regionalstudien); J. P. Myklebust u. B. Hagtvet, Regional Contrasts in the Membership Base of the Nasjonal Samling. A Study of the Political Ecology of Norwegian Fascism 1933-1945, in: ebd., 621-50; H. Hendriksen, Agrarian Fascism in Eastern and Western Norway: A Comparison, in: ebd., 651-56; S. S. Nilson, Who voted for Quisling? in: ebd., 657-66; H.-D. Loock, Support for Nasjonal Samling in the Thirties, in: ebd., 667-77.

15 Zur »Slowakischen Volkspartei« und zum Tiso-Regime: Y. Jelinek, Hlinka's Slovak People's Party 1933-45, Bloomington 1966; ders., Clergy and Fascism: The Hlinka Party in Slovakia and the Croatian Ustasha Movement, in: Larsen u. a. Hg., Who were the Fascists, 367-78. Allgemein zur Geschichte der Tschechoslowakei: J. Hoensch, Geschichte der Tschechoslowakischen Republik 1918 bis 1965, Stuttgart 1978[2]; H. Dress, Slowakei u. die faschistische Neuordnung Europas, Berlin 1972; G. Rhode, Die Tschechoslowakei von der Unabhängigkeitserklärung bis zum »Prager Frühling« 1918-1968, in: Schieder Hg., Handbuch, Bd. 7, S. 920-77, bes. 922-44.

16 Allgemein zur polnischen Geschichte der Zwischenkriegszeit: H. Roos, Geschichte der polnischen Nation 1916-1960, Stuttgart 1964[2]; G. Rhode, Geschichte Polens, Darmstadt 1979[3]; E. D. Wynot, Polish Politics in Transition. The Camp of National Unity and the Struggle of Power 1935-1939, Athens 1974; N. Davies, God's Playground. A History of Poland, Bd. 2, Oxford 1981. Zu den nationalistischen Strömungen: F. Golczewski, Das Deutschlandbild der Polen 1918-1939, Düsseldorf 1974. Zum Problem des Faschismus: H. Wereszycki, Fascism and Poland, in: Sugar Hg., Fascism, 85-91; P. S. Wandycz, Fascism in Poland, in: ebd. 92-98. Zum polnischen Widerstand gegen die deutsche Besatzung: M. Broszat, Nationalsozialistische Polenpolitik, Stuttgart 1961; Ch. Kleßmann, Die Selbstbehauptung einer Nation. Nationalsozialistische Kulturpolitik u. polnische Widerstandsbewegung im Generalgouvernement (1939-1945), Düsseldorf 1971.

17 Allgemein zur Geschichte der baltischen Republiken: M. Hellmann, Grundzüge der Geschichte Litauens, Darmstadt 1966; G. v. Rauch, Geschichte der baltischen Staaten, Stuttgart 1970; J. v. Hehn, Lettland zwischen Demokratie und Diktatur, München 1957; G. v. Rauch, Zur Krise des Parlamentarismus in Estland und Lettland in den 30er Jahren, in: H.-E. Volkmann Hg., Die Krise des Parlamentarismus in Ostmitteleuropa, Marburg 1967; G. Rhode, Litauen vom Kampf um seine Unabhängigkeit bis zur Gründung der Sowjetrepublik 1917-1944, in: Schieder Hg., Handbuch, Bd. 7, 1062-79; A. v. Taube, Estland und Lettland als selbständige Republiken u. als Unionsrepubliken der

UdSSR 1918-1970, in: ebd., 1107-33. Zur Frage des Faschismus: Nolte, Krise, 233-36.
18 G. Rhode, Bulgarien 1918-1968, in: Schieder Hg., Handbuch, Bd. 7, 1241-68.
19 Ph. C. Schmitter, The Social Origins, Economic Bases and Political Imperatives of Authoritarian Rule in Portugal, in: Larsen u. a. Hg., Who were the Fascists, 435-66.

Kapitel 6

1 D. Horster u. M. Nikolinakos Hg., Ist die Epoche des Faschismus beendet?, Frankfurt 1971; E. Nolte, Marxismus, Faschismus, Kalter Krieg. Vorträge u. Aufsätze 1964-1976, Stuttgart 1977, 193-208. Zum Neofaschismus allgemein der – unzuverlässige – Überblick von: A. Del Boca u. M. Giovana, Fascism Today. A World Survey, London 1970; A. J. Joes, Fascism in the Contemporary World, Boulder 1978.
2 P. Bakojannis, Militärherrschaft in Griechenland. Eine Analyse zu Parakapitalismus u. Spätfaschismus, Stuttgart 1972; M. Nikolinakos, Widerstand u. Opposition in Griechenland, Darmstadt 1974.
3 Dazu: Wippermann, Faschismustheorien, 1 ff. u. 49 ff; Bracher, Kontroversen, 13-32; H. A. Winkler, Revolution, Staat, Faschismus. Zur Revision des Historischen Materialismus, Göttingen 1978, 65-117.
4 Wippermann, German Left, 185 ff.; ders., Antifaschismus.
5 J. Fürstenau, Entnazifizierung. Ein Kapitel deutscher Nachkriegspolitik, Neuwied 1969; L. Niethammer, Entnazifizierung in Bayern. Säuberung u. Rehabilitierung unter amerikanischer Besatzung, Frankfurt 1972; ders. u. a. Hg., Arbeiterinitiative 1945, Wuppertal 1976.
6 R. Henkys, Die nationalsozialistischen Gewaltverbrechen. Geschichte u. Gericht, Stuttgart 1965^2; A. Rückerl, Die Strafverfolgung von NS-Verbrechen 1945-1978, Heidelberg 1979; P. Steinbach, Nationalsozialistische Gewaltverbrechen. Die Diskussion in der deutschen Öffentlichkeit nach 1945, Berlin 1981.
7 Zur DRP u. SRP: O. Büsch u. P. Furth, Rechtsradikalismus im Nachkriegsdeutschland, Berlin 1957; M. Jenke, Verschwörung von Rechts? Ein Beitrag über den Rechtsradikalismus in Deutschland nach 1945, Berlin 1961; H. W. Höffken u. M. Sattler, Rechtsextremismus in der Bundesrepublik Deutschland. Die »alte« u. die »neue« Rechte u. der Neonazismus, Hamburg 1979^2, 15 ff. Zur NPD: R. Kühnl u. a., Die NPD. Struktur, Ideologie u. Funktion einer neofaschistischen Partei, Frankfurt 1969; L. Niethammer, Angepaßter Faschismus. Politische Praxis der NPD, Frankfurt 1969; M. Rowold, Im Schatten der Macht, Düsseldorf 1974. Weitere Literaturhinweise in: R. Kühnl, Der Rechts-

radikalismus in der Bundesrepublik. Ein Literaturbericht, in: PVS 9. 1969, 423-42; K. P. Wallraven, Nationalismus und Rechtsradikalismus, in: NPL 14. 1969, 321-43.

8 Über die sog. ›neue Rechte‹: G. Bartsch, Revolution von Rechts? Ideologie u. Organisation der Neuen Rechten, Freiburg 1975; Höffken u. Sattler, Rechtsextremismus, 39 ff.

9 R. Stöß, Vom Nationalismus zum Umweltschutz. Die Deutsche Gemeinschaft/Aktionsgemeinschaft Unabhängiger Deutscher im Parteiensystem der Bundesrepublik, Opladen 1980.

10 J. Peters Hg., Neofaschismus. Die Rechten im Aufwind, Berlin 1979, 121-80.

11 R. Jungk, Der Atom-Staat. Vom Fortschritt in die Unmenschlichkeit, München 1977; H. Gruhl, Ein Planet wird geplündert, Frankfurt 1978.

12 H. M. Broder, Deutschland erwacht. Die neuen Nazis – Aktionen u. Provokationen, Bornhcim-Merten 1978; J. Pomorin u. R. Junge, Die Neonazis, Dortmund 1978; dies., Vorwärts, wir marschieren zurück. Die Neonazis, II, Dortmund 1979; G. Paul u. B. Schoßig Hg., Jugend u. Neofaschismus, Frankfurt 1979; Peters Hg., Neofaschismus; A. Meyer u. K.-K. Rabe, Unsere Stunde, die wird kommen, Bornheim-Merten 1979; W. Benz Hg., Rechtsradikalismus. Randerscheinung oder Renaissance, Frankfurt 1980; A. Winkler, Neofaschismus in der BRD. Erscheinungen, Hintergründe, Gefahren, Berlin 1980; P. Lersch Hg., Die verkannte Gefahr. Rechtsradikalismus in der Bundesrepublik, Reinbek 1981. Weitere Literaturhinweise bei: U. Backes, Der neue Rechtsextremismus in der Bundesrepublik Deutschland, in: NPL 27. 1982, 147-201.

13 S. Klein, Graue Wölfe im Schafspelz, in: Peters Hg., Neofaschismus, 231-34; Der Bundesminister des Inneren Hg., Betrifft: Verfassungsschutz '78, Bonn 1979; ders. Hg., Betrifft: Verfassungsschutz '80, Bonn 1981.

14 W. Habermehl, Sind die Deutschen faschistoid? Ergebnisse einer empirischen Untersuchung über die Verbreitung rechter und rechtsextremer Ideologien in der Bundesrepublik Deutschland, Hamburg 1979; 5 Millionen Deutsche: »Wir sollten wieder einen Führer haben . . .« Die SINUS-Studie über rechtsextremistische Einstellungen bei den Deutschen, Reinbek 1981; A. Silbermann, Sind wir Antisemiten? Ausmaß u. Wirkung eines sozialen Vorurteils in der Bundesrepublik Deutschland, Köln 1982.

15 E. Santarelli, Fascismo e neofascismo, Rom 1974; P. Rosenbaum, Neofaschismus in Italien, Frankfurt 1975.

16 Zum Neofaschismus in Frankreich: S. Hoffmann, Le Mouvement Poujade, Paris 1956; Plumyène u. Lasierra, Les Fascismes, 261 ff.

17 Zum Neofaschismus in England: M. Walker, The National Front,

Glasgow 1977; M. Fielding, The National Front, London 1980; M. Billig, Fascists. A Social Psychological View of the National Front, London 1978; F. Gress u. H.-G. Jaschke, Neuere Tendenzen der Faschismusanalyse im deutschen u. englischsprachigen Bereich. Ein Überblick, in: NPL 27. 1982, 20-47.

Kommentierte Auswahlbibliographie

Ayçoberry, P., La question nazie. Les interprétations du national-socialisme 1922-1975, Paris 1979.
(Überblick über die Interpretationsgeschichte des Nationalsozialismus.)

Bracher, K. D., Zeitgeschichtliche Kontroversen. Um Faschismus, Totalitarismus, Demokratie, München 1976.
(Scharfe Kritik an der Verwendbarkeit eines allgemeinen Faschismusbegriffes; plädiert für das Festhalten am Totalitarismus-Begriff.)

Carsten, F. L., Der Aufstieg des Faschismus in Europa, Frankfurt 1968. (engl. 1967)
(Behandelt Italien und Deutschland sowie – in sehr knapper Form – Finnland, Ungarn, Rumänien, Spanien, Belgien, England und Österreich.)

De Felice, R., Die Deutungen des Faschismus, Göttingen 1980. (ital. 1969)
(Überblick über die italienischen und einige Faschismustheorien aus dem internationalen Bereich.)

De Felice, R., Der Faschismus. Ein Interview von M. A. Ledeen, Stuttgart 1977. (ital. 1975)
(Kritik an der Verwendbarkeit eines allgemeinen Faschismusbegriffes, weil die Unterschiede zwischen dem italienischen Faschismus und dem Nationalsozialismus größer seien als die Gemeinsamkeiten.)

Eichholtz, D. u. Goßweiler, K. Hg., Faschismusforschung. Positionen, Probleme, Polemik, Berlin 1980.
(Die Beiträge dieses Sammelbandes behandeln fast ausschließlich den Nationalsozialismus. In der Einleitung wird jedoch betont, daß es notwendig sei, vergleichende Faschismusforschung zu betreiben.)

Fascism and Europe. An International Symposium, Prag 18.-29. August 1969, 2 Bde, Prag 1970.
(Das Buch enthält die Referate einer Tagung, an der Forscher aus West- und Osteuropa teilgenommen haben. Neben Beiträgen zu theoretischen Problemen der Faschismusforschung findet man auch Aufsätze zur Geschichte einiger faschistischer Bewegungen.)

Gregor, A. J., The Fascist Persuasion in Radical Politics, Princeton 1974.
(Gregor geht von einem sehr weitgefaßten Faschismusbegriff aus und behandelt neben den europäischen Faschismen der Zwischenkriegszeit auch die Befreiungsbewegungen der Dritten Welt.)

Kedward, H. R., Fascism in Western Europe 1900-1945, London 1973.
(Nach einer geistesgeschichtlichen Analyse der Vorläufer und der Ideologie des Faschismus bzw. Nationalsozialismus werden in sehr knapper Form die faschistischen Bewegungen und Regime in Italien, Deutschland, Frankreich, England, Belgien und Spanien geschildert.)

Kühnl, R., Faschismustheorien, Reinbek 1979.
(Überblick über einige, vornehmlich neuere Deutungen des Faschismus in Deutschland.)

Laqueur, W. u. Mosse, G. L. Hg., Internationaler Faschismus 1920-1945, München 1966. (engl. 1966)
(Sammelband mit Beiträgen zur Geschichte des Faschismus in Frankreich, Italien, Rumänien, Österreich, Norwegen und Spanien. Eine systematisierende Zusammenfassung fehlt.)

Laqueur, W. Hg., Fascism. A Reader's Guide. Analysis, Interpretations, Bibliography, London 1976.
(Umfangreicher Sammelband mit Beiträgen zu theoretischen und empirischen Problemen der Faschismusforschung.)

Larsen, St. U. u. a. Hg., Who were the Fascists. Social Roots of European Fascism, Bergen 1980.
(Der umfang- und materialreiche Sammelband enthält die Referate einer internationalen Tagung zur Faschismusproblematik. Im Mittelpunkt steht die Frage nach der sozialen Herkunft der Mitglieder der einzelnen faschistischen Parteien. Der Band enthält zumindest für einige Faschismen, insbesondere in Skandinavien, Österreich und Frankreich, eine gute Zusammenfassung des gegenwärtigen Forschungsstandes.)

Lubasz, H. Hg., Fascism: Three Major Regimes, New York 1973.
(Aufsatzsammlung zur Geschichte des Faschismus in Deutschland und Italien sowie in Japan. Die Einleitung ist unzureichend.)

Moore, B., Soziale Ursprünge von Diktatur und Demokratie. Die Rolle der Grundbesitzer und Bauern bei der Entstehung der modernen Welt. Frankfurt 1969. (engl.: 1966)
(Vergleichende Analyse des Überganges von der vormodernen zur modernen Industriegesellschaft in England, Frankreich, Deutschland und Japan sowie Rußland und China. In Deutschland und Japan habe der konservativ-reaktionäre Weg einer Revolution von oben zum Faschismus geführt.)

Nagy-Talavera, N. M., The Green Shirts and the Others. A History of Fascism in Hungary and Romania, Stanford 1970.

(Nagy-Talavera analysiert und vergleicht den Faschismus in Ungarn und Rumänien und gelangt zu einer Differenzierung zwischen einem konservativen Oberklassenfaschismus (Gömbös) und einem mehr sozialrevolutionär ausgerichteten Unterklassenfaschismus (Szalási u. Codreanu).

Nolte, E., Der Faschismus in seiner Epoche. Die Action française. Der italienische Faschismus. Der Nationalsozialismus, München 1963 u. ö.
(Ausgehend von einer Darstellung und geistesgeschichtlich orientierten Analyse der Action française, des italienischen Faschismus und des Nationalsozialismus wird eine globale »historisch-phänomenologische« Theorie des Faschismus entwickelt, die in direkter und indirekter Form einen prägenden Einfluß auf die internationale Faschismusforschung ausgeübt hat.)

Nolte, E., Die faschistischen Bewegungen. Die Krise des liberalen Systems u. die Entwicklung der Faschismen, München 1966; erw. Ausgabe: Die Krise des liberalen Systems und die faschistischen Bewegungen, München 1968.
(Die bis heute umfassendste vergleichende Analyse der Faschismen in Europa.)

Payne, St. G., Fascism. Comparison and Definition, Madison 1980.
(Payne greift die in letzter Zeit sehr kontrovers diskutierte Frage auf, ob man an einem generischen Faschismusbegriff festhalten kann, und beantwortet sie aufgrund von theoretischen und empirischen Argumenten mit einem – eingeschränkten – Ja.)

Poulantzas, N., Faschismus u. Diktatur. Die Kommunistische Internationale u. der Faschismus, München 1973. (frz. 1970)
(Deutung des Faschismus im kritisch-marxistischen Sinne als Ausnahmeform der kapitalistischen Herrschaft.)

Rogger, H. u. Weber, E. Hg., The European Right, Stanford 1965.
(Umfang- und materialreicher Sammelband mit Beiträgen zur Geschichte rechter und faschistischer Bewegungen und Regime in Europa.)

Saage, R., Faschismustheorien, München 1976.
(Auseinandersetzung mit neueren Forschungsergebnissen zur sozialen Basis und sozialen Funktion des Nationalsozialismus.)

Schieder, W., Faschismus, in: Sowjetsystem u. Demokratische Gesellschaft, Bd. 2, Freiburg 1968, 439-77.
(Knappe Übersicht über ›bürgerliche‹ und marxistische Faschismustheorien sowie über die Geschichte einiger Faschismen.)

Schieder, W. Hg., Faschismus als soziale Bewegung. Deutschland u. Italien im Vergleich, Hamburg 1976.

(Der Band enthält Referate des Braunschweiger Historikertages, in denen die soziale Basis und soziale Funktion des italienischen Faschismus und des Nationalsozialismus behandelt werden. Die Ergebnisse werden von W. Schieder in der Einleitung miteinander verglichen.)

Schüddekopf, O. E., Bis alles in Scherben fällt. Die Geschichte des Faschismus, Gütersloh o. J. (1974). (engl. 1973)
(Populärwissenschaftliche, bebilderte Darstellung des Faschismus in Deutschland, Italien und Spanien.)

Schulz, G., Faschismus – Nationalsozialismus. Versionen u. theoretische Kontroversen 1922-1972, Berlin 1974.
(Darstellung einiger, insbesondere zeitgenössischer Deutungen des Faschismus. Schulz kritisiert die Verwendung eines allgemeinen Faschismusbegriffes und plädiert für eine rein empirische Forschung.)

Sugar, P. Hg., Native Fascism in the Successor States 1918-1945, Santa Barbara 1971.
(Der Sammelband enthält Aufsätze zur Geschichte der faschistischen Bewegungen in Jugoslawien, Ungarn, Rumänien, Tschechoslowakei und Polen; eine wirklich vergleichende Zusammenfassung fehlt.)

Thamer, H.-U. u. Wippermann, W., Faschistische u. neofaschistische Bewegungen, Darmstadt 1977.
(Vergleichende Analyse der faschistischen Bewegungen in Spanien, Ungarn, Rumänien, Jugoslawien, Argentinien, Frankreich und Italien.)

Weber, E., Varieties of Fascism. Doctrines of Revolution in the 20th Century, London 1964.
(Knappe, mit einigen Dokumenten versehene Analyse der Faschismen in Deutschland, Italien, Ungarn, Rumänien, England, Spanien und Frankreich; erkennt dem Faschismus eine gewisse sozialrevolutionäre Komponente zu.)

Weiss, J., The Fascist Tradition. Political Right-Wing Extremism in Modern Europe, New York 1967.
(Knapper Überblick über die Ideologie des Faschismus und die Geschichte der Faschismen in Italien, Deutschland, Spanien, England und Ungarn.)

Wippermann, W., Faschismustheorien. Zum Stand der gegenwärtigen Diskussion, Darmstadt 1972/1980⁴.
(Überblick über die marxistischen Deutungen des Faschismus, sozialpsychologische Faschismustheorien, Totalitarismustheorien, die historisch-phänomenologische Faschismuskonzeption Noltes sowie über die Bedeutung der Modernisierungstheorien und der Auseinandersetzung um das Kontinuitätsproblem der deutschen Geschichte für die Faschismusforschung.)

Wippermann, W., Zur Analyse des Faschismus. Die sozialistischen u. kommunistischen Faschismustheorien 1921-1945, Frankfurt 1981.
(Darstellung der ›klassischen‹ marxistischen Faschismustheorien, die mit dem gegenwärtigen Forschungsstand konfrontiert und gleichzeitig als Quellen der Geschichte des Antifaschismus analysiert werden.)

Woolf, St. J. Hg., European Fascism, London 1968.
(Sammelband mit Beiträgen zur Geschichte der faschistischen Bewegungen und Regime in Europa.)

Woolf, St. J. Hg., The Nature of Fascism, London 1968.
(Sammelband mit Beiträgen zu theoretischen Problemen der Faschismusforschung, insbesondere zur sozialen Basis und sozialen Funktion des Nationalsozialismus und des italienischen Faschismus.)

Verzeichnis der Abkürzungen

ADGB	Allgemeiner Deutscher Gewerkschaftsbund
AHR	American Historical Review
ANR	Aktion Neue Rechte
AUD	Aktionsgemeinschaft Unabhängiger Deutscher
BUF	British Union of Fascists
CEDA	Confederación Española de Derechas Autónomas
CGT	Confédération Général du Travail
CNT	Confederación Nacional del Trabajo
DAF	Deutsche Arbeitsfront
DAP	Deutsche Arbeiterpartei
DNSAP	Deutsche Nationalsozialistische Arbeiterpartei
DNSAP	Danmarks Nationalsocialistiske Arbejder Parti
DNVP	Deutschnationale Volkspartei
DRP	Deutsche Rechtspartei
DRP	Deutsche Reichspartei
DSU	Deutsch-Soziale Union
EKKI	Exekutivkomitee der Kommunistischen Internationale
Gestapo	Geheime Staatspolizei
GG	Geschichte und Gesellschaft
GWU	Geschichte in Wissenschaft und Unterricht
HJ	Hitlerjugend
HZ	Historische Zeitschrift
IKL	Isänmaallinen Kansa Liike (= Vaterländische Volksbewegung)
ISK	Internationaler Sozialistischer Kampfbund
JCH	Journal of Contemporary History
JONS	Juntas de Ofensiva Nacional Sindicalista
Komintern	Kommunistische Internationale
KP	Kommunistische Partei
KPD	Kommunistische Partei Deutschlands
KPO	Kommunistische Partei – Opposition
KZ	Konzentrationslager
MEW	Marx-Engels-Werke
MHP	Milliyetçi Hareket Partisi (= Partei der nationalistischen Bewegung)
MSI	Movimento Sociale Italiano
NPL	Neue Politische Literatur
NS	Nationalsozialismus, nationalsozialistisch
NSB	Nationaal Socialistische Beweging
NSDAP	Nationalsozialistische Deutsche Arbeiterpartei
NSV	Nationalsozialistische Volkswohlfahrt

OAS	Organisation Armée Secrète
ONR	Obóz Narodowego-Radykalny (= National-Radikales Lager)
OZN	Obóz Zjednoszeni Narodowego (= Lager der Nationalen Einigung)
PNF	Partito Nazionale Fascista
POUM	Partido de Obrero de Unificación Marxista
PPF	Parti Populaire Français
SA	Sturmabteilung
SAP (D)	Sozialistische Arbeiterpartei (Deutschlands)
SD	Sicherheitsdienst
SED	Sozialistische Einheitspartei Deutschlands
Sopade	Sozialdemokratische Partei Deutschlands
SPD	Sozialdemokratische Partei Deutschlands
SRP	Sozialistische Reichspartei
SS	Schutzstaffel
UGT	Unión General de Trabajadores
UN	United Nations
Verdinaso	Verband van Dietsch Nationaal-Solidaristen
VfZ	Vierteljahreshefte für Zeitgeschichte
VNV	Vlaamsch Nationaal Verband
ZfG	Zeitschrift für Geschichtswissenschaft
ZK	Zentralkomitee

Neue Historische Bibliothek in der edition suhrkamp

Herausgegeben von Hans-Ulrich Wehler

Die ersten 6 Bände:

Werner Abelshauser, Wirtschaftsgeschichte der Bundesrepublik Deutschland
Dirk Blasius, Die Geschichte der politischen Kriminalität in Deutschland 1800–1980
Volker Hentschel, Geschichte der deutschen Sozialpolitik 1880–1980
Kurt Kluxen, Geschichte und Problematik des Parlamentarismus
Detlef Lehnert, Sozialdemokratie zwischen Protestbewegung und Regierungspartei 1848–1983
Wolfgang Wippermann, Europäischer Faschismus im Vergleich 1922–1982

Im Oktober 1983 erscheinen:

Peter Alter, Nationalismus
Michael Geyer, Deutsche Rüstungspolitik 1860–1980
Peter Marschalck, Bevölkerungsgeschichte Deutschlands im 19. und 20. Jahrhundert
Hans-Ulrich Wehler, Grundzüge der amerikanischen Außenpolitik 1750–1900

Die weiteren Titel der Neuen Historischen Bibliothek:

Klaus Bade, Europäischer Imperialismus
Helmut Berding, Antisemitismus 1870–1980
Volker R. Berghahn, Unternehmer und Politik in der Bundesrepublik 1949–1979
Gisela Bock, Internationale Frauenbewegung
Manfred Botzenhart, Deutschland 1789–1848

Rüdiger vom Bruch, Deutsche Universitäten 1734–1980
Horst Dippel, Die Amerikanische Revolution 1763–1787
Jens Flemming, Deutscher Konservatismus 1780–1980
Martin Greschat, Politischer Protestantismus
Dieter Grimm, Deutsche Verfassungsgeschichte 1803–1980
Heiner Haan, Die Krise des 17. Jahrhunderts
Wolfgang Hardtwig, Vereinswesen in Deutschland 1780–1980
Ernst Hinrichs, Die Französische Revolution 1789
Konrad H. Jarausch, Deutsche Studenten 1800–1980
Gotthard Jasper, Von der Auflösung der Weimarer Republik zum NS-Regime
Ulrich Kluge, Die deutsche Revolution 1918/1919
Margret Kraul, Das deutsche Gymnasium 1780–1980
Jürgen v. Kruedener, Deutsche Finanzpolitik 1871–1980
Dieter Langewiesche, Deutscher Liberalismus
Karl-Egon Lönne, Politischer Katholizismus
Michael Mitterauer, Sozialgeschichte der Jugend
Horst Möller, Deutsche Aufklärung 1740–1815
Josef Mooser, Sozialgeschichte der Bauern
Horst Müller-Link, Deutscher Militarismus 1700–1945
Heinz-Günther Reif, Sozialgeschichte des deutschen Adels
Jürgen Reulecke, Urbanisierung in Deutschland 1850–1980
Hanna Schissler, Geschichte des preußischen Junkertums
Klaus Schönhoven, Deutsche Gewerkschaften 1860–1980
Hans-Christoph Schröder, Die Englische Revolution 1640–1688
Reinhard Sieder, Geschichte der Familie
Wolfram Siemann, Die Revolution von 1848/49 in Deutschland
Dietrich Staritz, Geschichte der DDR 1949–1984
Dietrich Thränhardt, Geschichte der Bundesrepublik 1949–1984
Hans-Peter Ullmann, Deutsche Interessenverbände 1870–1980
Albert Wirz, Sklaverei und kapitalistisches Weltsystem
Peter-Christian Witt, Die deutsche Inflation 1914–1924
Bernd Wunder, Geschichte der deutschen Bürokratie
Heide Wunder, Bäuerliche Gesellschaft 1524–1789

edition suhrkamp. Neue Folge

1 Gertrud Leutenegger, Lebewohl, Gute Reise
2 Hans Georg Bulla, Weitergehen
3 Von nun an: Neue deutsche Erzähler. Hg. v. Hans-Ulrich Müller-Schwefe
4 Franz Böni, Hospiz
5 Bodo Kirchhoff, Body-Building
6 Thomas Bernhard, Die Billigesser
7 Sinclair, Der Fremde
8 Octavio Paz, Suche nach einer Mitte
9 Tove Ditlevsen, Sucht
10 Hoffnung auf Frühling. Moderne chinesische Erzählungen. Bd. 1: 1919-1949. Hg. v. Volker Klöpsch u. Roderich Ptak
Hundert Blumen. Moderne chinesische Erzählungen. Bd. 2: 1949-1979. Hg. v. Wolfgang Kubin
11 Paul Feyerabend, Erkenntnis für freie Menschen
12 Norbert Elias, Der bürgerliche Künstler in der höfischen Gesellschaft. Am Beispiel Mozart
13 Stanisław Lem, Dialoge
14 Leo Löwenthal, Mitmachen wollte ich nie
15 William G. Niederland, Folgen der Verfolgung: Das Überlebenden-Syndrom. Seelenmord
16 Politik der inneren Sicherheit. Hg. v. Erhard Blankenburg
17 Der gerechte Krieg. Christentum, Islam, Marxismus. Red.: Reiner Steinweg
18 Darcy Ribeiro, Unterentwicklung, Kultur und Zivilisation
19 Uwe Johnson, Begleitumstände. Frankfurter Vorlesungen
20 Walter Benjamin, Moskauer Tagebuch
21 Dieter Leisegang, Lauter letzte Worte
22 Renate Rubinstein, Nichts zu verlieren und dennoch Angst
23 Hanna Krall, Schneller als der liebe Gott
24 Roberto Calasso, Die geheime Geschichte des Senatspräsidenten Dr. Daniel Paul Schreber
25 Nicolaus Bornhorn, America oder Der Frühling der Dinge
26 Winfried Menninghaus, Paul Celan. Magie der Form
27 Claude Lévi-Strauss, Mythos und Bedeutung
28 Der Neger vom Dienst. Afrikanische Erzählungen. Hg. v. Rüdiger Jestel
29 Rainer Malkowski, Das weiße Schloß
30 Roland Barthes, Leçon/Lektion

31 Das kontrollierte Chaos. Die Krise der Abrüstung. Red.: Reiner Steinweg
32 Die Museen des Wahnsinns und die Zukunft der Psychiatrie. Hg. v. Manfred M. Wambach u. a.
33 Alejo Carpentier, Stegreif und Kunstgriffe
34 Ernst Kris/Otto Kurz, Die Legende vom Künstler
35 Horst Antes, Poggibonsi 1979–1980
36 Wolfgang Glöckler, Seitensprünge
37 Manfred Jendryschik, Die Ebene
38 Christian Meier, Die Ohnmacht des allmächtigen Dictators Caesar
39 Das Afrika der Afrikaner. Gesellschaft und Kultur Afrikas. Hg. v. Rüdiger Jestel
40 Aufklärung und literarische Öffentlichkeit. Hg. v. Chr. Bürger, P. Bürger, J. Schulte-Sasse
41 Dalton Trevisan, Ehekrieg
42 Logik des Herzens. Die soziale Dimension der Gefühle. Hg. v. Gerd Kahle
43 Hans-Georg Backhaus, Marx und die marxistische Orthodoxie
44 Versuchungen. Aufsätze zur Philosophie Paul Feyerabends. Hg. v. Hans Peter Duerr
45 Julio Cortázar, Reise um die Tage in 80 Welten
46 Ernst Bloch, Abschied von der Utopie?
47 Karl Marx, Enthüllungen zur Geschichte der Diplomatie im 18. Jahrhundert. Hg. v. Karl August Wittfogel
49 Thomas Brasch, Engel aus Eisen
50 Hans Mayer, Versuche über die Oper
51 Maxime Rodinson, Die Araber
52 Eduard Heimann, Soziale Theorie des Kapitalismus. Theorie der Sozialpolitik
53 Renato P. Arlati, Auf der Reise nach Rom
54 Lao She, Das Teehaus
55 Max Kaltenmark, Lao-tzu und der Taoismus
56 Unsere Bundeswehr? Zum 25jährigen Bestehen einer umstrittenen Institution. Red.: Reiner Steinweg
57 Michael Buselmeier, Der Untergang von Heidelberg
58 Karl Heinz Bohrer, Plötzlichkeit. Zum Augenblick des ästhetischen Scheins
59 Kim Chi Ha, Die gelbe Erde und andere Gedichte
60 Tankred Dorst, Mosch
61 Anselm Glück, Falschwissers Totenreden(t)
62 Dambudzo Marechera, Das Haus des Hungers

63 Soziale Unterstützung und chronische Krankheit. Hg. v. B. Badura
64 Octavio Paz, Der menschenfreundliche Menschenfresser
65 Adolf Muschg, Literatur als Therapie?
66 Hans Magnus Enzensberger, Die Furie des Verschwindens
67 Peter Weiss, Notizbücher 1971–1980. Zwei Bände
68 Versuchungen. Aufsätze zur Philosophie Paul Feyerabends. 2. Bd. Hg. v. Hans Peter Duerr
69 Thomas Bayrle, Rasterfahndung
70 Kevin Casey, Racheträume
71 Gerald Zschorsch, Glaubt bloß nicht, daß ich traurig bin
72 Boris Moshajew, Die Abenteuer des Fjodor Kuskin
73 André Leroi-Gourhan, Die Religionen der Vorgeschichte
74 Dieter Prokop, Medien-Wirkungen
75 Jürg Laederach, Fahles Ende kleiner Begierden
76 Tove Ditlevsen, Wilhelms Zimmer
77 Roland Barthes, Das Reich der Zeichen
78 Manfred Eisenbeis (Hg.), Ästhetik und Alltag
79 Reto Hänny, Zürich, Anfang September
80 Marguerite Duras/Michelle Porte, Die Orte der Marguerite Duras
81 Kindheit als Fiktion. Fünf Berichte
82 Anton Blok, Die Mafia in einem sizilianischen Dorf. 1860–1960
83 Eva-Maria Alves, Neigung zum Fluß
84 Chinua Achebe, Ein Mann des Volkes
85 Erving Goffman, Geschlecht und Werbung
86 Hans Platschek, Porträts mit Rahmen
87 Darcy Ribeiro, Die Brasilianer
88 Georg Lukács, Gelebtes Denken
89 Zur Dichotomisierung von hoher und niederer Literatur. Hg. v. Chr. Bürger, P. Bürger, J. Schulte-Sasse
90 Martin Walser, Selbstbewußtsein und Ironie. Frankfurter Vorlesungen
91 Claus Böhmler, Drehbuch mit Tonspur
92 Afrikanische Schriftsteller heute. Hg. v. Dagmar Heusler
93 Im Atem des Drachen. Moderne persische Erzählungen. Hg. v. Touradj Rahnema
94 Franz Xaver Kroetz, Nicht Fisch nicht Fleisch. Verfassungsfeinde. Jumbo-Track. Drei Stücke
95 Ursula Hochstätter, Kalt muß es sein schon lang
96 Wassili Afonin, Im Moor

97 Hilfe + Handel = Frieden? Die Bundesrepublik in der Dritten Welt. Red.: Reiner Steinweg
 98 Samuel Beckett, Flötentöne
 99 Peter Sloterdijk, Kritik der zynischen Vernunft
100 James Joyce, Ulysses
101 Errungenschaften. Eine Kasuistik. Hg. v. Michael Rutschky
102 Der große Rausch. Türkische Erzähler der Gegenwart. Hg. v. Yüksel Pazarkaya
103 Bernhard Luginbühl, Die kleine explosive Küche
104 Hugh Kenner, Ulysses
105 Hans Wollschläger liest »Ulysses«
106 James Joyce, Penelope. Das letzte Kapitel des ›Ulysses‹. Engl./Dt.
107 Fragment und Totalität. Hg. v. Christiaan L. Hart Nibbrig und Lucien Dällenbach
108 Gabriel Jackson, Annäherung an Spanien 1898–1975
109 Thomas McKeown, Die Bedeutung der Medizin. Traum, Wahn oder Nemesis?
110 Uwe Kolbe, Hineingeboren. Gedichte 1975–1979
111 Ngugi wa Thiong'o, Verborgene Schicksale
112 José Lezama Lima, Die Ausdruckswelten Amerikas
113 Signatur G. L.: Gustav Landauer im »Sozialist«. Hg. v. Ruth Link-Salinger (Hyman)
114 Michael Brodsky, Der Tatbestand und seine Hülle
115 Ulla Pruss-Kaddatz, Wortergreifung. Zur Entstehung einer Arbeiterkultur in Frankreich
116 Jean-Paul Aron / Roger Kempf, Der sittliche Verfall
117 Gerald Zschorsch, Der Duft der anderen Haut
118 George Tabori, Unterammergau oder Die guten Deutschen
119 Samuel Beckett, Mal vu, mal dit / Schlecht gesehen, Schlecht gesagt. Frz./Dt.
120 Vivian Mercier, Beckett/Beckett
121 Thomas A. Sebeok, Jean Umiker-Sebeok, »Du kennst meine Methode«
122 Von der Verantwortung des Wissens. Hg. v. Paul Good
123 Karin Struck, Kindheits Ende. Journal einer Krise
124 Wladimir Tendrjakow, Sechzig Kerzen
125 Dieter Henrich, Fixpunkte der Kunst
126 Roland Barthes, Die Rauheit der Stimme. Interviews 1962–1980
127 Einar Schleef, Die Bande
128 Takeo Doi, Amae – Freiheit in Geborgenheit

129 Blick übers Meer. Hg. v. Helmut Martin, Charlotte Dunsing, Wolf Baus
130 Wie die Wahrheit zur Fabel wurde. Nietzsches Umwertung von Kultur und Subjekt. Hg. v. Philipp Rippel
131 Josef Esser, Gewerkschaften in der Krise
132 Die Wiederkehr des Körpers. Hg. v. Dietmar Kamper u. Christoph Wulf
133 Richard Saage, Der starke Staat?
134 Dieter Senghaas, Von Europa lernen
135 Peter Weiss, Notizbücher 1960–1970. Zwei Bände
136 Marin Sorescu, Abendrot Nr. 15
137 Joachim Veil, Die Wiederkehr des Bumerangs
138 Chinua Achebe, Okonkwo oder das Alte stürzt
139 Robert Pinget, Apokryph
140 Julio Cortázar, Ultimo Round
141 Faszination durch Gewalt. Politische Strategie und Alltagserfahrung. Red.: Reiner Steinweg
142 Manfred Frank, Der kommende Gott
143 Die neue Friedensbewegung. Red.: Reiner Steinweg

edition suhrkamp. Neue Folge

Achebe, Ein Mann des
Volkes 84
Achebe, Okonkwo oder das
Alte stürzt 138
Afonin, Im Moor 96
Alves, Neigung zum Fluß 83
Antes, Poggibonsi 1979–1980
35
Arlati, Auf der Reise nach
Rom 53
Aron/Kempf, Der sittliche
Verfall 116
Backhaus, Marx und die
marxistische Orthodoxie 43
Badura (Hg.), Soziale Unter-
stützung und chronische
Krankheit 63
Barthes, Das Reich der
Zeichen 77
Barthes, Die Rauheit der
Stimme. Interviews
1962–1980 126
Barthes, Leçon/Lektion 30
Bayrle, Rasterfahndung 69
Beckett, Flötentöne 98
Beckett, Mal vu, mal dit /
Schlecht gesehen, Schlecht
gesagt 119
Benjamin, Moskauer Tagebuch
20
Bernhard, Die Billigesser 6
Blankenburg (Hg.), Politik
der inneren Sicherheit 16
Bloch, Abschied von der
Utopie? 46
Blok, Die Mafia in einem
sizilianischen Dorf
1860–1960 82
Böhmler, Drehbuch mit
Tonspur 91

Böni, Hospiz 4
Bohrer, Plötzlichkeit. Zum
Augenblick des ästhetischen
Scheins 58
Bornhorn, America oder Der
Frühling der Dinge 25
Brasch, Engel aus Eisen 49
Brodsky, Der Tatbestand und
seine Hülle 114
Bürger/Bürger/Schulte-Sasse
(Hg.), Aufklärung und
literarische Öffentlichkeit 40
Bürger/Bürger/Schulte-Sasse
(Hg.), Zur Dichotomisie-
rung von hoher und
niederer Literatur 89
Bulla, Weitergehen 2
Buselmeier, Der Untergang
von Heidelberg 57
Calasso, Die geheime
Geschichte des Senats-
präsidenten Dr. Daniel
Paul Schreber 24
Carpentier, Stegreif und
Kunstgriffe 33
Casey, Racheträume 70
Chi Ha, Die gelbe Erde und
andere Gedichte 59
Cortázar, Reise um die Tage
in 80 Welten 45
Cortázar, Ultimo Round 140
Ditlevsen, Sucht 9
Ditlevsen, Wilhelms Zimmer
76
Doi, Amae – Freiheit in
Geborgenheit 128
Dorst, Mosch 60
Duerr (Hg.), Versuchungen.
Aufsätze zur Philosophie
Paul Feyerabends 44

Duerr (Hg.), Versuchungen.
Aufsätze zur Philosophie
Paul Feyerabends.
2. Bd. 68
Duras/Porte, Die Orte der
Marguerite Duras 80
Eisenbeis (Hg.), Ästhetik und
Alltag 78
Elias, Der bürgerliche
Künstler in der höfischen
Gesellschaft 12
Enzensberger, Die Furie des
Verschwindens 66
Esser, Gewerkschaften in der
Krise 131
Feyerabend, Erkenntnis für
freie Menschen 11
Frank, Der kommende Gott
142
Glöckler, Seitensprünge 36
Glück, Falschwissers
Totenreden(t) 61
Goffman, Geschlecht und
Werbung 85
Good (Hg.), Von der
Verantwortung des Wissens
122
Hänny, Zürich, Anfang
September 79
Hart Nibbrig/Dällenbach
(Hg.), Fragment und
Totalität 107
Heimann, Soziale Theorie des
Kapitalismus. Theorie der
Sozialpolitik 52
Henrich, Fixpunkte der Kunst
125
Heusler (Hg.), Afrikanische
Schriftsteller heute 92
Hochstätter, Kalt muß es sein
schon lang 95
Jackson, Annäherung an
Spanien 1898–1975 108

Jendryschik, Die Ebene 37
Jestel (Hg.), Das Afrika der
Afrikaner. Gesellschaft und
Kultur Afrikas 39
Jestel (Hg.), Der Neger vom
Dienst. Afrikanische
Erzählungen 28
Johnson, Begleitumstände.
Frankfurter Vorlesungen 19
Joyce, Penelope. Das letzte
Kapitel des ›Ulysses‹ 106
Joyce, Ulysses 100
Kahle (Hg.), Logik des Her-
zens. Die soziale Dimension
der Gefühle 42
Kaltenmark, Lao-tzu und der
Taoismus 55
Kamper/Wulf (Hg.), Die
Wiederkehr des Körpers
132
Kenner, Ulysses 104
Kirchhoff, Body-Building 5
Klöpsch/Ptak (Hg.), Hoffnung
auf Frühling. Moderne
chinesische Erzählungen I 10
Köhler u. a., Kindheit als
Fiktion. Fünf Berichte 81
Kolbe, Hineingeboren.
Gedichte 1975–1979 110
Krall, Schneller als der liebe
Gott 23
Kris/Kurz, Die Legende vom
Künstler 34
Kroetz, Nicht Fisch nicht
Fleisch. Verfassungsfeinde.
Jumbo-Track. Drei
Stücke 94
Kubin (Hg.), Hundert Blu-
men. Moderne chinesische
Erzählungen II 10
Laederach, Fahles Ende
kleiner Begierden 75
Lao She, Das Teehaus 54

Leisegang, Lauter letzte
  Worte 21
Lem, Dialoge 13
Leroi-Gourhan, Die Religionen der Vorgeschichte 73
Leutenegger, Lebewohl,
  Gute Reise 1
Lévi-Strauss, Mythos und
  Bedeutung 27
Lezama Lima, Die Ausdruckswelten Amerikas 112
Link-Salinger (Hyman) (Hg.),
  Signatur G. L.: Gustav
  Landauer im »Sozialist«
  113
Löwenthal, Mitmachen wollte
  ich nie. Ein autobiographisches Gespräch 14
Luginbühl, Die kleine
  explosive Küche 103
Lukács, Gelebtes Denken 88
Malkowski, Das weiße Schloß
  29
Marechera, Das Haus des
  Hungers 62
Martin/Dunsing/Baus (Hg.),
  Blick übers Meer 129
Marx, Enthüllungen zur
  Geschichte der Diplomatie
  im 18. Jahrhundert 47
Mayer, Versuche über die
  Oper 50
McKeown, Die Bedeutung der
  Medizin. Traum, Wahn
  oder Nemesis? 109
Meier, Die Ohnmacht des
  allmächtigen Dictators
  Caesar 38
Menninghaus, Paul Celan.
  Magie der Form 26
Mercier, Beckett/Beckett 120
Moshajew, Die Abenteuer des
  Fjodor Kuskin 72
Müller-Schwefe (Hg.), Von
  nun an. Neue deutsche
  Erzähler 3
Muschg, Literatur als
  Therapie? 65
**Ngugi wa Thiong'o,
  Verborgene Schicksale 111**
Niederland, Folgen der Verfolgung: Das Überlebenden-Syndrom. Seelenmord 15
Paz, Der menschenfreundliche
  Menschenfresser 64
Paz, Suche nach einer Mitte 8
Pazarkaya (Hg.), Der große
  Rausch. Türkische Erzähler
  der Gegenwart 102
Platschek, Porträts mit
  Rahmen. Aufsätze zur
  modernen Malerei 86
Prokop, Medien-Wirkungen
  74
Pruss-Kaddatz, Wortergreifung. Zur Entstehung einer
  Arbeiterkultur in
  Frankreich 115
Rahnema (Hg.), Im Atem des
  Drachen. Moderne persische
  Erzählungen 93
Ribeiro, Die Brasilianer 87
Ribeiro, Unterentwicklung,
  Kultur und Zivilisation 18
Rippel (Hg.), Wie die Wahrheit zur Fabel wurde.
  Nietzsches Umwertung von
  Kultur und Subjekt 130
Rodinson, Die Araber 51
Rubinstein, Nichts zu verlieren und dennoch Angst 22
Rutschky (Hg.), Errungenschaften. Eine Kasuistik 101
**Saage, Der starke Staat?
  133
Schleef, Die Bande 127**

Sebeok/Umiker-Sebeok, »Du kennst meine Methode« 121
Senghaas, Von Europa lernen 134
Sinclair, Der Fremde 7
Sloterdijk, Kritik der zynischen Vernunft 99
Sorescu, Abendrot Nr. 15 136
Steinweg (Red.), Das kontrollierte Chaos. Die Krise der Abrüstung 31
Steinweg (Red.), Der gerechte Krieg. Christentum, Islam, Marxismus 17
Steinweg (Red.), Die neue Friedensbewegung 143
Steinweg (Red.), Faszination durch Gewalt. Politische Strategie und Alltagserfahrung 141
Steinweg (Red.), Hilfe + Handel = Frieden? Die Bundesrepublik in der Dritten Welt 97
Steinweg (Red.), Unsere Bundeswehr? Zum 25jährigen Bestehen einer umstrittenen Institution 56
Struck, Kindheits Ende. Journal einer Krise 123
Tabori, Unterammergau oder Die guten Deutschen 118
Tendrjakow, Sechzig Kerzen 124
Trevisan, Ehekrieg 41
Veil, Die Wiederkehr des Bumerangs 137
Walser, Selbstbewußtsein und Ironie. Fränkfurter Vorlesungen 90
Wambach (Hg.), Die Museen des Wahnsinns und die Zukunft der Psychiatrie 32
Weiss, Notizbücher 1960–1970. Zwei Bände 135
Weiss, Notizbücher 1971–1980. Zwei Bände 67
Wollschläger liest »Ulysses« 105
Zschorsch, Der Duft der anderen Haut 117
Zschorsch, Glaubt bloß nicht, daß ich traurig bin 71